CUADERNOS DE NARRATIVA

CUADERNOS DE NARRATIVA

JULIO LLAMAZARES

ARCO/LIBROS, S. L.

CUADERNOS DE NARRATIVA

Dirección: Irene Andres-Suárez

Consejo Asesor: LUIS LÓPEZ MOLINA (Univ. de Ginebra)
JOSÉ LUIS MARTÍN NOGALES (Univ. de Pamplona)
GONZALO NAVAJAS (Univ. de California, Irvine)
SANTOS SANZ VILLANUEVA (Univ. Complutense de Madrid)
FERNANDO VALLS (Univ. Autónoma de Barcelona)
DARÍO VILLANUEVA (Univ. de Santiago de Compostela)

Editores: IRENE ANDRES-SUÁREZ
FERNANDO VALLS

Foto de contraportada: *Julio LLamazares* (© José Carlos Cordovilla/*Diario de Navarra*).

ÍNDICE

PRESENTACIÓN

Soy una persona escindida entre el presente y el pasado. Justamente lo que yo cuento en mis libros es esta escisión.

El tiempo todo lo arruina, incluidas las personas y sus sueños.

JULIO LLAMAZARES

El origen de este libro se remonta a 1998, fecha en la que consagramos el *Grand Séminaire* de Neuchâtel al estudio de la obra de Julio Llamazares, un autor que ya había alcanzado entonces la celebridad como poeta (*La lentitud de los bueyes*, 1979, y *Memoria de la nieve*, 1982) y como narrador. Hasta ese momento había publicado una crónica: *El entierro de Genarín. Evangelio apócrifo del último heterodoxo español* (1984), tres novelas importantes (*Luna de lobos*, 1985; *La lluvia amarilla*, 1988, y *Escenas de cine mudo*, 1994), y un libro de cuentos (*En mitad de ninguna parte*, 1995). Además, tenía en su haber dos libros de viajes (*El río del olvido*, 1990, y *Trás-os-Montes. Un viaje portugués*, 1998), uno de ensayo (*Viajeros de Madrid*, 1998), dos recuentos periodísticos (*En Babia*, 1991, y *Nadie escucha*, 1995) y otros tantos guiones cinematográficos (*Retrato de bañista*, 1995 y *El techo del mundo*, 1998, con Felipe Vega).

Si algo puso de relieve este coloquio fue la solidez y coherencia de la obra literaria de Llamazares, rasgos que se han ido consolidando con el paso del tiempo. Y es que, en sus poemas de juventud encontramos ya los temas que desarrollará invariablemente y bajo múltiples formas en sus libros y escritos ulteriores (la infancia, la soledad, el efecto devastador del paso del tiempo, la memoria como elemento existencial y como origen de la invención, la despoblación rural y la emigración, con el consecuente peligro de extinción de una cultura rural milenaria, etc.), así como los símbolos e imágenes (la luna, la lluvia amarilla, el carbón, la nieve, la noria, el río, etc.), que, con los años, adquirirán profundidad y contribuirán a configurar su universo tan personal y su estilo inconfundible. Un estilo hondamente lírico y expresivo, considerado como uno de los más puros y auténticamente literarios de la narrativa española actual.

Pues bien, las actas de dicho coloquio vieron la luz en la Universidad de Neuchâtel en 1998 con el título: *El universo de Julio Llamazares*. Han transcurrido muchos años desde entonces y la obra de nuestro autor se ha enriquecido con otros volúmenes esenciales que han seguido granjeándose el reconocimiento de los lectores y de los estudiosos de la literatura. Estos últimos le han consagrado monografías, artículos publicados en revistas especializadas, reseñas y tesis doctorales (*vid.* Bibliografía adjunta) y, a menudo, hacen referencia a los artículos recogidos en el libro de 1998 y lamentan que esté agotado, siendo esta una de las razones que nos ha llevado a reeditarlo; la otra, y también la más importante, es que entrara a formar parte y completara la colección de ensayos *Cuadernos de Narrativa* de la editorial madrileña Arco/Libros, consagrada a los escritores más destacados de la narrativa española actual.

En todos los casos, se trata de libros colectivos, compuestos por una serie de artículos que tienen por objeto el análisis de los aspectos más relevantes de la producción del autor seleccionado y presentan un esquema parecido. Cada uno de ellos se abre con un texto del escritor, donde éste reflexiona sobre su quehacer literario o vital, y siguen a continuación los trabajos de los investigadores. En el caso presente, decidimos hacer una selección de los publicados en 1998[1] y añadir otros relacionados con sus obras posteriores a esta fecha, sin desdeñar por ello ciertos aspectos poco o nada tratados en aquella ocasión como, por ejemplo, su poesía.

En el que encabeza la lista, titulado "Benet y yo: distintas formas de mirar el agua", Julio Llamazares establece un diálogo con el escritor e ingeniero madrileño Juan Benet, constructor del pantano que anegó su pueblo natal, e interpreta su novela *Vol-*

---

[1] En este nuevo libro se reeditan los trabajos de Enrique Turpin, Marco Kunz e Inés d'Ors, y se amplía considerablemente el de Fernando Valls.

verás a Región como una profecía de ese sentimiento de pérdida dominante en buena parte de su propia producción. Al mismo tiempo, contrasta dos formas antagónicas de enfrentarse a una misma realidad: la del ingeniero, para quien lo único que importa es el reparto equitativo del agua y prescinde de las personas que ocupan el territorio, y la de los damnificados, víctimas sacrificiales condenadas al destierro en aras de un presunto progreso. Viene a continuación una semblanza de Llamazares realizada por su amigo Avelino Fierro, juez y escritor leonés, en la que de forma poética plasma su trayectoria vital y artística, así como algunos momentos compartidos.

Irene Andres-Suárez analiza, por su parte, su trayectoria narrativa y ofrece claves de lectura de todas sus novelas, dedicando especial atención a la última *Vagalume*, tal vez la más incomprendida por parte de la crítica académica. Al mismo tiempo, pone el énfasis en la fuerte cohesión e interrelación de su mundo literario, así como en la complejidad técnica y formal de sus novelas, caracterizadas por unas estructuras especialmente cuidadas, ciertas recurrencias temáticas y la combinación de un número limitado de recursos literarios.

Siguen después dos trabajos sobre la poesía de Llamazares. El de Ángel L. Prieto de Paula sitúa la estética del autor dentro del marco de la Transición y de la temprana democracia y en relación con el espacio cultural leonés, marcado por una tradición lírica oral y mitológica. Además, sigue su evolución poética desde unos inicios en el Grupo Barro, fundado por el propio Llamazares y otros letraheridos en 1976, hasta su vinculación con lo más granado de la poesía leonesa (Antonio Gamoneda y Antonio Colinas), sus principales referentes poéticos. Elide Pittarello realiza, por su parte, un profundo y pormenorizado estudio de los poemas titulados *Retrato de bañista*, basado en la versión textual recogida en el libro *Versos y ortigas* (2009), que ella analiza como un testimonio lírico de la emoción experimentada por el escritor en 1983 cuando, al vaciar el pantano del Porma para realizar obras de manutención, contempló su pueblo natal convertido en un paisaje dantesco. Una pérdida que constituye una de las marcas distintivas de su escritura y que funciona, según ella, como una alegoría de la muerte.

Los trabajos sobre sus novelas han sido ordenados teniendo en cuenta la fecha de publicación de las mismas. Así, *Luna de lobos*, es analizada por Enrique Turpin y Rebeca Martín desde dos perspectivas diferentes y complementarias. El primero le concede la preeminencia a la reflexión sobre el instinto de supervivencia de los protagonistas y al análisis de los recursos estilísticos, mientras que la segunda, aprovecha la reedición de esta novela en 2025, cuarenta años después de su primera publicación, para volver la vista atrás, recordar su recepción inicial y su transformación en el transcurso del tiempo hasta convertirse en un clásico moderno. Un valor que, para ella, nace en buena medida de la dignidad de los personajes.

Tal vez el trabajo más original, por su carácter testimonial, sea el de Marco Kunz. En septiembre de 1996 viajó al Pirineo de Huesca, para visitar Ainielle, con la idea de calibrar la parte de ficción y de realidad que hay en *La lluvia amarilla* y de recoger el material necesario para la elaboración de este artículo. La tercera novela del autor, *Escenas de cine mudo*, es estudiada por Inés d'Ors, la cual, a la vez que destaca el estrecho vínculo que posee esta obra con las artes visuales, establece los rasgos que caracterizan a los personajes de Llamazares. Manuel Ángel Morales se centra asimismo de *El cielo de Madrid*, novela que analiza desde la perspectiva de la persecución del éxito y de la felicidad, así como de las consecuencias de esa búsqueda para la generación del escritor.

Francisca Montiel Rayo analiza *Distintas formas de mirar el agua*, novela clave del escritor. Así, tras pasar revista a su acogida por parte de la crítica académica y de otras disciplinas científicas como, por ejemplo, la hidrología, analiza su estructura poliédrica y coral, haciendo hincapié en la polifonía de voces y en el juego de perspectivas anunciado en el título de la obra.

Por último, Fernando Valls se centra en el análisis de sus tres libros de artículos, publicados en la prensa, resaltando tanto las obsesiones y resonancias como la visión crítica del escritor leonés y su manera particular de entender el mundo, que se estudia de manera pormenorizada. El volumen se cierra, como es habitual en nuestra colección, con la Bibliografía del escritor.

Los editores

BENET Y YO: DISTINTAS FORMAS DE MIRAR EL AGUA

Julio Llamazares

Hay distintas formas de mirar el agua, depende de cada uno y de lo que busque. También de la propia historia, de la peripecia biográfica personal o colectiva, de la necesidad o de la abundancia de agua en una región o país concretos, de la capacidad de metaforización de la realidad o de la nula imaginación o inclinación a la fantasía de las personas. El agua, como cualquier otro elemento de la naturaleza, sólo que con más poder de influencia en la vida de las personas debido a su fragilidad y su escasez y a su necesidad para la supervivencia humana, admite muchas miradas distintas y, por lo tanto, alienta pasiones y sueños muy diferentes.

El sueño de Juan Benet, escritor y constructor de presas hidráulicas (entre ellas la que sepultó mi pueblo) fue siempre el de convertir España en una red de ríos comunicados entre sí merced a grandes trasvases de manera que el agua del norte llegara al sur del país, más necesitado de ella por su menor pluviosidad: *"Si yo fuera presidente del Gobierno* - escribía en una recopilación de textos técnicos de 2009 para el Colegio Oficial de Ingenieros de Caminos, Canales y Puertos de Murcia titulada, a imitación de un programa de la televisión de entonces, *Si yo fuera presidente. La hidráulica como solución a las necesidades hídricas* -, *mi ejercicio se señalaría por el intento, coronado por el éxito, de corregir mediante la hidráulica el desequilibrio hídrico español de una vez y para varias generaciones"*. Visto así, el sueño de Juan Benet es moralmente intachable en tanto que propone el reparto entre todos los españoles de un bien escaso como es el agua, sueño que sería perfecto si, a cambio de ello, las regiones productoras de otros bienes precisamente por su situación geográfica también los repartieran con las que les dan el agua, algo que hoy por hoy no sucede. Aparte de que desde el punto de vista medioambiental existen más que fundadas dudas sobre la bondad del sueño benetiano aunque solamente sea porque los ríos, contra lo que algunos creen, no son simples cauces transportadores de agua, sino que sirven también como elementos de humidificación y aporte de nuevos limos a las riberas por las que pasan o a los deltas en los que desembocan, sin contar con su condición de hilos vertebradores de vida, cultura y economía.

En el extremo opuesto al de Juan Benet estarían todos esos que han hecho de la ecología una religión moderna. Me refiero a esas personas, normalmente agrupadas en asociaciones, unas más radicales y otras menos, que, con el pretexto de respetar la naturaleza incluso cuando ésta no nos respeta a nosotros, mantienen una postura extremadamente conservadora respecto de los ríos y otros aportes de agua que les lleva a oponerse incluso a aprovechamientos de éstos indispensables para las poblaciones de su alrededor. Es otra forma de ver el agua, de mirar ese elemento que, por indispensable y difícil de conseguir a menudo (sólo la naturaleza la produce cuando y donde le parece), no es tan caro como debería. Quiero decir: tan cuidado y aprovechado como su valor demanda.

Entre esos dos extremos, el del soñador Benet y el de los conservancionistas más radicales, hay mil maneras de mirar el agua. Desde la juvenil y romántica que llena la cabeza de fantasías a la literaria de un viejo vecino mío ya fallecido, un campesino llamado Ovidio, de aspecto más cercano al de Sancho Panza que al de don Quijote pero que sostenía como la cosa más natural que el agua se duerme por las noches (el que se dormía era él mientras esperaba el turno para regar sus prados tumbado al lado de las acequias), desde la melancólica de los enamorados parisinos o venecianos, esos que tiran las llaves de sus candados de amor al Sena o a los canales de la laguna de Venecia desde los puentes a cuyas barandillas los sujetan con grave riesgo para estos últimos, a la utilitaria de los agricultores de cualquier lugar del planeta. Todas son igual de reales, por más que algunas nos parezcan más fantasiosas.

En medio de todas ellas, pero alejada de las dos extremas (la de quienes contemplan el agua como un bien a aprovechar a toda costa, incluso a cambio de violentar la naturaleza y, si hace falta, la vida de las personas, y la de quienes la consideran algo sagrado y por lo tanto tan intocable como si fuera una divinidad), mi forma de mirar ese líquido elemento que tantas pugnas y discusiones provoca es, como corresponde a mi condición, más literaria que materialista. Lo cual no quita para que, al mismo tiempo, comprenda tanto su dimensión real como su consideración política y económica.

Esta última comencé a entenderla muy pronto cuando el pueblo en el que me nacieron fue borrado de los mapas por un embalse del río junto al que aquél había surgido hacía posiblemente un par de milenios. Mi corta edad por aquellos tiempos (años 60 del siglo XX) junto con la circunstancia de que mi familia se trasladó a vivir a otro sitio antes de que comenzaran las obras, por lo que yo no las presencié, no impidió que entendiera la tragedia que para los vecinos de Vegamián y de las otras siete aldeas vecinas a los que la presa del río Porma expulsó de sus casas y arrancó bruscamente sus raíces, entendimiento que se haría más preciso cuando, pasados algunos años, no muchos, pude ver y hasta tocar los esqueletos de aquellos antiguos pueblos merced a una circunstancia poco habitual como fue el vaciado completo del embalse para proceder a una revisión de la presa. Los poemas que escribí en aquellos días y que no llegaron a fructificar en libro, tan fuerte era mi emoción, y la historia que rodamos en aquellos escenarios tremebundos aprovechando su breve vuelta a la luz para integrarla en una película que se estaba filmando en aquellos días: *El filandón*, de José María Martín Sarmiento, son las pruebas de ese entendimiento y de la conmoción dramática en la que me sumergió. Hasta entonces yo sabía que el agua había anegado mi pueblo y otra media docena como él, sepultado para siempre sus paisajes y los recuerdos de sus vecinos (no así los míos, pues me fui de él tan pequeño que ni siquiera alcancé a tenerlos) para regar los de otras personas, pero ignoraba hasta qué punto sus efectos destructores habían sido tan importantes. Fango, paredes rotas y desventradas, tejados alejados como barcos de sus sitios primitivos, casas caídas, puertas podridas y rotas, objetos enterrados en el lodo que reaparecían al revolver en él… El paisaje de Vegamián estaba más cercano a la visión de una película de terror que a la placidez que sugieren cuando están llenos esos embalses que enmarcan normalmente montañas y paisajes hermosísimos por cuyas carreteras los automovilistas pasan contemplándolos con admiración.

Mi conmoción a raíz de aquella visión (una conmocción visual, pero también poética y literaria) coincidiría en el tiempo con la recuperación por el gobierno español de la época (años 80 del siglo XX, recién recuperadas la libertad y la democracia en el país) de un viejo proyecto hidráulico comenzado por el régimen de Franco pero inacabado a la muerte del dictador, así como la puesta en marcha de algunos otros proyectados, como la mayoría de ellos, en tiempos del Regeneracionismo. Los sucesos de Riaño, con todas sus circunstancias dignas de olvido (la actitud de unos gobernantes de filiación socialista que hasta hace pocos años criticaban las grandes obras hidráulicas del franquismo y que de pronto pasaban a promoverlas, la insensibilidad con la que las acometieron, la dureza con la que reprimieron a quienes se oponían a su culminación, el egoísmo y la insolidaridad de los presuntos beneficiarios por el cierre de la presa de Riaño, ya fueran las compañías hidroeléctricas o los agricultores de la Tierra de Campos leonesa y castellana, que reclamaban aquél sin preocuparse por los perjudicados, incluso amenazándolos -a ellos y a quienes los apoyábamos- por manifestarse en contra), me sumergieron en un sentimiento mezcla de desconsuelo y de ira que perduró en mí mucho tiempo y aún perdura en cierto modo. Aunque el que acabaría triunfando fuera el de la melancolía, quizá por aquello que decía Ortega y Gasset de que el esfuerzo inútil conduce inexorablemente a ésta.

Por aquellos años también conocí en Madrid al autor de la presa bajo la que desapareció mi pueblo. Semirretirado ya de su trabajo como ingeniero y convertido en un escritor prestigioso, que no famoso (su literatura no se lo permitía), Juan Benet se había vuelto una figura con una gran influencia en la vida literaria y política española. Habitual de las noches madrileñas, que yo vivía también con intensidad (recién llegado de mi provincia, todo me resultaba atractivo), no tardamos mucho tiempo en conocernos, ya que teníamos algún amigo común y frecuentábamos los mismos cafés y bares de copas. El ya sabía de mi existencia y sentía curiosidad, por lo que yo no tardé en saber, por aquel joven poeta que había nacido en un lugar que para él era muy significativo, no sólo por haberlo sepultado con la primera presa que dirigía como ingeniero sino por servir de trasunto escénico de la primera novela que escribía precisamente mientras se elevaba aquélla: *Volverás a Región*, una novela que hoy es ya un hito de la literatura española del siglo XX. Por mi parte, mi curiosidad por Juan Benet era más literaria que personal y, dentro de ésta, además, el rechazo primaba sobre cualquier otro sentimiento. Aunque yo no había sufrido directamente las consecuencias de su primera obra de ingeniería, le consideraba culpable del sufrimiento al que había condenado a mis antiguos vecinos de Vegamián, a muchos de los cuales vi llorar numerosas veces al recordarlo incluso muchos años después de desaparecido el pueblo. Así que nuestro primer encuentro fue un tanto hosco, pese a que ni siquiera hablamos de lo que nos unía. Tendría que pasar el tiempo para que trabáramos cierta familiaridad, que nunca pasó de ahí aunque nos vimos bastantes veces (incluso yo lo entrevisté una vez para un programa de televisión en el que trabajé algún tiempo en los años 80), entre otras cosas porque polemizamos públicamente en la prensa sobre el cierre del pantano de Riaño y sobre la política hidráulica de los gobiernos socialistas de Felipe González, en la que Juan Benet influyó bastante y sobre la que disentíamos radicalmente, como es natural.

Sin dejar de hacerlo hasta hoy, con los años le he perdonado, no obstante, lo que me dijo una de aquellas noches seguramente animado por el mucho whisky que había bebido, aunque tampoco lo necesitaba (Benet siempre hizo de la arrogancia un escudo, aunque conmigo la utilizó pocas veces): "*No sé de qué te quejas si tú eres escritor gracias a mí*". Lógicamente, en aquel momento, la frase la recibí como un insulto y como tal le respondí con otro que él hizo como que no escuchó, aunque, eso sí, se separó de la mesa en la que yo estaba y se fue. Seguimos viéndonos y hablando de cuando en cuando, pero nunca volvimos a hacer lo de aquella noche. Era como si los dos supiéramos que había algo entre nosotros que nos aproximaba y nos alejaba a la vez.

Lo que nos aproximaba y nos alejaba a la vez no era otra cosa que nuestra relación con el río Porma y con Vegamián y nuestra diferente forma de mirar el agua. Pues, si bien compartíamos una parte de ella, la de su contemplación como reflejo del propio espíritu, tan literaria como filosófica, disentíamos en la otra, esto es, en su observación realista. Mientras que para Benet el agua, aparte de un espejo en el que contemplar la vida, era un bien a domeñar y a aprovechar hasta la última gota, tan necesario le parecía para el progreso de los países, para mí esta mirada utilitarista quedaba inutilizada por la primera, máxime después de haber sufrido indirectamente las consecuencias de ese domeñamiento. Y es que la vida no se ve igual desde una perspectiva personal que desde otra, de la misma manera en que el mar o un río no son lo mismo para el pescador que vive de ellos que para el hombre que los contempla al pasar al lado.

Lo más curioso de todo es que la explicación a ello la dio el propio Juan Benet cuando, para recriminarme mis críticas a su labor y a la de quienes como él anteponían en su trabajo los objetivos a sus consecuencias, los fines a los medios, el beneficio económico a la destrucción causada, justificando ésta por los primeros, me dijo aquella frase que tanto me ofendió aquella noche pero que con el tiempo acabaría aceptando como acertada: en efecto, yo era escritor gracias a su intervención, al desgarro que ésta comportaría en mi vida, a la sensación de pérdida y desarraigo que siempre me acompañaría ya y que impregna todo lo que escribo ¿O, si no, de dónde viene esa debilidad mía por la memoria, por la fugacidad del tiempo y de las personas, por el paisaje como soporte estético de la vida, por el agua y por la nieve como símbolos de un mundo en continua destrucción y como metáforas de la fragilidad humana?

No seré yo quien intente aquí extraer conclusiones sicoanalíticas de mi propia obra, que sin duda será susceptible de ellas, como las de todos los escritores y los poetas, pero, rememorándola, advierto en seguida en ella una querencia por ciertos símbolos que sin duda tienen que ver con mi propia historia. Que el escritor no elige los temas, sino que éstos se le imponen en función de su biografía y de su sensibilidad, es algo que descubrí ya hace mucho, pero que los símbolos también lo hacen me ha costado bastante más comprenderlo. Quizá porque los símbolos, al contrario que los temas narrativos, vienen de lo irracional y a la irracionalidad regresan cuando han cumplido su cometido.

Los ríos, la nieve, el agua, la luna, el amarillo que lo ilumina todo, el rojo y negro de las estaciones, los bueyes y las ortigas, las catedrales y los mendigos son elementos que se repiten en mis poemas y en mis relatos y cuyo significado trasciende al de su propia esencia. Porque el río del olvido no es el Curueño como tal río, sino su reflejo en mí. Porque el Duero no es el Duero solamente, sino el cuaderno en el que se quedó parado. Porque las fuentes y los arroyos que corren por mis novelas y por mis versos son los que surgen de mi memoria, esa materia fugaz que también se pierde, como la nieve, cuando la derrite el tiempo. Sin querer ejercer de crítico de mí mismo, puedo afirmar, sin embargo, que el agua que brota de mis escritos es la misma que miraba cuando niño desde la orilla del río o, al atravesar los puentes, desde las ventanillas del tren o del coche que me llevaban de un lado a otro, cosa que no he dejado de hacer hasta el día de hoy. Y es que aquel agua, aquella nieve deshecha por el deshielo que bajaba en primavera de los neveros de las montañas de mi provincia, aquel murmullo infinito que brotaba de las fuentes y los cauces de los ríos en verano mientras me bañaba en ellos no lo hacía tanto en el fondo de éstos como en el de mi propio espíritu.

Volverás a Región rezaba la profecía de Juan Benet (profecía literaria, pero que se demostró real para mucha gente) y a fe que en mí se cumplió, porque desde que la conocí no he hecho otra cosa que darle vueltas. En cada línea, en cada idea o esbozo de pensamiento, en cada libro que escribo o en cada proyección de mi memoria y de mi vida está presente esa profecía y no porque lo desee, como le ocurre a algunas personas. Me refiero a esas que, cuando miran un río, ven más que agua y cuando se detienen al borde de un embalse no exclaman "*¡Qué bonito!*". Esas personas para las que los pantanos esconden mucho dolor y mucha desgracia pese a que en su generosidad comprendan que a veces es necesario el sacrificio de unos para que otros puedan vivir mejor.

Sin ser tan generoso como ellas y sin sentir la profecía de Juan Benet como literaria (al contrario, cada vez me parece más real), yo, por mi parte, sigo mirando el agua como hice siempre, como un espejo en el que se refleja el mundo y con él todas nuestras pasiones. Aunque, cuando me acuesto, lo haga como aquellos primeros colonos de La Nava, la laguna desecada en la Tierra de Campos palentina a la que trasladaron a muchos de los vecinos de Vegamián y de otros pueblos españoles destruidos como él por el *progreso*, que, cuando llovía mucho, dormían con una mano fuera de la cama por si la laguna volvía a brotar y había que salir corriendo.

(Conferencia pronunciada en San Sebastián el 24 de mayo del 2012)

TRAYECTORIA NARRATIVA DE JULIO LLAMAZARES
BATALLA CONTRA EL OLVIDO

IRENE ANDRES-SUÁREZ
Universidad de Neuchâtel

Julio Llamazares empezó su carrera literaria con dos bellísimos libros de poesía: La lentitud de los bueyes (1979) *y* Memoria de la nieve (1982) *y, aunque desde entonces se ha decantado casi exclusivamente por la prosa, en cualquiera de sus páginas persiste soterrado y vivo el latido de la poesía. En dichos poemas de juventud encontramos también los motivos que desarrollará bajo múltiples formas en sus libros y escritos ulteriores, así como los símbolos e imágenes que, con el paso de los años, adquirirán profundidad y contribuirán a configurar su universo tan personal y su estilo inconfundible. Escritor polivalente, ha cultivado una gran diversidad de géneros literarios (la poesía, la novela, el cuento, el ensayo, el diario, el libro de viajes, y el de artículos periodísticos) y conseguido un amplio reconocimiento de índole diversa (académico, de público, de crítica...). Varias obras suyas han sido llevadas al cine y él mismo ha realizado los guiones correspondientes.*

Pocos autores poseen un mundo literario tan compacto y coherente como el suyo y casi ninguno es capaz de hablar de su propia obra con la distancia y clarividencia con que él lo ha hecho en entrevistas y charlas diversas, las cuales son una valiosa fuente de información para interpretar correctamente sus libros, y lo mismo puede decirse de los paratextos de los mismos: títulos, portadas y contraportadas, prólogos, epígrafes, ilustraciones, dedicatorias, dibujos, etc. Su voz es una de las más originales y destacas de la literatura española actual.

Las narraciones de Llamazares evolucionan desde unos comienzos brillantes en la novela de aprendizaje hacia la novela total como producto mestizo que persigue la hibridación de géneros literarios[1]

---

[1] *Cf.* Irene Andres-Suárez (ed.), *Mestizaje y disolución de géneros en la literatura hispánica contemporánea*, Madrid, Verbum, 1998.

(relato, ensayo, poesía…), la conjunción de artes diversas (el cine, la pintura, la fotografía…) y la integración de realidades complejas. Desde el punto de vista temático, se perfilan claramente tres ciclos. El primero comprende las novelas centradas en la reconstrucción de la memoria personal del protagonista-narrador, las cuales atesoran un rico legado literario, existencial y ético (*Escenas de cine mudo*, 1994; *El cielo de Madrid*, 2005; *Las lágrimas de San Lorenzo*, 2013 y V*agalume*, 2023); el segundo incluye aquellas que indagan en la historia reciente de España (*Luna de lobos*, 1985 y *Vagalume*, 2023), y el tercero (*La lluvia amarilla* y *Distintas formas de mirar el agua*) constituye un espléndido viaje al corazón de la España rural abandonada. Antes de analizar los recursos técnicos dominantes en ellas, creemos conveniente pasar revista al contenido de las mismas.

LA CONSTRUCCIÓN SUBJETIVA DE LA MEMORIA COMO ELEMENTO EXISTENCIAL

Toda novela cuenta indirectamente la vida del escritor
JULIO LLAMAZARES

Las novelas del primer grupo constituyen un intento de recuperar, comprender y explicar el pasado personal y familiar del protagonista-narrador (trasunto del propio Llamazares), quien, desde la atalaya de la madurez, vuelve la mirada atrás y reflexiona con la nostalgia de lo perdido sobre ciertos hechos determinantes en su existencia.[2] Por lo general, se sustentan en la memoria como construcción sentimental del pasado y ofrecen incursiones en su vida, haciendo especial hincapié en su evolución desde la niñez y adolescencia hasta su entrada y consolidación en la etapa adulta. En su conjunto, trazan diferentes fases de un mismo proceso personal y literario: su prehistoria e historia como escritor y su educación sentimental y, en ellas, confluyen también diversas facetas (la de escritor, narrador y personaje) y distintos géneros literarios: el relato de aprendizaje, la saga familiar y la crónica

---

[2] Para Llamazares las novelas son "radiografías del alma del autor". *Cf.* "Vivimos en un mundo que trivializa la pasión creadora", entrevista de Angélica Tanarro, publicada en *Turia. Revista Cultural*, núms. 149-150, 2024, pp. 309-324.

de alcance colectivo. Su estructura viene dictada por la memoria del narrador y por la subjetividad de su mirada, materia con la que reconstruye su propio pasado, el de sus ancestros y el del país, sin caer por ello en los tópicos a los que se presta el tema de las relaciones familiares.

Cada una de estas obras trata de recuperar las vivencias y sucesos determinantes en su formación como individuo y como artista: su primera infancia en un pueblo minero leonés (*Escenas de cine mudo*), su juventud en la capital madrileña durante la Transición política y la Movida (*El cielo de Madrid*[3]), su experiencia bohemia en la isla de Ibiza (*Las lágrimas de San Lorenzo*) y su aprendizaje periodístico en una ciudad de provincias (*Vagalume*). Escritas todas ellas en primera persona, contienen todo un debate de ideas cuyo destinatario más inmediato es su propio hijo (también llamado Julio), representante de las nuevas generaciones. Un recorrido espacial e íntimo que, en opinión de Pozuelo Yvancos, "se plantea como una búsqueda existencial que le conducirá irremediablemente al aprendizaje emocional de la vida como fracaso y desolación".[4]

Escenas de cine mudo (1994) constituye un doble homenaje: al cine ("maquinaria de sueños") y a la fotografía, y "es un intento de recuperar las vivencias que han quedado prendidas en los paisajes de su primera infancia".[5] Tras la muerte de su madre, el protagonista-narrador recibe un álbum de fotografías, cuya visión le permite reconstruir su propio pasado y el del pueblo minero en el que la vida discurría en blanco y negro, sin perspectivas. El autor acoge aquí la mirada del niño, pero también "una cosmo-

---

[3] En *Los viajeros de Madrid* (Madrid, Ollero & Ramos, 1998) -una recopilación de artículos periodísticos escritos a mediados de los 80-, Llamazares ofrece la visión de ciertos viajeros extranjeros ilustres sobre la capital española y sus gentes (por ejemplo, George Borrow, Téophile Gautier, Alexandre Dumas, León Trotski o Pablo Neruda) a la vez que rinde homenaje a la ciudad en la que vive.

[4] José Mª Pozuelo Yvancos, "Vuelve el mejor Llamazares con *Las lágrimas de San Lorenzo*", *ABC Cultural*, 22 de abril de 2013, pp. 1-4.

[5] Mª Antonia Suárez Rodríguez, *La mirada y la memoria de Julio Llamazares: paisajes percibidos, paisajes vividos, paisajes borrados (memoria de una destrucción y destrucción de una memoria)*, León, Universidad de León, 2004.
https://www.abebooks.fr/9788497731195/mirada-memoria-Julio-Llamazares-paisajes-8497731190/plp.

visión trágica y amarga, derivada del escenario de miseria, del dramatismo de la vida de los mineros".[6]

Con *El cielo de Madrid* (2005)[7] el autor cambia de tercio y lleva a cabo la crónica de su generación (y la del país) durante los años ochenta, una década prodigiosa repleta de sueños e ilusiones que no tardarían en desvanecerse y en generar un profundo desencanto individual y colectivo. El espíritu de la Movida y el ambiente de la bohemia madrileña durante esos años están magníficamente reconstruidos en esta obra y son el telón de fondo del viaje iniciático emprendido por un joven pintor en un momento crucial de su vida, un camino compuesto de cuatro etapas, al modo de los círculos de la *Divina Comedia* de Dante (el limbo, el purgatorio, el infierno y el cielo, que representan alegóricamente el viaje del alma hacia la salvación), un trayecto sembrado de duras pruebas en aras de la consecución de un mundo propio y de una voz única e intransferible en el plano artístico. La novela recoge, dice Llamazares:

> mi experiencia personal en la ciudad desde un punto de vista metafórico. En ella el cielo es tan importante como para darle nombre, lo cual no debe extrañar a nadie. Porque el cielo de Madrid, ese cielo azul y rosa de los cuadros de Velázquez y de Goya (…) es el verdadero cielo de todas esas personas que o bien nacieron bajo él, o bien lo vieron como yo cuando llegamos a la ciudad dispuestos a conquistarlo.[8]

Y de sueños e ilusiones frustradas trata asimismo *Las lágrimas de San Lorenzo* (2013), según nos indican los dos epígrafes que preceden la novela, uno del poeta leonés José Antonio Llamas, sobre las ilusiones de la juventud, y el otro de W. G. Sebald, sobre la fugacidad de la existencia humana. A sus 52 años, el protagonista

---

[6] Carmen Valcárcel, prólogo a *Escenas de cine mudo*, Madrid, Cátedra, 2022, p. 40.

[7] Sobre la capital de España ha publicado asimismo un relato de viajes titulado "Madrid, del cero al cielo" (1992, recogido en el volumen *Nadie escucha*, Barcelona, Seix Barral, 1991, pp. 195-212) donde la presenta como "el resumen de los distintos pueblos de España, de sus costumbres y caracteres" y tilda al madrileño de apátrida, así como dos artículos ligeramente distintos; la variante más corta se titula "El cielo de Madrid", como su novela homónima (publicado en *Lápiz*, abril de 1992; recogido en el volumen *Entre perro y lobo*, Madrid, Alfaguara, 2008, pp. 142-143) y la más larga: "Madrid me mata" (*La Vanguardia* y *Der Tagesspiegel*, 14 de marzo de 2004; recogida en *Entre perro y lobo*, pp. 211-213).

[8] Julio Llamazares, "El cielo de Madrid", *El País*, 10 de octubre de 1993; incluido en *Entre perro y lobo*, *op. cit.*
https://elpais.com/diario/1993/10/10/madrid/750255858_850215.html

emprende un viaje a la isla de Ibiza con su hijo de 12 (los mismos que tenía Llamazares cuando se fue a estudiar a Madrid), del que ha vivido separado desde que se divorció, para mostrarle la lluvia de estrellas fugaces durante la noche de San Lorenzo, una noche mágica que aprovecha para contarle su vida y la de sus antepasados con los que el muchacho apenas ha tenido contacto. Poco a poco, rememora para él la dura existencia de sus progenitores durante la Guerra Civil y la dura posguerra, obligados a abandonar el campo para poder sobrevivir,[9] así como los años de su ensoñación bohemia transcurridos en la isla de Ibiza: el mundo de los *hippies*, de la droga, y de la libertad sexual. Una etapa que deja paso a su ulterior errancia por diversas ciudades europeas y que culmina en una profunda depresión de la que escapa mediante la escritura. Esa revisión crítica sobre su pasado lo conduce a reflexionar también sobre su relación con las mujeres que cruzaron su vida y a interrogarse sobre la paternidad.

La isla de Ibiza encarna la utopía del paraíso y de la eterna juventud y las estrellas fugaces son una metáfora de la fugacidad del tiempo y la fragilidad del ser humano. Su aparición cíclica nos recuerda asimismo que la vida es una eterna repetición, "un camino que emprendemos sin percatarnos de que no conduce a ninguna parte", por eso el narrador, siguiendo la senda de escritores clásicos como Homero o Catulo, exhorta a su hijo a aprovechar cada instante. La idea de esta novela -dice el escritor- es la nostalgia por el tiempo pasado, el estupor ante el paso del tiempo y la fugacidad de la vida humana:

> los hombres somos estrellas fugaces de la vida, que brillamos un momento en la inmensidad del tiempo y desaparecemos como las estrellas, dejando un mínimo resplandor, que es el recuerdo que queda en otras personas mientras esas personas viven.[10]

La publicación en 2023 de *Vagalume* causó cierta perplejidad entre los lectores y estudiosos habituales de la obra de Llamaza-

---

[9] Su progenitor emigra primero a Bilbao con su familia y, después, se va solo a Suiza, y los de su esposa Marie -la madre del muchacho- son igualmente gallegos erradicados en el sur de Francia. Me he ocupado de este tema en: Irene Andres-Suárez (ed.), *Migración y literatura en el mundo hispánico*, Madrid, Verbum, 2004.

[10] "Julio Llamazares presenta *Las lágrimas de San Lorenzo*", *Diario de Ibiza*, 11 de abril de 2013. *https://www.diariodeibiza.es/ibiza/2013/04/11/julio-llamazares-presenta-lagrimas-san-30662611.html*.

res por ser una novela envuelta en una trama casi policíaca, un género que el escritor no había cultivado hasta ese momento. Sin embargo, tiene muchas concomitancias con las precedentes, ya que se basa igualmente en un intenso ejercicio rememorativo de un joven escritor (César), materializado en un relato en primera persona sobre su aprendizaje periodístico en una ciudad de provincia bajo la tutela de un mentor excepcional: Manolo Castro, periodista y autor de una novela de juventud premiada e inmediatamente confiscada por la censura. Tras varios años sin ver a su maestro, César, el narrador, recibe la noticia de su muerte y el día del entierro alguien le hace llegar de manera anónima un ejemplar de la novela incautada del difunto, lo que desata su curiosidad. Este hecho, junto con una serie de revelaciones posteriores, llevará al protagonista a intentar descifrar el misterio que se cierne sobre la figura de su amigo, un proceso que desemboca en un ensayo sobre la pasión por la escritura. Las incógnitas y los enredos propios del género policíaco se suceden incrementando el misterio que envuelve la figura de Manolo, pero lo esencial en esta novela no es ni el desvelamiento del enigma ni el descubrimiento de la vida secreta del difunto, sino la honda reflexión que efectúa Llamazares sobre las diversas caras de todo ser humano y sobre las motivaciones que llevan a escribir, según se verá más adelante.

EL PESO DE LA MEMORIA Y EL VALOR DE LA HISTORIA

Amasar la memoria es bondad de alfareros
JULIO LLAMAZARES

Si bien Llamazares pertenece a la generación de escritores que empezó a publicar en plena democracia, ha consagrado una parte importante de su producción literaria y periodística a la reconstrucción de la posguerra y de la dictadura franquista, sin olvidar claro está la instauración de la democracia, los años de la transición política y del primer gobierno socialista. Su batalla contra el olvido empezó al inicio de los años ochenta,[11] cuando la mayoría

---

[11] En 1982, recién iniciada la redacción de *Luna de lobos*, publicó en la revista de la

de los españoles soñaban con abrirse a Europa y olvidar el pasado. Una actitud que desató una gran euforia entre la población y que abrió un largo período de indiferencia política y social hacia la causa de los vencidos y de las víctimas de la represión franquista. Es muy ilustrativo al respecto el artículo de Llamazares titulado "La posmemoria", en el que señala:

> durante la dictadura, en España la memoria se acalló, suplantada por la versión oficial, que poco o nada tenía que ver con lo sucedido. Treinta y seis años a los que habría que sumar otros quince o veinte -los de la transición política- en los que la memoria sufrió otra cancelación diferente, pero no menos efectiva, como fue la de su inconveniencia (…); se perpetuó el silencio, al menos oficialmente, ahora en forma de desmemoria (…). Las heridas nunca curan por sí solas y la memoria, al final, se abre paso como el agua, como demuestra la experiencia histórica (…) ninguna sociedad puede mirar tranquilamente al futuro sin conocer cuál es su pasado.[12]

Salvo raras excepciones, hubo que esperar hasta la década de los 90 para que se produjera un cambio, el cual vino de la mano de los nietos de los dos bandos[13] al comprobar que la memoria española era "un campo minado en el que nadie quería internarse" (expresión de Antonio Muñoz Molina). Esto los llevó a indagar en los secretos mantenidos durante décadas en el seno de las familias y de la sociedad a causa del miedo y, paralelamente, emprendieron una labor frenética de documentación bibliográfica, testimonial y literaria con el fin de rescatar episodios silenciados por ambos bandos, deconstruir el relato historiográfico hegemónico del franquismo, que anulaba a los derrotados, y construir uno nuevo a partir del testimonio y la palabra de los vencidos, de aquellos que lucharon contra la dictadura tanto desde dentro del país como desde el exterior.

Uno de los primeros escritores en luchar contra el olvido de esa "España desmemoriada" fue precisamente Julio Llamazares y su compromiso con la memoria histórica ha sido constante; no

---

Casa de León, en Madrid, un artículo periodístico sobre el tema titulado "El maqui (*sic*) en la provincia de León".

[12] Julio Llamazares, "La posmemoria" (*El País*, 29 de noviembre de 2006; recogido en el volumen *Entre perro y lobo*, *op. cit.*, pp. 227-230).

[13] *Cf.* Irene Andres-Suárez, *La narrativa española en la democracia actual. Crónica del* Grand Séminaire *de Neuchâtel*, Madrid, Arco/Libros, 2023, p. 90.

sólo sacó a la luz muy pronto episodios de nuestro pasado reciente ocultados o ignorados por una buena parte de españoles, sino que ha sido capaz de tejer un tapiz representativo de lo que fue la primera resistencia a la dictadura. En este apartado nos centraremos en dos de sus novelas: *Luna de lobos*[14] y *Vagalume*, que abordan la ominosa persecución sufrida por los represaliados del franquismo (maquis, topos, insurgentes, maestros, escritores, etc.), un tema que el autor desarrolla asimismo en numerosos artículos periodísticos.

Luna de lobos se publicó diez años después de la muerte del dictador y relata los avatares de los primeros resistentes contra la dictadura. Los protagonistas son un grupo de combatientes del ejército republicano que, tras la victoria del ejército franquista, tuvieron que esconderse en las montañas asturleonesas y emprender la lucha por la supervivencia. Para sacar a la luz estos hechos, silenciados por la historia oficial, el autor se inspira fundamentalmente en los relatos que nutrieron su imaginación infantil transmitidos por vía oral. Declara haber escrito *Luna de lobos* "para recoger los cuentos que le contaron en su infancia",[15] unos cuentos que servían "para decir lo que la radio callaba" y añade, además, que en la base de esta novela está igualmente el testimonio de dos guerrilleros tan reales como legendarios, a los que consagró sendos reportajes: el maquis Casimiro Fernández Arias (en "Muere el héroe de mi infancia"[16]) y un "topo" de larga duración: Gregorio García Díaz, apodado *Gorete* (en "Adiós a Gorete"[17]). El primero lideró un grupo de huidos que resistió durante nueve años emboscado en las montañas del Curueño y del Torío antes de pasar la frontera y refugiarse en Francia: "se quedó sin patria muy joven", dice el autor, y "protagonizó sin saberlo las historias de mis sueños infantiles", y el segundo permaneció

---

[14] Llevada a la pantalla por Julio Sánchez Valdés en 1987, con guión cinematográfico del propio Llamazares.

[15] *Cf.* "Adiós a Gorete" (*El País*, 14 de diciembre de 1990, recogido en el volumen *En Babia*, Barcelona Seix Barral, 1991, pp. 94-97, y en *Entre perro y lobo*, *op. cit.*, pp. 99-102).

[16] Texto publicado primero en *La Crónica de León*, 6 de junio de 2004; incluido después en el volumen *Entre perro y lobo*, *op. cit.*, pp. 214-217.

[17] *Entre perro y lobo*, *op. cit.*, pp. 99-102. En *El río del olvido* (Barcelona, Seix Barral, 1990) relata la experiencia de otro enterrado vivo en la cuadra familiar durante diez años: "El topo de la Mata" (Eufemiano Díaz González).

escondido en una cueva de su pueblo (Lillo) durante más de once años. Se entregó a la policía el 26 de enero de 1949 y murió en 1990, en plena democracia, sin que el gobierno socialista, por el que tanto había luchado, se acordara en ningún momento de él. Ambos conservaron hasta su muerte la rebeldía y el espíritu tenaz que, al finalizar la guerra, los llevó a esconderse en las montañas.

Llamazares ha insistido en que lo esencial en *Luna de lobos* no es la perspectiva histórica o política propiamente dichas, sino la indagación en los mecanismos del instinto primario de supervivencia, un instinto que puede llevar al ser humano acosado hacia la violencia más extrema; sin embargo, él los presenta como héroes de la resistencia, una imagen que dista mucho de la de los bandoleros vehiculada por la propaganda franquista, lo que conlleva el cuestionamiento de la historiografía oficial, un cuestionamiento reiterado en *Vagalume* (2023), novela que explora otra faceta de la represión gubernamental: la depuración de los maestros republicanos,[18] una medida utilizada para desterrar de las escuelas todos aquellos aspectos ideológicos y pedagógicos contrarios al nuevo régimen e imponer por la fuerza su modelo educativo. No hay que olvidar que la abuela paterna de Llamazares (María) y dos de sus hijos (Nemesio -el padre del escritor-[19] y Ángel) fueron maestros en la provincia de León, una región especialmente afectada por los expedientes de depuración (suspensión de empleo y sueldo, persecución, muerte…). Su tío Ángel, republicano desaparecido en la guerra, tiene especial presencia en la obra del escritor leonés, pues, además de protagonizar uno de sus cuentos titulado "El desaparecido",[20] lo hallamos envuelto en un halo de misterio en novelas como *El cielo de Madrid* o *Las lágrimas de San Lorenzo*. Y también son maestros el padre del protagonista de *Escenas de cine mudo* y el narrador de *Luna de lobos*: Ángel, docente en el pueblo de

---

[18] La represión de los maestros leoneses fue una de las más violentas. Cientos de ellos murieron o escaparon al exilio y otros muchos fueron depurados, torturados o asesinados. Una historia a la que el autor alude en varias novelas. Beatriz Mayo Lorenzo ha consagrado a este tema un libro titulado *La represión de maestros en la provincia de León durante la Guerra Civil*, León, Eolas Editores, 2014.

[19] Le dedicó su libro de viajes *Trás-os-Montes* y próximamente saldrá otro titulado *El viaje de mi padre*, el cual sigue los parajes que recorrió cuando, con 18 años, fue llamado a filas en la guerra.

[20] Publicado en Julio Llamazares, *Tanta pasión para nada*, Madrid, Alfaguara, 2011.

La Llera antes de la Guerra Civil. A todos ellos, y especialmente a los de su familia, les rinde homenaje Llamazares en un artículo titulado "Maestros de escuela".[21]

Conviene recordar que, durante la posguerra, la represión no sólo se ensañó con las víctimas, sino con sus familiares, a los que persiguió, confiscó sus bienes y convirtió en ciudadanos de segunda categoría, lo que conlleva el desprestigio, la desconsideración y la autorrepresión. *Vagalume* gira en torno a la vida de tres escritores pertenecientes a otras tantas generaciones (la del joven narrador: César, la de su mentor: Manolo Castro y la del padre de éste, sin nominar). El último, tras obtener el diploma de magisterio muy joven, se alistó en el bando republicano y, al acabar la guerra, fue detenido, encarcelado y condenado a sobrevivir como una persona invisible. No sólo sufrió el maltrato y las represalias de los vencedores, sino que le prohibieron ejercer su profesión, viéndose obligado a ganarse el sustento escribiendo novelas del Oeste y policíacas, que publicaba con varios seudónimos para esquivar la censura. Una amarga experiencia que truncó su vida tanto en lo personal como en lo profesional y que condicionó asimismo la de su hijo Manolo, marcado, según confiesa él mismo, por un resentimiento heredado contra esa sociedad que maltrató a su familia. Una vida dura y desesperanzada que plasma en su novela de juventud titulada *Vagalume* (como la del propio Llamazares, por cierto), la cual relata la autodestrucción de su progenitor. Una injusticia que sufrió el hijo en su infancia y que volvió a abatirse sobre él en su juventud cuando, en la primera mitad de la década de los setenta, la censura incautó su primera novela y lo desposeyó del premio y del dinero recibidos por ella, un trauma que presuntamente lo lleva a renunciar definitivamente a la ficción, pese a que ésta era su única vocación. Ambos han sufrido los rigores de la guerra y de la dictadura, mientras que César llegó a la escritura de la mano de la democracia; por razones profesionales, entabla una relación amistosa con Manolo, director del periódico en el que trabaja, y acaba convirtiéndose en su confidente y en el portavoz de los agraviados e invisibilizados por el régimen.

---

[21] Publicado en *Diario 16*, el 30 de mayo de 1991, y recogido en los volúmenes *En Babia*, *op. cit*, pp. 68-69 y *Entre perro y Lobo*, *op. cit*, pp. 74-75.

Consciente de que "la memoria histórica de un país es su literatura y su arte"[22] - pensamiento que comparten algunos de nuestros intelectuales más destacados como, por ejemplo, María Zambrano-, y que la literatura es un instrumento eficaz para comprender el funcionamiento de una época, Llamazares mezcla los hechos reales con los ficticios, haciendo que las tragedias humanas de sus personajes trasciendan la individualidad y pasen a formar parte del acervo histórico colectivo.

NOVELAS SOBRE EL OCASO DEL PATRIMONIO RURAL COMÚN. LA ESPAÑA VACÍA

> *Yo he vivido casi siempre en ciudades, pero de hecho soy, como la mayoría de los españoles, un animal urbano con una memoria rural. Soy, por lo tanto, una persona escindida en cierto modo entre el presente y el pasado. Justamente lo que yo cuento en mis libros es esta escisión*
>
> JULIO LLAMAZARES

La mayor parte de sus novelas transcurren en escenarios rurales del norte de España y están protagonizadas por agricultores y ganaderos que viven en armonía con la naturaleza y se resisten a abandonarla. Así, *Luna de lobos* discurre en las montañas leonesas colindantes con Asturias, "la tundra siberiana", *Escenas de cine mudo* en el valle de Sabero, *Distintas formas de mirar el agua* en la zona de Boñar, con su pantano del Porma construido a finales de los años setenta, y *La lluvia amarilla* en los Pirineos aragoneses. Como los protagonistas de estas novelas, Llamazares ha quedado marcado por los escenarios rurales en los que transcurrió su infancia, por las tareas del campo, por los conocimientos ancestrales de los agricultores, por su lenguaje y modos de vida, un patrimonio de singular riqueza que él rescata del olvido mediante la escritura.

La lluvia amarilla y Distintas formas de mirar el agua, -en mi opinión, dos obras maestras- representan las dos caras de una misma moneda: el abandono y desprestigio del mundo rural y los

---

[22] *Cf.* la entrevista de Javier Rodríguez Marcos, "La memoria histórica de un país es su literatura", *El País, Babelia*, 14 de febrero de 2015. *https://elpais.com/cultura/2015/02/12/babelia/1423751056_461531.html.*

abusos perpetrados por el régimen franquista contra los campesinos. La primera pone el énfasis en las consecuencias dramáticas de la despoblación rural,[23] y la segunda en el destierro motivado por la construcción de numerosos embalses durante el franquismo, "un genocidio cultural" que, según Llamazares, acabaremos pagando.[24] Ambas obras son también un himno a la tierra y a la cultura de sus antepasados y un lamento por la pérdida de un patrimonio de una riqueza y valor inestimables. Y esa elegía va acompañada de la exaltación de quienes se mantienen fieles a sus raíces y están dispuestos a afrontar la más absoluta soledad como Andrés de Casas Sosas, el protagonista de *La lluvia amarilla*, o de quienes expropiados de sus tierras y desterrados contra su voluntad, como Domingo (*Distintas formas de mirar el agua*), intentan combatir su destino trágico refugiándose en el recuerdo y en la resignación. Ambos representan el fracaso de la utopía moderna del progreso.

Llamazares explora con maestría sus emociones y nos incita a respetar y valorar la tierra, así como las costumbres milenarias de los que viven en armonía con ella. Además, y esto es aún más importante, logra convertir dos pueblos reales del norte de España: Ainielle y Ferreras (escenarios respectivos de las dos novelas mencionadas), en territorios imaginarios míticos[25] -denominados también cronotopos-, dotados de una dimensión simbólica o metafórica arquetípicas, y rescatar una civilización rural ancestral condenada por el progreso. Tierra de agricultores y de ganaderos durante siglos, Ainielle es un pueblo que entró en un proceso de decadencia progresivo durante la Guerra Civil, intensificado a

---

[23] En la entrevista que le hizo Angélica Tanarro, ya citada, comenta lo siguiente: "Cuando escribí *La lluvia amarilla* lo hice por el calambrazo que me producía entrar en pueblos abandonados. No quería inventar la España vaciada, quería imaginar cómo me hubiera sentido yo si me hubiera tocado vivir lo que ha vivido mucha gente".

[24] En su artículo sobre "Los pueblos abandonados" (*Entre perro y lobo*, pp. 198-200), comenta: "Cuando (...) miles de pueblos estén vacíos y gran parte del país, sobre todo en sus zonas de montaña, sea un auténtico cementerio, alguien querrá ponerle remedio, pero será ya muy tarde. Y entonces querrá saber (...) qué sintieron sus últimos habitantes al ir quedándose solos, y por qué ocurrió todo eso y por qué nadie puso interés para evitarlo (...). Pero los únicos que le responderán son el silencio y el viento".

[25] *Cf.* Irene Andres-Suárez, "Algunos territorios míticos en la literatura española contemporánea. De la geografía a la metáfora", *La narrativa española en la democracia actual*, *op. cit.*, pp. 111-123.

causa del éxodo masivo de la población rural hacia las grandes ciudades de España y de otros países de Europa en las décadas 50 y 60. Llamazares se nutre de la realidad local de dicho pueblo y la somete a un completo proceso de mitificación, haciendo que el espacio imaginado se mezcle con el real y deje de ser un lugar concreto para convertirse en un icono de la despoblación rural,[26] de la España vacía, un mal endémico de consecuencias irreparables tanto desde el punto de vista colectivo (el abandono y destrucción de regiones enteras) como individual (la sensación de pérdida, la emigración,[27] el desarraigo, la privación de las raíces y de la identidad). En su discurso de ingreso en la Real Academia Española, Luis Mateo Díez (autor del territorio de Celama), definió los denominados territorios míticos como

> un reino que posee una doble dimensión, real y ficticia (en él la realidad y la irrealidad se entrecruzan), y no necesita tener una localización física concreta porque pertenece al imaginario colectivo universal; son espacios -dice- que trascienden los límites geográficos y se convierten en lugares ajenos al tiempo cotidiano y a las leyes de la física. De alguna manera, representan "una geografía del alma, una geografía del misterio", y "las geografías de la imaginación son siempre geografías metafóricas y, con frecuencia, míticas, también algunas veces simbólicas".[28]

Recordemos que *La Lluvia amarilla* gira en torno al monólogo del último habitante de un pueblo abandonado. Mientras aguarda inmóvil en su cama la llegada de la muerte, el anciano rememora fragmentos de su vida y de la de sus antepasados e imagina a su pueblo convertido en "un montón de ruinas y de escombros"

---

[26] Se trata de la *España* vacía o "despreciada", como la califica Llamazares, quien ha dedicado a este tema varios artículos y reportajes, entre otros, "La España menguante" (en *Nadie escucha, op. cit.*, pp. 113-118); "Bajo el infierno blanco" (*El País*, 18 de enero de 1987; recogido en el volumen *En Babia, op. cit.*, pp. 127-135) o "Las campanas de Foncebadón" (en *Nadie escucha, op. cit.*, pp. 83-88).

[27] La emigración de las zonas rurales a las ciudades industriales de España o del extranjero se refleja en casi todas sus novelas (*La lluvia amarilla*, *Escenas de cine mudo*, *El cielo de Madrid*, *Las lágrimas de San Lorenzo*, *Distintas formas de mirar el agua*), en varios artículos periodísticos y en el guión de la película *El techo del mundo*. Me he ocupado de este último texto en "La emigración en la obra de Julio Llamazares: *El techo del mundo* y *Escenas de cine mudo*", en I. Andres-Suárez, M. Kunz e I. d'Ors (eds.), *La inmigración en la literatura española contemporánea*, Madrid, Verbum, 2002, pp. 279-300.

[28] *Cf.* Luis Mateo Díez, *La mano del sueño (Algunas consideraciones sobre el arte narrativo, la imaginación y la memoria)*, discurso de ingreso en la Real Academia Española, Madrid, Real Academia Española, 2001, p. 34.

y a su civilización sepultada en el olvido. Su largo y denso monólogo, plagado de analepsis y prolepsis, arroja mucha luz sobre su situación personal y la del pueblo a la vez que nos hace tomar conciencia de los graves problemas que afectan al mundo rural. Los mismos sucesos y los mismos temas (el éxodo, el abandono y la ruina, el desprecio hacia las gentes del campo, la pérdida de las raíces…) reaparecen cíclicamente en su soliloquio al tiempo que evoca las sucesivas deserciones de los vecinos (motivadas por la Guerra Civil, primero, y, después, por la necesidad de sobrevivir o por el señuelo de una vida mejor en el extranjero, como es el caso de su único heredero), así como los hitos de su soledad definitiva hasta sucumbir al delirio.

Con todo, Llamazares no pretende reivindicar el mundo rural ni hacer alabanza de aldea y menosprecio de corte y "su acusado interés de siempre por la agonía de la vida rural española no busca un testimonio político, ni siquiera sociológico; de estos destinos de desarraigo le importa más la perduración de los lazos vitales y la fuerza de la resignación laboriosa",[29] según pone de manifiesto en *Distintas formas de mirar el agua* (2015), "la novela que he estado escribiendo toda la vida sin yo saberlo", advierte el autor. Gira en torno al destierro de una familia de ganaderos de montaña expropiada de sus bienes y desterrada a causa de la construcción de un pantano, lo que conlleva la pérdida de las raíces, la nostalgia y la orfandad. En realidad, la novela se centra fundamentalmente en el viaje de regreso de dicha familia a su lugar de origen, tras 45 años de emigración forzosa en un pueblo de colonización de la región de Palencia, con el fin de arrojar las cenizas del patriarca del clan (Domingo) al embalse que los expulsó de su paraíso y los condenó al destierro. El autor ha abordado en numerosos textos[30] las consecuencias nefastas

---

[29] José-Carlos Mainer, "Voces sobre el agua", *El País. Babelia*, 13 de febrero de 2015, p. 4.

[30] Recordemos que el pantano del Porma anegó ocho pueblos, entre ellos Vegamián, en el que nació el escritor, quien ha dedicado a este tema varios textos: el reportaje "Volverás a Región" (*El País*, 24 de diciembre de 1983; *En Babia, op. cit.*, pp. 123-126), que relata la impresión que le produjo ver su pueblo natal en 1983, convertido en "un paisaje lunar apocalíptico" tras la evacuación de las aguas del pantano para revisar sus instalaciones. Sobre este suceso escribió asimismo los poemas de "Retrato de bañista" y un guión de cine homónimo para la película *El filandón*, que rodó José Mª Sarmiento en 1983. Años más tarde publicó el artículo titulado "El paisaje del fin del mundo" (*El País*, 14 de diciembre de 1987; *En Babia, op. cit.*, pp. 86-88), que narra otro de sus viajes

de estas construcciones realizadas en aras de un supuesto progreso tanto para las personas (la pérdida de sus casas y tierras, de sus raíces e identidad, de sus tradiciones y lazos vitales) como para los territorios afectados (la destrucción de valles enteros de extremada belleza, los daños medioambientales ocasionados, etc.)

> En España -dice el autor-, bajo el régimen franquista, e incluso en el periodo de la transición, se inundaron pueblos enteros para construir grandes embalses. Estas obras hidrográficas se llevaban a cabo sin considerar las consecuencias que de ellas se derivaban para los campesinos que habitaban en las zonas afectadas.[31]

Al final de la novela se contraponen dos formas antitéticas de encarar la realidad: la del ingeniero constructor del embalse (el escritor Juan Benet), que sueña con una repartición del agua a nivel nacional y hace caso omiso de las personas que habitan el territorio, y la de los damnificados por la construcción, víctimas propiciatorias de una política hidrográfica insensible al sufrimiento de los individuos.

Como se ve, cada novela suya gira en torno a un tema axial y posee un tono elegíaco: *Luna de lobos* y *Vagalume* constituyen sendos homenajes a los represaliados del franquismo: los guerrilleros maquis, en el primer caso, y los maestros y escritores depurados, en el segundo; *Escenas de cine mudo* es una elegía a su madre muerta y un réquiem por la minería española; *La lluvia amarilla* un planto por la desaparición de un patrimonio rural común y un homenaje a quienes se mantienen fieles a sus raíces, algo que comparte *Distintas formas de mirar el agua*: una oración fúnebre por los desterrados. Y lamentos son asimismo *El cielo de Madrid* y *Las lágrimas de San Lorenzo*. El primero por la pérdida de la juventud y el segundo por la privación de la ensoñación bohemia.

---

al Valle de Riaño, en 1987, para constatar que, al ser sepultado por el agua, había sido desposeído de sus huellas.

[31] *Cf.* María Ángeles Fernández y Jairo Marcos, *Memorias ahogadas*, Logroño, Editorial Pepitas de Calabaza, 2024.
https://www.agapea.com/Jairo-Marcos-Perez/Memorias-ahogadas-9788418998676-i.htm?s-rsltid=AfmBOorL0AuwIRSIAvukMu4iYLAzObshb-aCC2T4rUUvGG_2Mgtv3t2n.

RECURSOS TÉCNICOS DOMINANTES EN SU NARRATIVA

Los libros de Llamazares tienden a compartir personajes, escenarios, temas, recursos literarios, y ello es especialmente patente en su narrativa, donde el registro ficcional y el periodístico (la experiencia vivida y la imaginada) se relacionan constantemente para aportar una mirada doble sobre los hechos: la poética y la analítica, lo que les confiere una mayor densidad.[32] Otras constantes son: la disolución de los géneros literarios (en *Vagalume*, por ejemplo, se interrelacionan novela, ensayo, poesía, teatro y hasta el género epistolar), la sabia utilización del monólogo interior (todas sus novelas son introspectivas y están narradas en primera persona gramatical), la frecuente combinación de dos hilos narrativos en la misma obra, uno relacionado con el presente y el otro con el pasado, así como su capacidad para presentar los hechos desde diversas perspectivas y para trenzar tramas complejas y apasionantes por las que desfilan personajes inolvidables. Llamazares da voz a los perdedores que defienden su libertad y su dignidad contra viento y marea:[33] mendigos (Bernardo Gonzalo), borrachos (Genarín), tumbados etc., y rinde homenaje a los silenciados por la historia: los represaliados del franquismo [maquis (*Luna de lobos*), topos ("Gorete"), maestros republicanos depurados (*Vagalume*)], los mineros (*Escenas de cine mudo*) y los agricultores que se resisten a abandonar sus tierras (*La lluvia amarilla*) o que son expropiados y desterrados de ellas (*Distintas formas de mirar el agua*). Y "se interesa por su situación vital, por su tenacidad y resistencia callada y digna".[34] Rastrea en su psicología mediante monólogos que ahondan en sus conflictos más íntimos, unos monólogos que generan una gran intensidad psicológica y ofrecen una visión muy

---

[32] El periodismo trabaja en la inmediatez, se ampara de la realidad para construir relatos documentados y a la vez personales, mientras que la narración literaria se sitúa en la atemporalidad y privilegia la intimidad de los personajes y el misterio de la existencia humana.

[33] *El entierro de Genarín. Evangelio Apócrifo del último heterodoxo español* (Madrid, Ayuso, 1984) es un canto a la libertad: "yo vengo de un territorio donde todavía subsiste en algunos sitios una antigua tradición llamada concejo abierto, mediante la cual las decisiones más importantes se toman entre los vecinos por el sistema de un hombre, un voto; y no por unos pocos en representación del resto", Julio Llamazares, *El País*, 18 de mayo de 2007.

[34] José-Carlos Mainer, "Voces sobre las aguas", art. cit.

completa de sus dramas personales y colectivos. Dichas incursiones en el mundo interior de los personajes se rigen por el desorden de la memoria, presentan continuas analepsis y prolepsis, lo que favorece la concentración del tiempo narrado, según ponen de manifiesto novelas como *La lluvia amarilla* o *Distintas formas de mirar el agua*, por citar dos ejemplos destacados. El monólogo de Andrés de Casa Sosas, por ejemplo, comprende una sola noche -tal vez unas horas-, pero abarca toda su vida y algunos momentos clave de la de sus familiares y vecinos, y *Distintas formas de mirar el agua* transcurre asimismo en el breve lapso de tiempo que tarda la familia del difunto en arrojar sus cenizas a las aguas del pantano, un tiempo que se expande y acaba englobando el periplo vital de tres generaciones marcadas por el infortunio.

Son abundantes también las resonancias bíblicas, mitológicas y las referencias a la literatura grecolatina, las cuales ponen en evidencia la sólida formación clásica del autor. Álida Ares ha analizado los elementos que vinculan *Distintas formas de mirar el agua* con la tradición de la tragedia, y más específicamente con los *trenos* y *plantos* del teatro griego, pero esta novela posee asimismo una resonancia bíblica y literaria que le confiere una mayor profundidad y trascendencia. La bíblica es avalada por las dos citas que la preceden: la primera corresponde al *Libro de los salmos* (núm. 137) y hace alusión a la Arcadia perdida, al dolor del destierro y cautiverio de los judíos (*Junto a los ríos de Babilonia nos sentábamos y llorábamos acordándonos de Sión*) y la segunda es un verso del poeta leonés Ángel Fierro (*Gasté mi vida en el trabajo de volver*) que evoca el mito de Ulises y acentúa la tragedia del protagonista, ya que vuelve a Ítaca convertido en cenizas. Abundan también las alusiones a los escritores de la Antigüedad grecolatina (Homero, Catulo, Horacio) y a los clásicos (como Dante y Cervantes), sin olvidar otros más recientes, particularmente poetas. Así, el poema de Horacio sobre el *carpe diem* es el leitmotiv que preside la novela *Las lágrimas de San Lorenzo*, y la frase de Heráclito "el carácter forja tu destino" el vector del diálogo entre Manolo Castro y su padre en la novela *Vagalume*. Otro gran baluarte de su narrativa es su destreza para mostrarnos hechos controvertidos que formaron parte de la historia española reciente -y que por diversas razones han permanecido silenciados o anestesiados en nuestra memoria-, recreándolos literariamente y arrojando sobre ellos una mirada reflexiva y humana que revela los traumas y fracturas que esas situaciones han provocado en el individuo y en la sociedad.[35]

Y lo hace decantándose por unas estructuras compositivas especialmente cuidadas y medidas, casi milimétricamente, de las que emana un fuerte valor simbólico. La de *Luna de lobos* es cuaternaria. Consta de dieciséis capítulos distribuidos en cuatro partes correspondientes a las cuatro fases de la luna (cuatro son también los protagonistas), cada una de las cuales comprende la cuarta parte del total y se cierra invariablemente con la muerte o la huida (en el último caso) de uno de los protagonistas. En la primera parte cae Juan (1937), en la segunda Gildo (1939), en la tercera se suicida Ramiro (1943) y, en la cuarta, Ángel, el narrador de la historia que huye en tren hacia la frontera con Francia (1946). *En La lluvia amarilla* hay "una serie de episodios encerrados en una estructura circular que los envuelve",[36] y está compuesta de veinte capítulos. En el primero (una prolepsis), Andrés anticipa su propia muerte e imagina la reacción de los vecinos que lo abandonaron a su suerte al descubrir su cadáver, un hilo narrativo que queda en suspenso hasta el último capítulo, reanudándose exactamente donde se dejó. La frase que abre la novela ("Cuando lleguen al alto de Sobrepuerto estará seguramente, comenzando a anochecer", p. 9) se repite de forma casi simétrica en el último capítulo ("Así, cuando lleguen al alto de Sobrepuerto, seguramente habrá empezado otra vez a anochecer", p. 143). Lo único que las diferencia es el tiempo verbal; el futuro simple del inicio se ha convertido en un futuro compuesto, poniendo así el énfasis en la clausura de la existencia del protagonista. En los capítulos restantes, del 2 al 19, mediante la técnica del *flash back* o analepsis, el protagonista-narrador da rienda suelta a los recuerdos consciente de que es el último depositario de la memoria colectiva y que,

---

[35] *Cf.* Álida Ares, "Motivos clásicos en la novela *Distintas formas de mirar el agua* de Julio Llamazares", *Lectura y Signo*, núm. 12, 2017, pp. 41-58. *https://revistas.unileon.es/index.php/LectSigno/article/view/5305.*

[36] *Cf.* Miguel Tomás-Valiente, Introducción a Julio Llamazares, *La lluvia amarilla*, Madrid, Cátedra, 2016, p. 17.

con su muerte, se cierra definitivamente el círculo de su propia existencia y la del pueblo. La frase final de la novela, formulada en presente ("La noche queda para quien es"), no pertenece ya al protagonista, sino a un narrador externo a los hechos, y funciona como epitafio de la extinción de una cultura milenaria y de una determinada forma de entender y de vivir la existencia.

La composición de *Escenas de cine mudo*[37] se asemeja a un *puzzle* y se compone de veintiocho piezas relacionadas con la memoria del narrador. El desencadenante de la historia es, según se dijo, un viejo álbum de fotos que éste recibe a la muerte de su madre, el cual va conformando la película de un tiempo ido y, en buena medida, olvidado. Cada capítulo parte de una fotografía relacionada con su infancia y es el narrador quien da cuerpo a la película imaginaria,[38] la cual consta de dos partes correspondientes a sendas etapas de su existencia: la primera se basa en las fotografías en blanco y negro, relacionadas con su primera infancia (capítulos 1 a 15) y la segunda en las de color y coincide con su adolescencia (capítulos 16 a 18): "Entre el verano de 1964, que fue cuando conocí el color (…) y mi partida de Olleros (…), me había hecho mayor y empezaba a verlo todo de manera diferente".[39]

El cielo de Madrid evoca, por su parte, la trayectoria vital del protagonista y la de la sociedad española en un período histórico marcado por cambios profundos y está estructurada a partir de los círculos de la *Divina Comedia* de Dante, De extensión desigual, cada uno de los cuatro círculos comprende varios capítulos: diez, el limbo y el infierno; cuatro el purgatorio y uno el cielo, especialmente breve. El volumen va precedido de una cita del libro del italiano, que anuncia simbólicamente la evolución del protagonista (un pintor), evolución que se materializa en el cambio cromático de su pintura. El limbo abarca del otoño de 1975 hasta 1985 y representa el mundo de la bohemia y el tiempo de las ilusiones, del amor y de los descubrimientos. Un tiempo lleno de sueños,

---

[37] El tema de la minería aparece igualmente en varios artículos suyos, entre otros: "Sigue grave el minero muerto ayer", *El País*, 11 de diciembre de 1991; recogido en *Nadie escucha*, pp. 33-37.

[38] Elina Liikanen, "El cruce de medios narrativos en *Escenas de cine mudo* de Julio Llamazares: literatura, fotografía, cine, memoria", *Moenia*, núm. 12, 2006, p. 506.

[39] Julio Llamazares, *Escenas de cine mudo*, Barcelona, Seix Barral, 1994, p. 180.

de continuos cambios y encuentros, acompañados de la pérdida de la inocencia, del cuestionamiento como artista,[40] y de un naufragio personal generado por varias rupturas sentimentales y el suicidio de un amigo. El segundo círculo, titulado el Infierno, comienza en 1985 y coincide con su consagración como artista, algo que lejos de tranquilizarlo lo desazona aún más, ya que es asaltado por las dudas. Insatisfecho con su pintura, se interroga sobre el sentido de su obra y siente un profundo vacío interior. Atormentado y hastiado por una existencia enajenada, huye del volcán de la capital y opta por un retiro voluntario, una catarsis, en un pueblo de la sierra (Miraflores) donde espera recuperar la paz que necesita para seguir pintando y encontrar una voz propia e intransferible. Con ello se inicia el círculo del Purgatorio. Lejos del mundanal ruido, consigue recuperar el sosiego y disfrutar intensamente del entorno rural, pero, a medida que pasa el tiempo, cae en una honda depresión que lo lleva a comprender que la huida no resuelve nada y opta por regresar a Madrid dispuesto a afrontar el último círculo: su papel de esposo y de padre. De hecho, el destinatario de sus confesiones no es otro que su propio hijo recién nacido, a quien imagina volviendo un día la mirada atrás para preguntarse quién fue realmente su progenitor, qué círculos dantescos tuvo que sortear para encontrar su sitio en la vida y en el mundo del arte.

Las lágrimas de San Lorenzo consta de 39 capítulos de extensión equivalente, salvo los números 27 y el último que son hiperbreves, y giran todos en torno a un *leitmotiv* recurrente en su producción: la fugacidad del tiempo y la brevedad de la existencia humana, representadas aquí por la lluvia de estrellas, un fenómeno astrológico que se produce anualmente en el mes de agosto durante la noche de San Lorenzo. El título de los capítulos, es una sucesión de pronombres indefinidos ("Una", "Otra", "Otra"...) que evoca la rapidez con la que se suceden los años y las generaciones, lo que conlleva implícitamente una invitación a aprovechar intensamente cada instante de la vida (*carpe diem*).

Distintas formas de mirar el agua es una novela coral compues-

---

[40] "Para mí pintar un cuadro era, más que una profesión o un oficio, una forma de vivir y de sentir. Sin la pintura yo no tenía ni presente, ni pasado, ni futuro", *El cielo de Madrid*, Madrid, Alfaguara, 2005, p. 70.

ta de 16 capítulos, correspondientes al número de familiares del
séquito fúnebre que acompaña los restos del protagonista en su
viaje de regreso a la tierra natal, de la que fue expulsado cuarenta y cinco años atrás por la construcción de un embalse. Cada
personaje ofrece su visión subjetiva y emocional del difunto y del
destierro y, entre todos, construyen un verdadero *puzzle* que se
completa con la mirada externa de un automovilista que contempla desde lo alto a la comitiva fúnebre e imagina que son turistas
llegados de la capital para gozar del sol y del paisaje idílico. Con
este final, Llamazares nos exhorta a desconfiar de las apariencias
engañosas; la belleza del paisaje no puede hacernos olvidar las
tragedias que ocultan los pantanos, ya que debajo de ellos hay
pueblos enteros, mucho fango y destrucción.[41]

Por último, *Vagalume* es una novela caleidoscópica con múltiples dimensiones y posiblemente la más compleja desde el punto
de vista compositivo. Posee una estructura ternaria sustentada en
las tres vidas que, según el escritor, tiene todo ser humano (la pública, la privada y la secreta), así como en las vivencias de tres
personajes relacionados con la escritura, pertenecientes a tres generaciones: 1) la de César, el narrador-protagonista (trasunto del
propio Llamazares) que investiga la vida de su maestro: 2) Manuel
Castro (una transposición de Mario Lacruz, mentor del leonés),
autor de una novela de juventud sobre la vida de su progenitor: 3)
un maestro represaliado por el Régimen franquista, reconvertido
en escritor de novelas de quiosco publicadas con varios seudónimos para esquivar la censura. En definitiva, tres generaciones y
otros tantos destinos condicionados por los acontecimientos históricos. Estamos, por tanto, ante una estructura de cajas chinas:
dentro de la novela de Llamazares, titulada *Vagalume*, hay otra homónima de Manolo Castro sobre su padre represaliado, así como
varios fragmentos de obras suyas ulteriores descubiertas por los
familiares tras su muerte. Por si fuera poco, tras el envoltorio de
novela de suspense hay en la obra de Llamazares un denso ensayo
literario que constituye la esencia de la misma, según se verá al
final de nuestra exposición.

---

[41] "Los españoles ignoran -señala el autor- que en España hay más de 500 pueblos
bajo el agua y más de 50.000 personas arrancadas a la fuerza de su lugar de origen. La
gente ignora que debajo de los embalses hay pueblos".

En ella alternan varios hilos narrativos y dos épocas distintas: un pasado reciente, que conforma el presente de la narración, y un pasado evocado (la dictadura franquista), que funciona como explicación del traumatismo de Manolo y de su padre. Ambos vivieron una amarga experiencia que los condujo a la autodestrucción y los sumió en el anonimato. Condenados al ostracismo, sin poder disfrutar de la normalidad, invisibilizados, llevan una doble vida y guardan celosamente unos secretos que se llevan a la tumba para sorpresa de sus familiares. Unos secretos que el narrador (César) irá sacando a la luz de manera dosificada para mantener vivo el suspense. Gracias a él, nos enteramos de que su mentor nunca había dejado de escribir y de publicar, que lo hacía de noche a escondidas y que, como su padre, firmaba con un seudónimo. Tras su muerte, sus familiares encontraron en su despacho varios originales inéditos: dos libros de relatos (*Nubes de paso* y *Elijo la pena*) y siete novelas (*Nieve de primavera, Ventanas en la noche, Sueño de César, Cenizas de la nada, Caleidoscopio, Apuntes para una novela que no voy a escribir* y *Carácter y destino*).

Curiosamente, la última es una adaptación teatral de la escrita por Manolo en su juventud sobre su padre (titulada como la de Llamazares, y que yo sepa es la primera incursión del escritor leonés en el teatro, aunque hay que reconocer que sus guiones cinematográficos utilizan recursos técnicos de la dramaturgia) y lo más llamativo es que funciona como un espejo en el que se proyectan y se van dilucidando los enigmas planteados en la obra del escritor leonés. *Carácter y destino* consta de tres actos. En el primero, Manolo dialoga con su padre, en una residencia de ancianos, sobre sus miedos, dudas y preocupaciones, sobre la relación entre ambos y su forma de enfrentarse a la adversidad. Unos encuentros durante los cuales el hijo se sincera con el padre y le confiesa las razones que lo llevaron a reanudar la escritura después de decidir no hacerlo nunca más, desvelando con ello el enigma principal de la novela de Llamazares: las razones que llevaron a Manolo a escribir de nuevo tras su experiencia traumática (la necesidad de mantener a una hija fruto de una relación extramatrimonial y, sobre todo, porque comprendió que escribir no era un oficio, sino su forma de estar en la vida y de soportarla). En el segundo acto, asistimos al encuentro de éste con su amante secreta en un café antiguo y descubrimos que fue ella quien lo abandonó, a la vez que se dilucida otro de los enigmas: la identidad de la mujer anónima que hizo llegar a César el día del entierro de su mentor un ejemplar de la novela desaparecida de éste (su hija secreta). Por último, el acto tercero se desarrolla en la redacción del periódico en el que trabajaban Manolo y César y pone en escena sus conversaciones sobre la literatura y el oficio de escritor, un pretexto utilizado por el autor leonés para insertar en su obra un ensayo sobre los motivos que llevan a los seres humanos a escribir ficciones, y para rendir homenaje a quienes han hecho de la escritura su vida.

Para Llamazares, ser escritor es una manera de estar en el mundo y de llenar con palabras el vacío existencial que a todos nos angustia. Es también una forma de sobrevivir al tiempo, pues, según él, tras el paso de los siglos lo único que permanece son las voces de los escritores y de los artistas: "(…) Cuando abres un libro vuelves a escuchar a Homero, Cervantes o a Dante, y su luz se vuelve a iluminar en la noche".[42]

Los escritores son faros en la niebla, tejedores de sueños, y el ser humano necesita soñar despierto, ampliar su limitado horizonte vital mediante la ficción, la cual nos permite ahondar en el fondo oscuro y contradictorio de la vida de un país y en los abismos del género humano, en su esencia. La literatura tiene la facultad de transportarnos a otra dimensión y de revelar lo oculto, pero exige una reconstrucción y un punto de vista manipulador: "Escribir -dice Llamazares- consiste (…) en manipular el lenguaje",[43] en tallar las palabras "para que sean más bellas y tengan más brillo";[44] no hay literatura sin un substrato poético. Él ha declarado en varias ocasiones que escribe novelas para

---

[42] César Combarros, "Julio Llamazares: 'Se escribe y se lee para entender la vida y para soportarla'", *La Nueva Crónica. Culturas*, 17 de abril de 2023. https://www.leonoticias.com/culturas/libros/julio-llamazares-escribe-lee-entender-vida-soportarla-20230417135303-nt.html.

[43] Entrevista de Cristina Fanjul: "Un escritor es una luz en la noche", *Diario de León*, 9 de octubre de 2022. https://www.diariodeleon.es/monograficos/filandon/221009/188214/escritor-luz-noche.html.

[44] Ibídem.

emocionarse a sí mismo y emocionar al lector y que uno de sus objetivos prioritarios al escribirlas es reducir la distancia entre lo que siente y lo que plasma en el papel,[45] algo extremadamente difícil de conseguir, pues nuestro lenguaje es limitado y a menudo las palabras no están a la altura de nuestros sentimientos. En cualquier caso, consciente de que uno de los fines del arte es transmitir sentimientos, algo que sólo se consigue con una ambición estética, Llamazares somete el lenguaje a una máxima tensión verbal. Sus novelas están escritas con la esencia de la poesía y deben parte de su magia a los recursos líricos utilizados como, por ejemplo, la abundancia de imágenes y metáforas dotadas de una gran fuerza expresiva, la musicalidad y el ritmo, la predilección por la sugerencia visual (su lenguaje es muy plástico y cromático) o la compleja red de símbolos que nos proporcionan las claves para desentrañar su sentido profundo. Sus novelas nos transmiten los sentimientos del autor y también las alegrías y las penas del oficio. Cuando las leemos, descubrimos que esas emociones se mantienen intactas y nos hacen vibrar. Ciertos textos suyos, ciertas palabras o frases tienen tal belleza y densidad que, cuando las leemos, llega hasta nosotros la fragancia de su alma. Son sin duda estas características las que han convertido a Llamazares en uno de los escritores más leídos y admirados de nuestra literatura actual.

REFERENCIAS BIBLIOGRÁFICAS

Andres-Suárez, Irene *La narrativa española en la democracia actual. Crónica del Grand Séminaire de Neuchâtel*, Madrid, Arco/Libros, 2023.

Andres-Suárez, Irene (ed.), *Mestizaje y disolución de géneros en la literatura hispánica contemporánea*, Madrid, Verbum, 1998.

Andres-Suárez, Irene, y Ana Casas (eds.), *El universo literario de Julio Llamazares*, Neuchâtel, Universidad de Neuchâtel, 1998.

Andres-Suárez, I., M. Kunz e I. d'Ors (eds.), *La inmigración en la literatura española contemporánea*, Madrid, Verbum, 2002.

Andres-Suárez (ed.), *Migración y literatura en el mundo hispánico*, Madrid, Verbum, 2004.

---

[45] Cristina Fanjul, art. cit.

Díez, Luis Mateo, *La mano del sueño (Algunas consideraciones sobre el arte na-rrativo, la imaginación y la memoria)*, discurso de ingreso en la Real Aca-demia Española, Madrid, Real Academia Española. 2001.

Fernández, Mª Ángeles y Jairo Marcos, *Memorias ahogadas*, Logroño, Editorial Pepitas de Calabaza, 2024.

Llamazares, Julio, *Luna de lobos*, Barcelona, Seix Barral, 1985.

—— *La lluvia amarilla*, Barcelona, Seix Barral, 1988.

—— *El río del olvido*, Barcelona, Seix Barral, 1990.

—— *En Babia*, Barcelona, Seix Barral, 1991.

—— *Escenas de cine mudo*, Barcelona, Seix Barral, 1994.

—— *Nadie escucha*, Barcelona, Seix Barral, 1995.

—— *Los viajeros de Madrid*, Madrid, Ollero & Ramos, 1998.

—— *El cielo de Madrid*, Madrid, Alfaguara, 2005.

—— *Tanta pasión para nada*, Madrid, Alfaguara, 2011.

—— *Las lágrimas de San Lorenzo*, Madrid, Alfaguara, 2013.

—— *Distintas formas de mirar el agua*, Madrid, Alfaguara, 2015.

—— *Vagalume*, Madrid, Alfaguara, 2015.

Mayo Lorenzo, Beatriz, *La represión de maestros en la provincia de León durante la Guerra Civil*, León, Eolas Editores, 2014.

Valcárcel, Carmen, "Introducción" a *Escenas de cine mudo*, Madrid, Cá-tedra, 2022, pp. 11-75.

Tomás-Valiente, Miguel, "Introducción" a *Luna de lobos*, Madrid, Cáte-dra, 2009, pp. 11-52.

—— "Introducción" a *La lluvia amarilla*, Madrid, Cátedra, 2016, pp. 9-53.

REFLEJOS EN LOS OJOS CERRADOS

AVELINO FIERRO
Escritor

AGOSTO EN LA MATA

Cielo desvaído, repleto de poros por los que se filtran los recuerdos. Soledades. No sé por qué el verano lleva la vida tan lejos, a espacios sin contorno o tierras roturadas, sombras azules. Territorio de la infancia con sus cicatrices y mapas. Estás en el balcón. Yo, en el jardín, adormecido. Brillos del agua y gritos arremolinados. Olor de la hierba. Una extraña conciencia de plenitud. El tiempo que no existía y sin duda ya anidaba en las venas. Y al anochecer, la luz del bar derramada por la plaza. Voces de los mayores.

FOTOGRAFÍAS

La realidad contiene todo y apenas nada. Estás solo, sin palabras ni cálculos; vuelven las cosas. Pones momentos de la vida en una ventana. "Ventana, oh tú, medida de la espera / tantas veces colmada…". Enmarcas la tristeza de tu padre y la muerte de tu madre, ya para siempre callada. Es ese último álbum que conservas de Olleros. Tú, al lado de hombres inmóviles y el zumbido de las abejas.

LA CIUDAD

Después del dolor viene la espera. Ya no hay montañas que se empapen del ocaso. El tiempo, una línea recta y rígida, en la que se enhebran los anhelos y las penas, los destellos. Colgados como ropa tendida todos los momentos. Otros modos de ver. Tienes un alma y un abrigo, y frío en las rodillas en las mañanas de invierno, en tardes inexplicablemente estúpidas, en los primeros poemas de *Barro*.

Tardes de lluvia y amistad en las tabernas. Y en momentos de silencio llegaban, con un tono de salmodia, los lamentos de los bardos.

VIDAS EJEMPLARES

Sólo yo miro a la cámara en esa fotografía. Está a mi derecha Toño Fortes, tú a la izquierda, José Carlón detrás; veo también a Chuso Anderson, que subiría luego al altillo en el que se decían los versos. Porque estaba en Melpómene, uno de los grupos de teatro. El romance empapa la noche. "¡Plazoleta leonesa! / Voz de los tiempos lejanos. / Hechizo de piedra y cielo / de los poetas noctámbulos". Es una fotografía en blanco y negro. En el patio del Caño Badillo.

Escribes en la dedicatoria: "Para mi queridísimo Avelino, que ya no está en la oposición gracias a Genarín". Boñar, 5-8-81". Late ahora aquella fecha. Y siento que el pasado se quiebra.

¿CÓMO PARAR EL VIENTO?

Entre la maraña de las horas, el bramido de las bestias y los surcos en la nieve. Un mundo detenido. Momentos que atender, que vas engavillando, porque nada es más delgado que el presente. Días perezosos, días como pañuelos en el aire o días en vía muerta. Un paisaje al que escuchas.

Hay protestas por los despidos en Standard ITT. Salvador Arteche fletó aquel autobús a Montejurra. Nos vamos al Norte. En un tren al que suben obreros enormes fardos de aburrimiento. Escribes cerca del mar sobre la tierra de los rebaños y los fresnos. Un día me anunciaste -sacándome de mi sueño- aquel primer premio provincial. Luego, Martín te dio entrada en *Las voces y los ecos*. Dos años antes ambos habíamos ganado el concurso de poemas del Colegio Universitario de Derecho. El mío era un mal remedo de dos poetas sociales del momento. El tuyo, sin duda, hablaba de un corazón helado que ya no espera nada en la espiral del tiempo.

NUNCA LA VIDA ARDIENDO

Calle Argensola, 8. Ya no encontrábamos cucuruchos de polvo en los patios. La realidad brotaba de otras maneras. Nos veíamos menos. Olía la casa madrileña a las pinturas y ungüentos de Emiliano Ramos, y Rosa tenía aquellos horarios descabalados. Íbamos y veníamos Mar y yo desde las Islas. Campoamor, Bogotá y El Nueve eran los lugares de encuentro.

Y luego llegó El Limbo, donde tantas noches podías ver otro tipo de cielo. Atrás quedaban las historias de los maquis y la soledad de Andrés en un pueblo del Pirineo. La memoria sumergida del origen.

Aquello era el hosco presente, el final de la juventud. Entonces supimos (tú, yo, una chica de provincias, Secun Serrano, la librera de Paradox, las gentes de la Movida) que nos encontrábamos a merced del miedo.

AHÍ ESTAMOS

Ahí estamos. En ese libro rojo editado en el 94. De portada indescifrable, seres en continuo esfuerzo, Atlantes, Sísifos, babélicos.

Somos nosotros: Berrueta, la cuñada Tejerina, Avelino el fiscal y su señora Mar, Secundino y Mercedes, Ana y el Camarada, y el Señorito Miguel, todavía soltero. Yuma que vuelve de Asturias con la corona de un muerto al cuello. Ángel Segura -la cafetería Zúcar, por eso de situar la acción-, el poeta Toño Llamas, la bisabuela Lucila, don Fulgencio, Tacho Getino, su asesor fiscal y jugador de ajedrez Michelo, Jabuto que va y viene de Ibiza, Marisa, Camino Sevillano, el guardabarreras. García, que es viajante de gaseosas, Morgan, Kerstin la sueca -que le cantaba una hermosa nana a mi hijo-, Teófilo y tu padre debajo del corredor. Y el resplandor de la luna sobre los árboles.

En octubre del 95 me llevaste a conocer al editor Ollero. Nos invitó a comer en La Taberna del Alabardero, en el viejo Madrid. Y me regaló los primeros ejemplares de una revista de bibliofilia. En el número cinco viene ese artículo de un incunable sobre el juego del ajedrez del dominico Fray Jacopo de Cassole.

Ollero había escrito en la contraportada de este libro, *En mitad de ninguna parte*, que el autor pinta de mito el color terroso de la vida común de tantos seres anónimos.

"El oficio de escribir es contar mentiras", le dices a un periodista. Rafa Morgan siempre nos cuenta en voz baja que cuando

narras sobre los días que ya se fueron no eres muy digno de confianza. "Cuántas veces le he oído historias hermosas nada verda-
deras. Yo sé que él no estuvo aquella tarde o en aquel viaje; que
yo se lo había contado. Y ahora me hace dudar, porque me ha
cambiado las voces, la luz, hasta los personajes. Tengo zonas de
sombra en mi vida y mis recuerdos". ¿Dónde está la memoria de
los días, que fueron tuyos en la tierra?

BERLÍN 2015

Recorrimos esa primera mañana la Unter den Linden, hasta
la Puerta de Brandeburgo. Yo, influido sin duda por viejas fotos
y documentales, tenía una imagen en blanco y negro de la zona,
un lugar solitario y con aroma de catástrofe. Y fue decepcionante
ver a tantos turistas en aquel día luminoso. Por eso, quizá, porque
así lo dije, te empeñaste los tres días que pasamos en la ciudad en
pintar sus calles de gris y frío, de nieve y guardias tras las alambra-
das, del olor a gasolina impura de los viejos Trabis del Berlín este,
del año 88, cuando visitaste la ciudad por primera vez enviado
por el periódico. Gracias a ti pudimos sentirnos un poco viajeros en el tiempo; y conocimos a tus amigos hispanistas -Annette,
Dieter y Friedhelm-. Desaparecidos los espías, nubes caprichosas
desde el aire nos miraban.

Los recuerdos de esos días quedarán resonando en nosotros
como el estruendo de una obertura (el concierto de la Filarmóni-
ca, el monumento de Eisenman), o la melodía de un cuarteto de
cuerda (Nefertiti tras el cristal en las fotos de Cecilia Orueta, el
descanso -tras recorrer los museos- en la azotea de la Humboldt
Box), o esas mínimas notas que salpicarán como gotas de lluvia
algunos instantes del porvenir (el disco de la Velvet y el álbum con
fotos familiares de los días de la guerra, comprados en el mercado dominical del Mauerpark, el brillo del sol de media tarde en
las jarras de cerveza, nuestro pequeño sobresalto en la maratón,
aquel cementerio…).

DIEZ AÑOS MÁS TARDE

La luz de los focos ilumina la Colegiata, y se proyecta también
sobre la maquinaria y restos de materiales que se han empleado

estos días en reparar el empedrado. Esas sombras forman una figura movediza que titila y hasta parece tener vida, como si fuese a jadear o a quejarse ahora, cuando paso sobre ella. Puedo ver ya a Edu recogiendo las sillas en Tula Varona y oigo su clac-clac al plegarlas. Dentro, acodado en la barra, Amancio, el escultor, charla con Manuel.

La música que suena es "Summer in the City", de The Lovin' Spoonful. No hay demasiada gente en las terrazas del fondo de la calle. Y no sé por qué. Está cayendo la noche y la temperatura es agradable; un aire leve sopla en las hojas de las acacias; todo lo demás es inmóvil, y de una mansedumbre moteada.

Llegan Rafa y su hijo Mateo, al que acompaña un amigo que ha venido aquí a pasar unos días y que vive en Pensilvania. No se van a quedar para despedir a Javi Pablos, porque han reservado para cenar en un restaurante japonés. Salgo a despedirlos y te veo venir; te digo que los acompañes, que nos veremos luego, que esperaré a que Edu limpie y haga caja.

Me quedo en el umbral. Pasa una feminista de ojos negros. Escucho a la vez la aspiradora y los ruidos de los coches que van por la calle. En verdad pueden apreciarse muchos matices en este trozo de mundo, que vibra y no calla. Caminamos hasta el Altar, donde está el grupo; también ha venido Tasio. En El Oriente tú hablaste de Miguel Torga; yo musité para mí unos versos de Antonio Carvajal: "Iban oscuros a la noche sola. / Su voz, su paso, resonaban…".

Juntábamos ideas, bebíamos el paisaje de la calle, sus círculos y encajes, los rostros adolescentes, la vida incesante. Pablos se empeñaba en pagar otras rondas -al día siguiente regresaba a Ibiza- y en que todas las cosas siguieran resonando. Perdíamos efectivos; a la cervecería ya llegamos diezmados. Volvían allí los cuentos y los cantos, al mencionar Tasio a su tío Felipe y aquella ocasión en que invitó a dar una conferencia en la ciudad a Federica Montseny. Avisé a Gonzalo, el dueño, para contárselo, porque sigue soñando la quimera libertaria. Estuvimos charlando con Gloria, que ha resucitado tras su accidente en la autopista, y con Adrián, acribillado de piercings. Comienzos y finales. El aleteo de la noche. Coágulos.

Pero todo ese torbellino amable no nos servía para aplacar el tiempo. El muy terco persistía, inclemente, sin detenerse. Con sus pies desnudos, crecidas sus alas.

LUZ QUE SE INCLINA

¿Cómo se hurga en la memoria para buscar las marcas del pasado? Una luz desenfocada alumbra escenas como fotogramas a veces, otras se muestran unos instantes, casi todas sin color. No hay sonidos o son leves como de seda rasgada: la voz de tu madre que llega hasta los huertos, o el viento en las hojas de los chopos justo antes de anochecer.

Estás ahora atento al mudar de la luz. En La Mata de la Bérbula, en la casa familiar, mirando desde el corredor los pueblos de la vega, por la que baja el río.

¿Sigue en ti ese anhelo tenaz de pasión que es el murmullo de la gran poesía? ¿Cómo fluye ahora tu memoria? Dice Carmen Valcárcel en el prólogo de *Escenas de cine mudo* que no lo hace de manera lineal ni organizada, sino que se adelanta y retrocede, se dilata y adelgaza, divaga y se interrumpe, vagabundea errática... como si bebiera de un cauce subterráneo o se adentrase en la oscuridad de una mina. Escribió Charles Wright, en su libro de poemas *Cicatriz*: "El emblema de la memoria es el abismo, y eso no es ninguna metáfora".

Estás ahora mirando la tarde, un paisaje de invierno, y tratas de unir con el presente el pasado. Soplas en el polvo de esa atmósfera para ver mejor los rostros. Quitas la nieve de los objetos, esa nieve que cubre los tejados, como en ese cuadro de Miguel Galano que tienes en tu casa madrileña.

Escudriñas y buscas el envés de las cosas. A veces, las imágenes pasan rápidas sin que puedas evitarlo: las lágrimas del tiempo -así nos dices en la dedicatoria de aquel libro del 2013-, la luna de plata en las hojas de los olivos de Buscastell; las distintas formas de mirar el agua; los días de *Ceranda*, los periódicos, la radio y el mundo de la televisión -casi has olvidado el nombre de aquel programa-; *Vagalume*. Calles oscuras, algunas formas del vuelo de los pájaros. Presencias y olvidos.

Y ahora vuelve tenaz un feje de escasos versos, que tiene

tantos años, una canción de cuna, fusiles y zapatos que recorren aquella España llena de sangre y de inmisericordia. Por ello, es esta tu tarea del hoy, tus trabajos y tus días, recorrer en las mismas épocas del año, si es posible en viejos trenes, las etapas de la guerra, los viajes de tu padre a Teruel, la ofensiva de Levante, la batalla del Ebro. Alguna vez nos escribes y sabemos que estás lejos. Así pasaba hace años en aquel recorrido por las flores de piedra, las catedrales de España.

Todo se reduce a unas imágenes y a unos paisajes que nos marcaron, a unas personas que nos acompañarán siempre, eso es la vida, haces decir a uno de tus personajes.

Quizá por todo ello, cuando ya anochece, aparece de nuevo aquella foto de las colmenas, aquellos seres inmóviles, y las calladas manos de tu padre.

Cierras los ojos, entras en casa. Las luces comienzan a encenderse a lo largo del valle, giran las constelaciones; algunos seguirán llorando sin esperanza. La tarea del escritor -una metáfora o una imagen inesperada- está ahora bajo la luz de tu lámpara.

JULIO LLAMAZARES, POETA

ÁNGEL L. PRIETO DE PAULA
Universidad de Alicante

Hace tres lustros bien corridos, cuando estaba preparando *Las moradas del verbo* (2010), una antología de poetas que comenzaron a publicar en el posfranquismo, solicité a Julio Llamazares (Vegamián, León, 1955) autorización para incluir en ella algunos poemas suyos. Por entonces el autor acababa de dar a la imprenta *Versos y ortigas* (2009), breve volumen que recogía, además de sus dos únicos libros poéticos aparecidos como tales (*La lentitud de los bueyes*, 1979, y *Memoria de la nieve*, 1982), varias composiciones más, nacidas algunas de ellas como fruto de un impulso unitario, aunque no alcanzaron a constituirse como libros exentos y completos. Ello permitía pensar que aquella entrega era, si no lo que pudiéramos llamar un tanto pomposamente una "poesía completa", rótulo lapidario que tiene algo de terminal, sí, al menos, unas "poesías reunidas". Estas confirmarían que el narrador de éxito que a la sazón era Llamazares, y que a efectos públicos había terminado engullendo al poeta que fue, pretendía dejar constancia de un pasado poético provisoria o definitivamente clausurado, que había marcado con signos inequívocos el resto de su escritura.

Aquel pasado poético así instituido venía a confirmar la entidad que el propio narrador le confería a una escritura en la que se habría formado y forjado; o sea, su condición de poeta. Por esa reivindicación de su poesía que implicaba *Versos y ortigas*, y dada la contigüidad cronológica entre aquel volumen recopilatorio y la antología para la que yo le requería los permisos, diré, apurando la redundancia, que me extrañó su extrañeza, pues, al tiempo que me daba su aprobación para reproducir sus poemas, expresó su sorpresa por el hecho de que alguien se acordara de él como poeta, tras casi tres décadas de silencio desde su segundo y último poemario publicado.[1]

Bien sé hoy, muy a toro pasado, que el empeño antológico resulta naturalmente insatisfactorio, sean cualesquiera los criterios que se adopten y cualesquiera los resultados a que se llegue; y quizá más insatisfactorio para el antólogo que para cualquier otro (incluidos los no incluidos, si sirve la paradójica redundancia). Así que sí: podríamos decir, como Gerardo Diego en el prólogo a su antología de 1934, donde complementaba -y en cierto modo enmendaba- la celebérrima de 1932 en que colocó a los jóvenes del 27 en las hornacinas de la historia literaria, que "una antología es siempre un error"; juicio que reitera en el cierre del nuevo prólogo para la edición de 1959, en la que reestampaba las dos reuniones anteriores. Pero aunque toda antología, entendida como un conjunto, sea un error, no todo en ella lo es o tiene por qué serlo. Para mí resultaba inexcusable, y así me lo sigue pareciendo, la incorporación a *Las moradas del verbo* de Julio Llamazares, como uno de los autores de relevancia en los años de la Transición y de la temprana democracia, por más que hubiera abandonado décadas atrás el teatro de operaciones donde se maceran los prestigios y se dirimen las incruentas contiendas poéticas.

Y ello porque, y ahí es adonde quería ir a parar, Julio Llamazares no es poeta *además* de narrador o de periodista o de cualquier otra faceta de su desempeño literario; sino que es poeta *sobre todo*, algo que desborda la composición de unos libros de género lírico. No lo convierte en poeta el hecho de que, aparte de su escritura narrativa, periodística o de viajes, haya escrito un par de libros de poemas; pero tampoco lo es al modo de algunos narradores que suelen ser considerados poetas por gracia de su mórbida hiperestesia (Gabriel Miró), de su morosidad en el des-

---

[1] Quizá contribuya a aclarar el sentido de su inclusión en *Las moradas del verbo* el que, a la hora de seleccionar los nombres, me había fijado dos requerimientos que no siempre combinan bien o equilibradamente, y hasta pueden constituir un auténtico oxímoron cultural: por un lado, calidad individual; por otro, carácter representativo (esto último para otorgar a los no seleccionados, que acaso pudieran haberlo sido, una suerte de presencia vicaria o por delegación). Resulta evidente que, en el caso de Llamazares, era este carácter representativo lo que podía echarse en falta en un contexto dominado por la poesía de la experiencia, si bien su poética, aunque extraña a las corrientes mayoritarias, no es absolutamente excepcional o carente de anclajes, como se verá más adelante.

granar introspectivo de trabajos y días (Proust), de su atención a los parpadeos apenas perceptibles de lo menudo (Azorín), de la armonía acompasada y sutilísima de su prosa (Juan Ramón Jiménez), de la escrutación lírica de sus entresijos anímicos (Virginia Woolf), del ritmo, en fin, de su discurso verbal o de su captación sensorial de la naturaleza (fray Luis de Granada). Al margen de que alguno de estos rasgos esté confirmado en Julio Llamazares, su talante de poeta no radica en ellos. A esa su esencial condición poética se ha referido en alguna ocasión el propio autor, tal como se percibe a sí mismo: "Yo no tengo conciencia de haberme pasado a la novela, ni de que existan diferencias entre una [la poesía] y otra [la novela]. *La lentitud de los bueyes* y *La lluvia amarilla* es lo mismo. *Memoria de la nieve* y *El río del olvido* es lo mismo" (en Grupo Videopoema, 1994). Una taxativa afirmación esta que, habrá que subrayarlo por si acaso, no nos permite ignorar que, dejando a un lado la identidad sustantiva de su obra, cada género literario tiene sus bagajes y requerimientos específicos.

Las razones de lo afirmado son varias y van más allá de la maestría artesanal, algo que suele darse por sentado en los poetas ejercientes o en escritores que tuvieron un aprendizaje poético. Entre esas razones, podrían señalarse las que enumero a continuación, varias indispensables para hablar de poesía, y otras varias útiles para darle a esa poesía una coloración discernible y un acento singular: secuencia oracional cadenciosa, con oleadas de un ritmo prosódico no fijo, pero tendente a la regularidad; respiración verbal iterativa, que recurre a la repetición de contenidos, a las anáforas versiculares, a las estructuras consecutivas, paralelísticas o en espejo; nostalgia impregnada en la apelación a los ancestros, la evocación de los mitos y la consciencia actual de disolución o de pérdida; comunicación cordial, de índole podríamos considerar romántica, con los latidos de una naturaleza que no aparece explícitamente arrasada por la tecnología o la modernidad urbana, sino por un poco definible abandono, desconexión u olvido; utilización de arquetipos que, aunque expresan vagamente ese abandono y el hueco de lo perdido, tienen difícil traducción al lenguaje referencial, pero en cualquier caso evocan contenidos que afectan a la raíz colectiva; familiaridad con un irracionalismo simbolista o presurrealista, al margen de las reglamentaciones programáticas de la vanguardia;[2] y vinculación con las disposiciones recitativas de la oralidad y de una cierta monodia coral.

Solemos entender, si bien no siempre lo planteemos de manera paladina, que la sustancia del poeta emana fundamentalmente de lo singular idiosincrásico, lo 'genial' en sentido estricto, en tanto que la del escritor de otros géneros depende en mayor medida del marco histórico-cultural en el que se haya inscrito su formación. Algo así como si se asumiera que la lírica dimana de las cavernas últimas de la individualidad, del agustiniano *interior intimo meo* sin vinculación con el entorno (y, para la escritura que no responde a lo sustantivo poético, ya tenemos el denuesto verlainiano de su "Art poétique": "Et tout le reste est littérature"). Sin embargo, un poeta termina encontrando lo que busca -o acaso sea más preciso decir que termina topándose con ello- en lo que tiene a su alrededor, sin que por afirmarlo le estemos regateando personalidad; pues la singularidad no consiste en marcar distancia respecto del sistema, sino en la forma identificable y distinta de situarse en él. En el caso de Llamazares, su personalidad se hace en el curso de unos pocos años, lo que le permite encontrar una madurez temprana en contacto con un marco cultural estrecho, el leonés de los años setenta, sin el que resultaría difícil explicar su estética.

Es cierto que el cosmopolitismo y la ósmosis cultural que implicó la posmodernidad hicieron que, en la formación de cualquier autor, perdiera relevancia la procedencia geográfica, tan importante cuando dicha formación dependía en buena medida de su círculo de amistades, lecturas y maestros: un cerco cuyo perímetro resultaba difícil traspasar. Ello había permitido hablar, no siempre imprecisamente, de "escuelas regionales". Pero esa pérdida de relevancia no funcionó por igual en todos los sitios; no fue muy efectiva, desde luego, en León, la provincia y la ciu-

---

[2] En la raya entre las décadas del setenta y el ochenta en que se dio a conocer Llamazares, estaba produciéndose una reemergencia de cierto vanguardismo, no ya en la línea experimental, visual o concreta del 68 -Felipe Boso entre los mayores, y entre los jóvenes Julio Campal, Fernando Millán, Ignacio Gómez de Liaño...-, sino en la de un neosurrealismo al que se adscriben Blanca Andreu, Amalia Iglesias o Miguel Velasco (el "futuro" Miguel Ángel Velasco, quien, avanzados los ochenta, viró hacia una poesía de metrismo clasicista, a un tiempo iluminada y reflexiva). Su codificación más estrictamente surrealista, y en este sentido moderna (incluso vinculada al mundo psicotrópico y alucinatorio que tanta importancia tendría en la España de la *movida*), aleja las obras de estos autores del telurismo simbólico y ruralista de Llamazares.

dad, donde vivió Julio Llamazares y adonde volvió con frecuencia hasta su radicación estable en Madrid en 1981. Por su aislamiento cultural y hasta geográfico, que explica la entidad que en su literatura tienen *filandones* y *calechos* así como la importancia de la oralidad, la provincia leonesa hubo de desarrollarse, durante el franquismo, en una especie de autarquía cultural que ha sido apresada y expresada en novelas de Luis Mateo Díez como *Las estaciones provinciales* (1982) y, ya con una proyección mítica, *La fuente de la edad* (1986). Fue precisamente ese aislamiento, que forzaba en cierto modo la retroalimentación intelectual y estética, el que propició que se hablara de "grupo leonés", marbete que, si bien dista de ser una categoría historiográfica valedera, acota un ámbito creativo que afectó por igual a narradores -algunos de ellos provenientes de la poesía, como Luis Mateo Díez o José María Merino- y poetas. Entre estos, son indudables los vínculos que presenta Julio Llamazares con autores como, entre los predecesores, Antonio Gamoneda y Antonio Colinas, y, entre los más o menos coetáneos, Juan Carlos Mestre y José Luis Puerto (aunque este es de inserción posterior en el ámbito leonés, por una suerte de "afinidades electivas"). En todos ellos hay una presencia fuerte de telurismo, incluso ruralismo en ocasiones, redimido de la cáscara costumbrista por su componente mítico y por la escasa consistencia de su hilo argumental.

En este territorio, tanto geográfico como cultural, cobran sentido las obras de Llamazares, en las que resulta evidente su filiación a un tiempo oral y coral, pues su entonación salmódica las conecta con una poesía transmitida en vivo, vinculada a las leyendas tradicionales y portadora de arquetipos antropológicos conformados sucesivamente en la colectividad y recibidos por el poeta en un tiempo fuera del tiempo: en la ucronía de la infancia. Es su proyección coral la que marca distancias evidentes entre esta escritura y la que comenzaba a configurarse en los manaderos de la poesía de la experiencia, incluso en sus primeros compases -"la otra sentimentalidad"-, en que tenían más fuerza tanto las predisposiciones ideológicas como las vivencias biográficas individuales.

Téngase en cuenta, además, que la aludida circunstancia autárquica se producía en un sistema de polaridad, casi emparedamiento, entre Madrid y Barcelona, expresado en la sucesividad diacrónica -prevalencia editorial de Madrid en el primer franquismo y de Barcelona en los años del tardofranquismo- o en la simultaneidad sincrónica -en las dos vertientes más o menos reconocibles que se dan en las poéticas medioseculares, asunto del que me he ocupado en otro lugar (Prieto de Paula, 2023)-.

Si nos referimos a la sucesividad diacrónica, el espacio cultural en el que se construyó literariamente Julio Llamazares se había constituido por una secuencia de hitos con los que se pretendió responder a las instancias creativas debidas a la aludida polarización, y que desembocaron en el lugar donde el poeta aprendió a reconocerse. Todavía en la alta posguerra, la cultura leonesa había dado curso a una experiencia antiformalista y antiesteticista, a medio camino entre lo existencial y un socialrealismo aún no manifiesto del todo pero ya emergente, mediante la revista *Espadaña* (1944-1951);[3] y, cercana la encrucijada sesentayochista, supuso algo semejante, *mutatis mutandis* dada la evolución de la sociedad española, la revista *Claraboya* (1963-1968). No es azaroso que la conformación estética y la primera plenitud de Antonio Gamoneda, principal referente poético de Llamazares, se sitúen a horcajadas entre ambas publicaciones: entre aquella *Espadaña* en cuya época final participó como joven allegado, y el pretendido realismo dialéctico de *Claraboya*, enfrentado al cosmopolitismo burgués y neocapitalista de los "novísimos" (Castellet, 1970), a su vez herederos de la *gauche divine* del grupo barcelonés

---

[3] No debe ignorarse que, independientemente de los propósitos confesados de la revista -de esta como de tantas otras-, el universo de los poetas era reducido, las complicidades explicables, y habituales las filtraciones de nombres y estéticas entre publicaciones en teoría enfrentadas. Ello hizo que en ocasiones fuera indistinguible la especificidad por la que abogaban de partida. Cuando ya *Espadaña* se abocaba a su final, desembarcaron en ella los poetas e intelectuales procedentes nada menos que de la revista falangista *Escorial* (Luis Rosales, Leopoldo Panero, José Luis L. Aranguren...). Parece evidente el interés promocional de los escurialenses a través de la cabecera leonesa, bien consolidada, aunque también coadyuvara el deseo de Panero, leonés de Astorga a fin de cuentas, de contribuir a la financiación de la revista y acaso apoyar económicamente y de manera indirecta a Crémer. A ese desembarco, que no llegó a consolidar, obedece el que los números 39 al 41 de *Espadaña* aparecieran bajo el epígrafe "Poesía total", que se aducía como un modo de superar los sectarismos militantes.

del medio siglo.[4] Extinguida *Claraboya* en 1968,[5] sin embargo su mayor presencia fuera de León es posterior, pues está ligada a la publicación en 1971 de *Teoría y poemas*, la antología-manifiesto del Equipo "Claraboya", que no podía verse sino en contraste con las propuestas más recientes de Castellet. De hecho, la presencia de Julio Llamazares en el panorama de la poesía española tendría lugar en la estela de los continuadores de esa generación sesentayochista a la que pertenecían tanto los de *Claraboya* como los "novísimos" (aunque fueran estos últimos los que terminaran ocupando todo el escaparate socioliterario); de esa presencia dio testimonio la antología de José Luis García Martín *Las voces y los ecos* (1980), que lo acogió cuando apenas acababa de publicar su primer libro.

El joven Llamazares, que tras su estancia como alumno interno en un seminario de los padres capuchinos de El Pardo (Madrid) había regresado a León, fundó con otros letraheridos locales el grupo Barro (1975), un poco a modo de prosecución de la aventura de *Claraboya*, cuyo hueco había ocupado efímeramente *Yeldo* entre 1973 y 1974. En aquellos años en que se atisbaba con inquietud el futuro político que se abriría tras la desaparición de Franco, en él y en otros coetáneos se producía un camino de politización poética que invertía el trayecto de despolitización de los socialrealistas desde 1965 aproximadamente, e incluso de algunos *seniors* castelletianos que procedían de ahí (como José María Álvarez, cuyo esteticismo coruscante de *Nueve novísimos...* se imponía, ocultándola, sobre la vena social-revolucionaria de su *Libro de las nuevas herramientas* de 1964).

---

[4] Al cabo, la radical singularidad de Gamoneda la pudo incentivar un cierto desajuste cronológico con ambos grupos leoneses, demasiado joven para codearse en pie de igualdad con sus paisanos de *Espadaña* (González de Lama, Victoriano Crémer, incluso el de menor edad de ellos Eugenio de Nora), pero ya un referente magisterial, antes incluso de que se produjera la eclosión de su *Descripción de la mentira* (1977), para los redactores de *Claraboya* (Agustín Delgado, Luis Mateo Díez, Ángel Fierro y José Antonio Llamas). En el número 4 de *Claraboya* publicó Gamoneda obra propia, y en la misma revista dio a conocer sus versiones de Nazim Hikmet y los *spirituals* en que se basa *Blues castellano* (muy influyentes en el principal teórico de la revista, Agustín Delgado), aunque por diversas circunstancias el libro, concluido en 1966, no se publicó hasta 1982.

[5] En su final influyó el que su penúltimo número (noviembre-diciembre de 1967), dedicado monográficamente al libro de José Antonio Llamas *Baladas para una guerra fría*, tropezó con la recién promulgada "ley Fraga" de prensa (1966).

Muerto ya Franco y disipadas las urgencias políticas de Llamazares, su presentación como poeta se produjo en una publicación colectiva del grupo Barro (*Poesía*, 1976), en la que participó con un puñado de composiciones. Aunque hay en ellas alguna que otra ingenuidad expresiva, allí están ya inscritos el psiquismo y la estética del autor, tal como se evidenciarían, aquilatados, en *La lentitud de los bueyes*. El avance perceptible entre el autor previo a su primer libro y este se debe en buena medida a la influencia determinante que tuvo en él la lectura de *Descripción de la mentira* (1977) de Gamoneda, enseguida considerado por Llamazares como una obra conturbadora y excepcional. Treinta años después, en un artículo de *El País* que titulaba precisamente "Descripción de la mentira", redundaría en ello: "En 1977, cuando el hoy premio Cervantes Antonio Gamoneda era un perfecto desconocido, publicó un libro de poesía que a muchos nos conmocionó. Se llamaba -se llama- *Descripción de la mentira*".[6]

La publicación de los dos libros de Llamazares fue consecuencia de sendos premios: el Antonio González de Lama (1978) en el caso de *La lentitud de los bueyes* -firmado todavía como Julio Alonso Llamazares-, de cuya edición se hizo cargo la colección Provincia (Diputación de León) creada por Antonio Gamoneda, quien, a mayor abundamiento, estuvo en el jurado que lo concedió; y el Jorge Guillén (1981) en el caso de *Memoria de la nieve*, editado por el Consejo General de Castilla y León. Según la catalogación que

---

[6] *El País*, 25 de mayo de 2007; recogido ese mismo año en una colecta de artículos (Llamazares, 2007: 251-254). Este "descubrimiento" explica la honda influencia de Gamoneda, casi como un numen tutelar, en algunos poetas jóvenes; son los casos de Julio Llamazares y de Juan Carlos Mestre. Considérese que, hasta 1977, Gamoneda era autor de un único libro, *Sublevación inmóvil*, publicado nada menos que en 1960 y considerablemente distante en lo estilístico, además, de lo que supondrían sus siguientes títulos (otra cosa es que, en la reunión de su poesía, el mismo autor haya vuelto a ese primer libro mediante una reescritura poderosa, que obedece a una poética de vejez o "de llegada"). Ello no obstante, la lluvia fina de la escritura gamonediana entre 1960 y 1977 se había ido produciendo en menudas publicaciones esporádicas, a lo que ha de sumarse su tarea como activista cultural desde su puesto en la sección de cultura de la Diputación leonesa. En todo caso, y al margen de lecturas reductoras del momento en clave sociopolítica, con *Descripción de la mentira* quedaba enunciado un estado de confusión, incertidumbre y vértigo existencial propio de quien había ordenado toda su existencia en función del dictador desaparecido y, tras un dilatado tiempo de silencio, recuperaba al fin la palabra. Esta se vertió en un discurso alumbrado, desnortado y de entonación oracular, con recurrencias, regresiones y oleadas verbales que se grabaron a fuego en el sistema estético de Julio Llamazares.

expone Molina Gil (en Llamazares, 2024: 157-166), previos a la escritura del primer libro o simultáneos a ella -entre 1973 y 1978- son los poemas de un "ciclo de Barro" que se recogen en el volumen colectivo del grupo Barro *Poesía*, ya citado, y en *Cuadernos de poesía leoneses*. Posteriores a la publicación de *Memoria de la nieve* son algunas composiciones insertas en revistas o antologías colectivas, y que en lo sustantivo responden a la misma estética; se trata del "ciclo *Retrato de bañista*", que se agotaría sin rematar o sería absorbido por un último ciclo, "Las ortigas", conformado por poemas entre 1983 y 2021, también publicados en diversas revistas y antologías (y, como la mayoría de los poemas sin acomodo en los dos libros exentos, en su recopilación citada *Versos y ortigas*).

Resulta gratuito, por incomprobable, delinear el trayecto que hubiera seguido la poética del autor de no haber renunciado este a la publicación de nuevos libros. Pero no creo improcedente asegurar que, más allá de las vacilaciones de los comienzos o de la afinación en su temprana madurez de los recursos utilizados, estamos ante una poética que se encuentra afirmada en cualquiera de sus composiciones, tanto de sus dos libros como de los ciclos que los complementan, y en cuyo discurrir diacrónico no se percibe una evolución reseñable que permita hablar de cambios de rumbo o de las convencionales "etapas". La roturación de un mismo campo creativo y la recurrencia cíclica de su lenguaje son imágenes que sirven para expresar una escritura que vuelve periódicamente sobre sí, avanzando solo para reencontrarse con sus orígenes; circunstancia esta a la que quizá se deba la brevedad de una obra negada tanto a cambiar de cauce como a su repetición automimética.

Una poesía en la que se oyen tan netamente letanías ancestrales, y en la que emergen mitos protohistóricos que nos revisitan desde tiempos anteriores a la codificación romanizadora de nuestra cultura, no facilita pensar en una evolución hacia otros mundos. Más bien bosqueja inequívocamente un territorio rural, ya desaparecido o en los momentos previos a su desaparición definitiva, en el que los poemas cobran su sentido de plenitud; no como podría entenderse una poesía de retorno al campo, de un costumbrismo del que la lírica posterior al medio siglo se había alejado, sino de una sustancia elemental y mágica, que se activa mediante la sugerencia, el contraluz, el velado figurativo. El mismo mundo que resultaría gravado por el peso del realismo representativo aparece depurado cuando es referenciado desde ese desdibujamiento, desvaído o desleído, fácil de conectar con la muerte de las formas de vida comunal, alrededor de algunos rituales y de algunas pocas y muy precarias pertenencias.

El sujeto que dice "yo" es el heredero, y también su voz oracular y magnética, de aquellos pobladores que hacían masa con los animales y la tierra (*La lentitud de los bueyes*, poema 4):[7]

> Yo vengo de una raza de pastores que perdió su libertad cuando perdió sus ganados y sus pastos.

> Durante mucho tiempo mis antepasados cuidaron sus rebaños en la región donde se espesan el silencio y la retama.

La retama, aquí como en otros lugares las urces o las ortigas, equivale a la *ginestra* leopardiana del canto homónimo -que Unamuno traduce, precisamente, como 'retama'- o al "amarillo jaramago" de Rodrigo Caro y los poetas arqueólogos de Sevilla: una expresión de la vida amortecida que crece en ruinas, escombreras y espacios asolados. El abandono de las viejas condiciones existenciales se vincula al olvido -"Esta es la tierra donde creció el olvido" (96)-, al silencio que lo ocupara todo -"Nuevamente los bueyes pasarán por mi alma, y otra vez el silencio se posará como escarcha sobre los prados" (97)- y a la hierba que termina por borrar las marcas de aquellas vastas necrópolis -"(¿Acaso recordáis la lentitud de vuestros padres cuando la hierba ya ha ocupado su lugar?)" (111)-. A esta forma de habitar ausencias contribuyó, con una sublimación simbolizadora que irradia semánticamente a todo su universo, un acontecimiento vinculado a la biografía de Llamazares, como fue la anegación bajo las aguas del Porma -embalse de Juan Benet- de Vegamián, el pueblo en que había nacido: no importa que apenas viviera en él los primeros compases de su vida.

Un poderoso simbolismo cumple la tarea de, por un lado, remitir a un mundo conocido por heredado, redundante en sus

---

[7] Las citas de versos de Llamazares provienen de la edición conjunta de los dos libros exentos del autor (Llamazares, 2024), limitándome a señalar, en el cuerpo del texto, el número de página; aquí, 88.

manifestaciones según los turnos de la naturaleza y sus ritos de tránsito, y, por otro, abrirse a sentidos ignotos o no del todo identificables, y por tanto no susceptibles de desplegarse en una ilación argumental. Dentro de su congruente panoplia simbólica, en buena parte procedente de los elementos naturales del noroeste, hay lógicas variaciones que tienen que ver con los contenidos dominantes de cada libro o ciclo: los bueyes (mansos, inapelables, lentos, uncidos fatalmente), en *La lentitud de los bueyes*; la nieve (registro memorial de la niñez, palimpsesto en que se borra y reescribe sucesivamente la historia humana), en *Memoria de la nieve*; y, aquí y allá, las urces, el invierno, los abrojos, las ortigas, el amarillo, los rebaños.

En las emanaciones y fluencias versiculares, que actúan como asedios reiterados, plagados de cicatrices de la mitología rural, son muy frecuentes, junto a las referencias a la vegetación, la lluvia o la nieve, los emblemas de un particular bestiario que vuela, se posa, camina u hociquea con extraordinaria capacidad de seducción. Así, en el primer libro de Llamazares hay menciones a "un buey sobre la nieve" (81), "un pájaro de aceite" (82), "el pájaro invisible de la desolación" (84), "un gato por el angosto tragaluz del miedo" (85), "las cigüeñas varadas sobre el silencio" (86), "los bueyes más mansos" (89), "alimañas" royendo el corazón (91), "bueyes rumiando su tristeza" (93), "un gran rebaño gris" (97), recuerdos "apostados como perros" (99), "los bueyes más antiguos" (101), "pueblo habitado por perros" (103), "enjambre de gallos" (106), "carretas de bueyes" (107), "el canto del último urogallo" (109), "los pájaros de invierno" helados sobre los hilos del telégrafo (113), "bueyes suicidados en el río" (113); en el segundo libro, a "un animal sin nombre" (121), "país de las abejas" (124, 134), "pájaros de nieve" (125), "los ciervos [que] se incendiaban como flechas de sangre" (127), "el bramido animal" (128), "un animal de nieve" (130), "sus animales más fieles" (133), "la doma de los potros" (136), "rebaños y leyendas" (136), "la zozobra de las bestias" (139), "el asombro de los perros" (139), "los contrabandistas azuzando a las bestias" (141), los ladridos de "los mastines" (142), "las yeguas más fecundas" (147), "las gargantas de los gallos" (149), "los ojos de los perros: sus hocicos helados" (150), "animales pastando" (151), "un toro de nieve" (153).

Muchos versículos están articulados, aunque no de una manera previsible o regular, mediante cláusulas métricas ajustadas a las pautas de la poesía clásica (curiosamente, mucho menos de la popular, tendente al octosilabismo). Es muy fácil desmontar estos versos en unidades heptasilábicas (o en alejandrinos constituidos por dos heptasílabos). Baste leer, tomados casi a voleo, los dos primeros versículos del poema 5 de *Memoria de la nieve* -señalo con barra vertical las cesuras que marcan el gozne entre heptasílabos-, cada uno de los cuales puede leerse como una suma de cuatro heptasílabos o de dos alejandrinos (125):

> Hace ya mucho tiempo | que camino hacia el norte, | entre zarzas quemadas | y pájaros de nieve.

> Hace ya mucho tiempo | que camino hacia el norte, | como un viajero gris | perdido entre la niebla.

O el cuarto versículo del poema 14 del mismo libro (136):

> Todavía se escucha, | cuando nieva en la noche, | el eco de sus flautas | y cítaras perdidas.

Otro tanto puede decirse respecto a los habituales endecasílabos, menos frecuentes de todos modos, pues a la solemnidad ritual predominante se acomoda mejor el hieratismo del alejandrino que el endecasílabo, más ligero y también menos fácil de combinar con otros versos en la unidad mayor del versículo (y demasiado breve para constituir por sí mismo uno de ellos).

Pero las secuencias rítmicas ajustadas a la métrica cualitativa son solo un recurso entre varios, acaso de los más convencionales. Mayor vínculo con otros modos de decantación más rítmicos que métricos, más respirados que pautados, tienen las sucesiones iterativas, las anáforas estructurales o léxicas, la repetición literal de secuencias, todo ello para propiciar un modo de ritmo en que lo semántico genera su propia geometría espiritual. Señalaré solo un ejemplo, aunque resulta muy fácil encontrar otros semejantes. Se trata del poema 24 de *Memoria de la nieve* (146; las cursivas son mías):

> *He aquí* la tumba del guerrero sin nombre, bajo el tojo amarillo y el silvestre rosal.

> *He aquí* las flechas grises que portara, inclinadas al borde de la tumba olvidada.

> *Alguna vez* silbaron como cierzo en la noche.
>
> *Alguna vez* supieron del sabor del carcaj.
>
> Hoy solo son metal, musgo y olvido. Sol que se desvanece bajo el hielo.

El poema se refiere a la tumba de un guerrero anónimo con sus correspondientes flechas que antes tuvieron una función y, en el momento de la escritura, ya solo son vestigios de un tiempo antepasado. Nótese: los dos primeros versículos, que describen la tumba del guerrero -imposible no evocar al guerrero etrusco de *Sepulcro en Tarquinia*, de Antonio Colinas- y sus flechas, se inician salmódicamente con las mismas palabras; y otro tanto sucede, para aludir a los efectos de las flechas, con los versículos tres y cuatro, en que la expresividad de la anáfora se intensifica por su condición de dobles heptasílabos (o de simples alejandrinos). El cierre del poema expresa el olvido que ha terminado poseyéndolo todo, en una secuencia de dos endecasílabos empalmados en una sola unidad versicular. Todo el poema puede despiezarse en cláusulas métricas heptasilábicas y endecasilábicas. Hago una recolección de heptasílabos (que, cuando van unidos en pares, pueden considerarse alejandrinos): "del guerrero sin nombre | bajo el tojo amarillo | y el silvestre rosal", "inclinadas al borde | de la tumba olvidada", "Alguna vez silbaron | como cierzo en la noche", "Alguna vez supieron | del sabor del carcaj". Y estos son los endecasílabos: "He aquí las flechas grises que portara", "Hoy solo son metal, musgo y olvido. | Sol que se desvanece bajo el hielo". Existen, por supuesto, otras combinaciones posibles y atenidas a una métrica de poesía clásica que se dispone canalizadamente para expresar un espacio mental prelógico y un universo ancestral. De él han quedado tan solo algunas huellas de las que estos poemas de Julio Llamazares dan testimonio hermoso y desolado.

OBRAS CITADAS

Castellet, José María (ed.), *Nueve novísimos poetas españoles*, Barcelona, Barral, 1970.

Equipo "Claraboya" (Delgado, Díez, Fierro, Llamas), *Teoría y poemas*, Barcelona, El Bardo, 1971.

García Martín, José Luis (ed.), *Las voces y los ecos*, Madrid, Júcar, 1980.

Grupo Videopoema, *Escritores leoneses actuales*, León, C.E.P., 1994.

Llamazares, Julio, *Entre perro y lobo*, Madrid, Alfaguara, 2007.

Llamazares, Julio, *Versos y ortigas (Poesía 1973-2008)*, Madrid, Hiperión, 2009.

Llamazares, Julio, *La lentitud de los bueyes / Memoria de la nieve*, ed. Raúl Molina Gil, Madrid, Cátedra, 2024.

Prieto de Paula, Ángel L., "Comunión *vs.* distanciamiento: un elemento discernidor en los poetas del medio siglo", *Bulletin of Spanish Studies*, 100, 910 (2023), pp. 1445-1466.

Prieto de Paula, Ángel L. (ed.), *Las moradas del verbo. Poetas españoles de la democracia*, Madrid, Calambur, 2010.

RETRATO DE BAÑISTA DE JULIO LLAMAZARES, UN LAMENTO

Elide Pittarello
Università Ca' Foscari Venezia

1. Reparación

Un móvil constante de la literatura de Julio Llamazares es la nostalgia, la pena del regreso imposible. Escriba lo que escriba, este autor suele ajustarse a la experiencia de la discontinuidad, del desarraigo que moldea la conciencia de lo irreversible y evoca el teatro de una segunda vida, la que se desarrolla al margen de la primera con una modalidad fantasmática.[1] Es, además, una nostalgia teñida de melancolía, el límite entre una y otra es poroso. De manera ambivalente, la propensión melancólica rebaja y empobrece el yo,[2] que este autor reparte entre máscaras enunciativas diversas y varios géneros literarios. Emblemático es el rol del viajero, protagonista y narrador de sus libros de viaje desde esa exploración fundacional que fue *El río del olvido*.[3] Caminante real y figurado en el valle de sus orígenes, Llamazares remonta el espacio y emplaza el tiempo trenzando el dato autobiográfico con vivencias colectivas. Redactada en 1980 y publicada diez años después, esta obra inaugura una forma de posmemoria mucho antes de que el paradigma relativo fuera teorizado, fuera de España, por quienes investigan el pasado traumático de un país con herramientas multidisciplinares. Al fundir memoria personal y memoria heredada con una prosa fragmentaria y lírica, Llamazares impugna la narración hege-

---

[1] Vladimir Jankélévitch, *L'irréversible et la nostalgie*, París, Flammarion, 1974, p. 347.

[2] Sigmund Freud, "Duelo y melancolía (1917 [1915])", en *Obras completas*, vol. 14 (1914-16), 4ª ed., Buenos Aires, Amorrortu, 1992, p. 245.

[3] Julio Llamazares, *El río del olvido*, Madrid, Alfaguara, 2006.

mónica del franquismo renunciando, de entrada, a testimoniar *ex autoritate* a través de un discurso lineal, acreditado para tal fin.[4] En un artículo de 2006, dijo que la posmemoria "es la que nos corresponde a quienes, como la mayoría de los españoles vivos, conocimos la guerra y la posguerra a través de nuestros antepasados; o sea, tenemos una memoria de esas dos épocas modificada por el distanciamiento".[5] Fue todo un desafío elegir el arte de la palabra para enlazar la experiencia subjetiva de la pérdida con la devastación que sufrieron las comunidades rurales de la montaña leonesa por orden de la España que había ganado la guerra civil. Un caso de hábitats hundidos en aplicación de una biopolítica destructiva, la que protege el bienestar de algunos en detrimento de la subsistencia de otros.[6] Aparte de los poemas, también los escritos en prosa de Llamazares restituyen un contexto imaginado a las comunidades pulverizadas,[7] bien sabiendo que a esta urdimbre de memorias propias y ajenas subyace originariamente una dúplice ausencia.[8]

Cuando empieza la Transición, Llamazares no sucumbe al desconcierto ni al desencanto.[9] De espaldas al cambio estético-cultural impulsado por la antología de José María Castellet,

---

[4] Sobre este libro *cf.* Elide Pittarello, "Julio Llamazares: decir lo que no termina de perderse", en José María Pozuelo Yvancos (ed.), *Literatura y memoria. Narrativa de la guerra civil*, Murcia, Edit. Um, 2022, pp. 153-161.

[5] Julio Llamazares, "La posmemoria", *El País*, 29 de noviembre de 2006. *https://elpais.com/diario/2006/11/29/opinion/1164754806_850215.html*

[6] Roberto Esposito, *Immunitas. Protección y negación de la vida*, Buenos Aires, Amorrortu editores, 2005, pp. 192-204.

[7] Afirma Beatriz Sarlo, *Tiempo pasado. Cultura de la memoria y giro subjetivo. Una discusión*, Buenos Aires, Siglo XXI editores Argentina, 2005, p. 67: "cuando el testimonio narra la muerte o la vejación extrema, establece también una escena para el duelo, fundando así comunidad allí donde fue destruida".

[8] A este propósito observa Patrizia Violi, "Los engaños de la postmemoria", *Tópicos del Seminario*, Semiótica y posmemoria I, 44, julio-diciembre 2020, pp. 20-21: "Toda la memoria es memoria de una ausencia, siempre memoria de lo que ya no es y por lo tanto destinada a trabajar sobre el vacío, transformando y reinterpretando los acontecimientos de los cuales surgió. Si la posmemoria es la memoria de las generaciones sucesivas a aquella que engloba los testimonios directos, podría decirse que esta distancia se duplica, construyéndose a partir de una doble ausencia".

[9] Santos Juliá, *Transición. Historia de una política española (1937-2017)*, Barcelona, Galaxia Gutenberg, 2017, pp. 497-537.

Nueve novísimos poetas españoles,[10] que las enconadas e interminables polémicas contribuyeron a canonizar,[11] el escritor veinteañero presta una voz disonante a las víctimas silenciadas de su tierra natal. El referente de este bardo novel no estaba de moda o eso parecía entonces, pero su estilo no se ajustaba ni a la tradición del objetivismo realista ni al subjetivismo tardo-romántico de posguerra. ¿Dónde hay que enmarcar su militancia ética, ajena a las simplificaciones de la ideología? ¿Por qué elige la poesía como manifestación de su pena? Al publicar en 2009 toda su producción poética, titulada *Versos y ortigas*, dijo el autor: "Treinta y cinco años en total, que no han sido muy prolíficos, como el lector puede comprobar, pero que para mí han sido determinantes. No en vano considero que la poesía es, no sólo el género literario por excelencia, sino que debe sustentar y alimentar cualquier otro en que se escriba".[12]

Llamazares cumplió efectivamente con este cometido también en novelas, cuentos, libros de viaje y artículos de periódico, donde funde sus huellas con las de los desterrados invisibles por desatendidos. Son desterrados (y hasta deportados) internos la mayoría, como ha recordado recientemente, comentando una exposición sobre los pueblos de nueva planta que, bajo el franquismo, mandó construir el Instituto Nacional de Colonización: "Procedentes de lugares de miseria o simplemente apátridas sobrevenidos por culpa de los embalses que se construían por todo el país, los colonos, como se les llamó a los vecinos de esos poblados artificiales, cambiaron su individualismo ancestral para trabajar unidos, pues

---

[10] José María Castellet (ed.), *Nueve novísimos poetas españoles*, Barcelona, Barral editores, 1970.

[11] Bien avanzado el siglo XXI, véase, por ejemplo, la censura que desde hace años reitera José Francisco Ruiz Casanova, "Los *niños perdidos* de Castellet: la preterida fortuna histórica de una generación", *Tropelías. Revista de Teoría de la Literatura y Literatura Comparada*, 20, 2013, pp. 39-43. Por el contrario, le otorga a aquella antología una significativa relevancia histórico-literaria Raúl Molina Gil, "El modelo generacional y la retórica de la ruptura o cómo se (nos) cuenta la poesía contemporánea en España: el decenio 1960-1979 como paradigma", *Artifara. Revista de lenguas y literaturas ibéricas y latinoamericanas*, 20.2, 2020, pp. 47-65.

[12] Julio Llamazares, "Prólogo a la presente edición", en *Versos y ortigas (Poesía 1973-2008)*, Madrid, Hiperión, 2009, p. 10.

el reto que tenían por delante así se lo requería".[13] Coincidiendo con la vistosa aceleración tecnológico-científica e industrial del siglo XX, al pasar de la autarquía a la apertura capitalista el plan de desarrollo del régimen incluía un más intenso aprovechamiento hidrológico de la zona montañosa de León. Paralelamente, la extracción minera explotaba otro recurso del suelo, el carbón. Son circunstancias históricas localizadas que la praxis literaria del autor universaliza, resquebrajando la contemporaneidad con desfases y anacronismos.[14]

Como el ángel de la historia de Benjamín, mirando hacia atrás Llamazares enfoca el cúmulo de ruinas que el progreso ha producido.[15] No es secundario el hecho de que cuestione los logros cosechados por la modernización franquista lejos de su territorio natal, habiendo experimentado en persona la evolución cultural enderezada por la dictadura, pues a los doce años tuvo que marcharse del pueblo minero de Olleros -donde su padre ejercía de maestro nacional- para continuar los estudios en Madrid. Independientemente de las violencias político-económicas del régimen, la España rural estaba destinada a vaciarse de todos modos, el proceso de urbanización acabaría siendo un fenómeno mundial irreversible.[16] Es obvio que la remodelación de las ciudades grandes y pequeñas volviese más visible el dominio de la dictadura. No por nada el urbanismo franquista se ha analizado recientemente como el escenario de la cruzada que no cesa,[17] confirmada también por las conmemoraciones militares de

---

[13] Julio Llamazares, "Habitar la nada", *El Periódico de España*, 16 de febrero de 2024 https://www.epe.es/es/opinion/20240216/habitar-despoblacion-pueblos-opinion-julio-llamazares-98236449

[14] Giorgio Agamben, "Qué es lo contemporáneo", en *Desnudez*, Barcelona, Anagrama, 2009, pp. 17-27.

[15] Walter Benjamin, "Tesis sobre el concepto de historia", *Iluminaciones*, edición y prólogo de Jordi Ibáñez Fanés, Madrid, Taurus, 2018, p. 312.

[16] Entre los incontables estudios sobre este argumento, me limito a citar tres sintomáticos: David Harvey, *Consciousness and the Urban Experience*, Baltimore Md, Johns Hopkins University Press, 1985; Doug Saunders, *Ciudad de llegada: la última migración y el mundo del futuro*, Barcelona, Debate, 2014; Stijn Oosterlynck *et alii* (eds.), *The City as a Global Political Actor*, Abingdon, Oxon - New York, NY, Routledge, 2018.

[17] Harald Bodenschatz, Max Welch Guerra (Hrsg.), *Städtebau als Kreuzzug Francos. Wiederaufbau und Erneuerung unter der Diktatur in Spanien, 1938-1959*, Berlin, DOM Publishers, 2021.

la victoria que tenían lugar cada año. El antagonismo entre la vivencia rural y la vivencia urbana contribuyó a que aflorara en el joven Llamazares el diagnóstico del fin de la cultura en que se había criado hasta la primera adolescencia. Junto a los primeros poemas publicados en revistas de León, *La lentitud de los bueyes* y *Memoria de la nieve*, los dos libros que alcanzaron un público amplio y que se han vuelto a publicar varias veces, fueron escritos respectivamente en Gijón, en 1978, y en Madrid, en 1981.[18] En palabras de Raúl Molina Gil -quien ha llevado a cabo la edición más reciente, intercalando su interpretación con el juicio de otros críticos destacados- *La lentitud de los bueyes* y *Memoria de la nieve* "son un último intento de dejar constancia de un mundo abandonado a su suerte: los últimos compases, el último baile, la postrera esperanza".[19]

Cabe subrayar que, con el paso del tiempo, aquellos versos dolientes no han palidecido. Década tras década, resultan cada vez más proféticos desde el enfoque transdisciplinar de la ecología humana en la era del Antropoceno. Circunscritos al pasado de la zona rural leonesa, presagiaban el futuro de buena parte del planeta. Es obvio que su vigencia no atañe solo al argumento, es decir a la fagocitación de las culturas arcaicas por un proceso uniformador globalizado. En este caso el medio mismo -antiquísimo y actual- es el mensaje prioritario, el discurso poético, objeto de prolongados como insatisfactorios análisis por parte de prestigiosos teóricos de la literatura. Tras examinarlos con detenimiento en 1988,[20] al volver sobre este asunto controvertido José María Pozuelo Yvancos formula una definición iluminante, integrando las tesis internacionales más sólidas con las aportaciones españolas de Antonio Machado y José Ortega y Gasset entre otros. Aplicable a todo tipo de discurso poético, su definición es especialmente acertada para la poesía de Llamazares. El espacio enunciativo lírico, que tiene la peculiaridad de ser indeterminado, intrínsecamente

---

[18] Para conocer cómo se formó poéticamente el autor, *cf.* el primer capítulo de la "Introducción" a Julio Llamazares, *La lentitud de los bueyes. Memoria de la nieve*, edición de Raúl Molina Gil, Madrid, Cátedra, 2024, pp. 13-37.

[19] *Ibídem*, p. 46.

[20] *Cf.* José María Pozuelo Yvancos, "Estructura y pragmática del texto lírico", en *Teoría del lenguaje literario*, 9ª ed., Madrid, Cátedra, 2021, pp. 202-233.

ficticio e independiente del tiempo verbal del enunciado, abre una
brecha en el devenir, dejándolo en suspenso porque

> la poesía lírica se realiza como presencia presente, como estado en que
> la historia se reescribe en el ámbito del decir mismo y la acción de de-
> cir se corresponde con la de escuchar: lo dicho por la lírica es el decir,
> el ser ejecutivo de la acción de discurso que emerge como presencia,
> por lo que las acciones, los sucesos, las personas, los objetos, los lugares
> y los tiempos salen de la fugacidad de haber sido y se salvan de la ruina
> de lo histórico, inscribiéndose en el nuevo tiempo de la presencia, el
> tiempo actual de cuando leemos.[21]

Así enfocada, la posmemoria de Llamazares honra su compromiso con mayor eficacia si la transmite el discurso lírico. En
comparación con los testimonios abocados a una prosa fehaciente, los versos de *La lentitud de los bueyes* y *Memoria de la nieve* rituali-
zan la evocación con una ejecutividad sin igual. Además, haber
elegido la forma métrica del versículo implica ya la presencia virtual de una comunidad de oyentes. El versículo es un arcaísmo
expresivo que procede de antiguas tradiciones orales como, por
ejemplo, las cantinelas y los rituales litúrgicos,[22] integradas en este
caso con las fábulas etnográficas de León. Sobre el tiempo de la
presencia inscrito en la enunciación del texto poético, es significativo lo que afirma Llamazares en el prólogo melancólico a la
primera edición conjunta de esas dos colecciones, de 1985.

Lo titula "Como dos fotos viejas", un sintagma explicitado
ya en el íncipit: "Así, desolados y sepias, *como dos fotos viejas que el
olvido ha sobado cuando las encuentras,* encuentro yo estos libros que
el tiempo ha abandonado y el polvo del silencio comienza ya a
borrar".[23] La comparación intermedial no es aleatoria. Metafori-
zando al lector con el espectador y encarnando ficticiamente a los
dos, Llamazares conjura simultáneamente el aura de Walter Benjamin y el *punctum* de Roland Barthes. Por un lado, esas "*dos fotos*

---

[21] José María Pozuelo Yvancos, "Teoría de la lírica", en *Poética de poetas. Teoría, crítica y poesía*, Madrid, Biblioteca Nueva, 2009, pp. 34-35. Reproduce el capítulo "Enunciación lírica", en Fernando Cabo Aseguinolaza y Germán Gullón (eds.), *Teoría del poema. La enunciación lírica*, Ámsterdam, Rodopi, 1998, pp. 41-75.

[22] *Cf.* Elena Varela Merino, Pablo Moíño Sánchez, Pablo Jauralde Pou, *Manual de métrica española*, Madrid, Castalia, 2005, p. 259-262.

[23] Julio Llamazares, "Como dos fotos viejas", *La lentitud de los bueyes; Memoria de la nieve*, Madrid, Hiperión, 1985, p. 7 (cursiva del autor).

viejas" revelan "[u]na trama muy particular de espacio y tiempo: la aparición irrepetible de una lejanía";[24] por el otro hieren, eternizando de manera fantasmática instantes de lo real sustraídos al devenir.[25] Si, como añadió Barthes, el efecto de la foto "tiene algo que ver con la resurrección",[26] algo análogo pasa con estos poemas que para Llamazares suspenden el tiempo cronológico y hacen presente, más que sus referentes, el propio decir lírico. Releyéndose/contemplándose, el poeta apunta menos al contenido de *La lentitud de los bueyes* y *Memoria de la nieve* que al móvil íntimo que lo había llevado a escribir aquellos libros. Es la energía creativa o fase generativa pre-textual que, según Maria Corti, encauza el decir lírico como acto lingüístico.[27] Recordando dónde escribió esos versos, Llamazares dispara una sarta de espinosos interrogantes que lo afectan como viviente:

> Un mar y una ciudad. Dos estaciones en la frontera y un mismo olvido. ¿Qué grito o qué paisaje atravesaba entonces (y hoy todavía) unos poemas escritos con los ojos nevados y el corazón abandonado en otro lugar? ¿Qué pasión me arrojaba, como al suicida las olas, hacia las playas perdidas del invierno original? Yo sé muy bien qué tiempo se llevó el viento y las cenizas, la hierba que sepulta recuerdos y bueyes como el recuerdo sepulta lo que nunca existió.[28]

Con esta conclusión paradójica Llamazares no fija un comienzo nítido para sus poemas, ni introduce la relación causal que otorga explicaciones. En otras palabras, al mencionar su decir lírico no se acoge a ningún acto de fundación, tan representativo del logos occidental. Esos dos libros de poesía guardan la huella de lo que se le escapa al autor como ser en devenir, la presencia de lo que siempre le va a faltar: una representación lírica adecuada del pasado experiencial, inabarcable en su conjunto.

---

[24] Walter Benjamin, "Pequeña historia de la fotografía", en *Iluminaciones, op. cit.*, p. 83.

[25] Roland Barthes, *La cámara lúcida. Nota sobre la fotografía,* 10ª ed., Barcelona, Paidós Ibérica, 1989, pp. 58-59 y 120-128 respectivamente.

[26] *Ibídem*, p. 129.

[27] Maria Corti, *Principi della comunicazione letteraria*, Milán, Bompiani, 1976, pp. 98-99.

[28] Llamazares, "Como dos fotos viejas", *op. cit.*, p. 8.

2. EMERGENCIA

El pueblo de Vegamián, donde Llamazares nació y vivió hasta los dos años, yacía con otros siete pueblos en el fondo del embalse del Porma desde 1968. Era una cosa que el autor sabía, pero que no fue objeto de su escritura hasta que lo contempló por azar con sus propios ojos, acompañando al director de cine José María Martín Sarmiento que buscaba localizaciones para rodar la película *El Filandón*. Sucedió en el otoño de 1983, cuando el embalse fue vaciado por obras de manutención. La poesía de Llamazares, que hasta entonces se atribuía a la posmemoria, de pronto pasa a dar cuenta de un choque sufrido en carne propia. Reunidos bajo el título de *Retrato de bañista*, los textos que en principio iban a formar un nuevo poemario no tuvieron continuación, pero sí una existencia performativa. Las más relevantes, en la película *El filandón*, de 1984, y en la plataforma digital *El eco de la montaña*, a partir de 2021.

Habiendo afrontado ya el uso transmedial de *Retrato de bañista* en la producción literaria del autor, quien se estrenó también como guionista y actor usando uno de esos poemas,[29] me limito a comentar los tres textos publicados en *Versos y ortigas* en tanto que discurso lírico de emergencia, en todas las acepciones de este lexema. No hay jerarquía, todas se dan a la vez, desde la visión chocante de las ruinas sumergidas hasta la urgencia de hacer constar literariamente la presencia efímera de aquel paisaje sobrecogedor. El propio título subraya cuán diferente es el móvil de este proyecto de poemario con respecto a los dos libros que lo preceden. Las actitudes ensimismadas de *La lentitud de los bueyes* y *Memoria de la nieve* son reemplazadas por una exteriorización fenomenológica. El autor se inscribe en su discurso lírico come figura encarnada y disfrazada, una concreción ficticia del yo reflejado, el otro o doble de uno mismo. Es una figuración análoga a la del autorretrato renacentista que Victor I. Stoichita clasifica como "autoproyección contextual", la que "tematiza a la vez 'el que hace', el 'hacer' y el resultado del 'hacer', vistos como triada

---

[29] Elide Pittarello, "Julio Llamazares: decir lo que no termina de perderse", *op. cit.*, pp. 155-188; y Elide Pittarello, "Julio Llamazares: 'Vegamián es un símbolo, no un lugar'", *Memoria y Narración. Revista de estudios sobre el pasado conflictivo de sociedades y culturas contemporáneas*, 4, 2024, pp. 178-181.

indisociable".[30] El cierre del prólogo "Como dos fotos viejas" se extiende icónicamente a *Retrato de bañista*, presuponiendo una écfrasis que no es posible averiguar, ya que en el volumen que reúne *La lentitud de los bueyes* y *Memoria de la nieve* no figura ninguno de aquellos poemas. Basta el título, roto en dos partes por un inciso, para introducir por sorpresa tres actantes, cada uno desempeñando un papel diferente. Tras declarar no haber introducido variantes en los poemas de esta edición, en el último párrafo Llamazares se tresdobla: "No añadiré por ello correcciones al tiempo. Sólo él es dueño de estas dos fotografías viejas y sólo él puede mostrarlas, sin nostalgia ni pudor, mientras el poeta camina hacia este último *Retrato -de Bañista* o de muerte- que hoy se me aparece ya como el último poema, como la fotografía primera y final".[31]

El autor deja paso a un nuevo sujeto, al tiempo entendido como estructura del porvenir. Materializado en una prosopopeya, el tiempo baraja la posibilidad de hacer perdurar los poemas de las dos colecciones en la eventualidad de que el público lector los siga actualizando. Mientras tanto el sujeto creador -el poeta- se mueve en dirección contraria, retrocediendo al otoño de 1983, hacia el hábitat destruido años atrás, encubierto a la vista y silenciado hasta el día en que hizo su aparición escalofriante. Desde el fondo del embalse, las ruinas de Vegamián y de los otros siete pueblos anegados le reclamaron a él, espectador accidental, un testimonio lírico diferente a los que había dado hasta entonces. La vivencia personal hizo mella en una escritura melancólica que vira hacia el planteamiento trágico. El proyecto del poemario aún no había decaído.

Examinemos el título partido en dos, tal como aparece en la cita. El adjetivo demostrativo del sintagma "este último *Retrato*" es un índice de subjetividad. El poeta que desanda el camino del tiempo se adscribe a sí mismo lo que un día vio con sus propios ojos y representó con palabras. Es obvio que ningún texto verbal puede recomponer ese cuadro metafórico o visión presenciada. Como mucho, si fuera una écfrasis expresaría las reflexiones del espectador sobre el cuadro, el efecto que condiciona su descrip-

---

[30] Victor I. Stoichita, *La invención del cuadro. Arte, artífices y artificios en los orígenes de la pintura europea*, Barcelona, Ediciones del Serbal, 2000, p. 195.

[31] *Cf.* Julio Llamazares, "Como dos fotos viejas", *op. cit.*, p. 8.

ción y comentario.[32] Evidenciada como un inciso entre dos guiones, la segunda parte del título "*-de Bañista* o de muerte-" convierte el complemento especificativo original en un complemento explicativo. Debido a la mayúscula inicial como en "*Retrato*", también "*Bañista*" pasa de nombre común a designación por antonomasia, mientras que la conjunción disyuntiva "o" tiene una función sinónima y convoca a la muerte. A orillas del embalse vaciado del Porma, la figuración aciaga del *Bañista* -sarcástica donde las haya- tensa un vínculo intratextual con el "cementerio marino" que Llamazares había desvelado en un áspero reportaje, publicado en *El País*, el 24 de diciembre del mismo 1983. Es otra voz o género literario en pos de una sola ética, como muestra este fragmento que introduce una larga enumeración de horrores: "Tras 15 años de olvido y de silencio, de toneladas de agua sepultando los recuerdos y el paisaje, sus grises esqueletos arruinados, se esponjan tibiamente bajo el sol mostrando, a quien quiera verlas, las terribles dentelladas de la muerte".[33]

Así se aclara también el aserto final de "Como dos fotos viejas", el prólogo fechado en "Madrid, 24 de febrero de 1985".[34] En tanto que lector de sus propios textos, Llamazares retoma la enunciación en primera persona del singular y clasifica *Retrato de bañista* "como el último poema, como la fotografía primera y final". Acorde con la magnitud de la devastación, la metáfora icónica concreta también su adhesión afectiva.[35] El mundo perdido y contemplado como vestigio provoca una herida que no cicatriza. Los versos que le dieron carta de existencia sueldan el origen con el apocalipsis.

---

[32] *Cf.* Michael Baxandall, *Modelos de intención. Sobre la explicación histórica de los cuadros*, Madrid, Hermann Blume, 1989, pp. 15-22.

[33] Julio Llamazares, "Un 'cementerio marino' emerge en el valle leonés de Vegamián, al borde de la cordillera Cantábrica", *El País*, 24 de diciembre de 1983. https://elpais.com/diario/1983/12/24/espana/441068424_850215.html
Con otro título y pequeños ajustes de estilo, el reportaje es recogido en Julio Llamazares, "Volverás a Región", en *En Babia*, Barcelona, Seix Barral, 1991, pp. 123-126.

[34] Julio Llamazares, "Como dos fotos viejas", *op. cit.*, p. 8.

[35] Observa Susan Sontag en *Sobre la fotografía*, México, Alfaguara, 2006, p. 25: "La fotografía se ha transformado en uno de los medios principales para experimentar algo, para dar una apariencia de participación".

3. In fieri

Con el título de "Retrato de bañista (Tres fragmentos)", en marzo de 1984 Llamazares dio curso al proyecto del nuevo poemario publicando esos textos en *Barcarola. Revista de creación literaria*.[36] Esta primera versión no corresponde a la que figura en *Versos y ortigas* un cuarto de siglo después, donde no queda rastro de tres poemas ulteriores, aparecidos el año siguiente con el mismo título y en la misma revista.[37] Tampoco corresponden a la versión de *Versos y ortigas* los poemas de *Retrato de bañista* que Luis Antonio de Villena recoge en *Postnovísimos*, la antología poética publicada solo tres años antes.[38] La diferencia radica en un prólogo suprimido, en algunas variantes textuales, en la distribución diferente de los tres primeros poemas y en la presencia de un cuarto poema que también será eliminado. La antología permite constatar lo mucho que se demoró Llamazares en abandonar ese proyecto. Algo se puede detectar en el paratexto metaliterario que precede esa selección, titulado "El iceberg (Poética)":

> Si la poesía es lo que queda del tiempo que pasa, si su sustancia última apenas se distingue de la del iceberg que surge de la ciénaga marina y de inmediato se deshiela (montaña de hielo resplandeciente que tiene por soporte un magma submarino y tenebroso), cómo no comprender la tentación perenne del silencio, la atracción del abismo originario, el vértigo infinito e irresistible de la página rota, de la página en blanco.[39]

Respecto a "Como dos fotos viejas", el prólogo que metaforizaba *La lentitud de los bueyes* y *Memoria de la nieve* con documentos icónicos ajados, que se guardan por cariño, la diferencia es flagrante. Ahora Llamazares metaforiza la poesía con la imagen del bloque de hielo que, imponente y lábil, flota a la deriva. Oculta la mayor parte de su masa bajo el agua, el "iceberg" se licuará

---

[36] Julio Llamazares, "Retrato de bañista (Tres fragmentos")", *Barcarola. Revista de creación literaria*, 15, marzo1984, pp. 21-22. Desde ahora en adelante, *Barcarola*, siendo el único número de la revista que se cita a continuación.

[37] Julio Llamazares, "Retrato de bañista (Tres fragmentos")", *Barcarola. Revista de creación literaria*, 19, diciembre 1985, p. 37.

[38] Julio Llamazares, "De *Retrato de bañista* (Inéditos)", en Luis Antonio de Villena (ed.), *Postnovísimos*, Madrid, Visor, 2006, pp. 41-42.

[39] Julio Llamazares, "El iceberg (poética)", en *Postnovísimos*, p. 36.

entero con su secreto. Tres años después, Llamazares se sustrajo solo en parte a esa tentación de romper la página y dejarla en blanco. En *Versos y ortigas* publica lo que queda del proyecto emprendido en 1983, los restos de una memoria más extensa que sigue latiendo. Es lo que se infiere del breve prólogo a la edición, donde el autor cita tres veces *Retrato de bañista* calificándolo de "frustrado", "abortado libro" y "nonato",[40] una insistencia sintomática. El subtítulo, que ya no es "Tres fragmentos" como en la revista *Barcarola*, ni "Inéditos" como en la antología *Posnovísimos*, fija finalmente el número de los poemas y su ubicación cronológica. Desde 2009 esta es la *intentio auctoris*. Aquella memoria queda entregada a estos textos:

Retrato de bañista
(Tres poemas)
(1983)

I

Como una ciencia antigua de vapor de plomo. Como un lobo de piedra que el río arrastra hacia el abismo. Aguas negras y acero, entre la niebla helada la muerte viene y va.

Como un lobo de piedra la muerte viene y va.

Abandonaron ya sus dados los mendigos. Junto al gran lago de Isoba, un animal sin ojos bebe la maldición del sol. Aguas negras y acero, entre la niebla helada la muerte viene y va.

Como un lobo de piedra la muerte viene y va.

II

Entre las truchas muertas y la herrumbre, fresas. Junto a las fábricas abandonadas, fresas. Bajo la bóveda del cielo, muñecas mutiladas y lágrimas románicas y fresas.

Por todas partes, un sol de nata negra y fresas, fresas, fresas.

Consumación de la leyenda. En los glaciares, la venganza. Y, en los espacios simétricos del tiempo, un relato de amor que la distancia niega y ocas decapitadas sobrevolando mi corazón.

Por todas partes, un sol de nata negra y fresas, fresas, fresas.

---

[40] Julio Llamazares, *Versos y ortigas, op. cit.*, pp. 10-11.

III

Dulce fue este lugar para mi corazón: las playas lentas y los invernaderos. Aquí, donde remeros locos sostienen con su espalda las tormentas y el viento brama como un centauro herido.

Dulce fue este lugar para mi corazón un día.

Hoy fría, sin embargo, está la luz esta mañana. Hacia mis ojos vuelan las nubes y los puentes. Crece el laurel bajo la lluvia verde y, en la memoria del pantano, oscuros flotan los ojos verdecidos de los muertos.

Mas dulce este lugar para mi corazón fue un día.[41]

Deshecho el antiguo compromiso de que habría más obra, tras la experiencia chocante y única del embalse vaciado y nuevamente sumergido, Llamazares ha convertido en reliquia una parte de los versos que lo conmemoraban.

3.1 Negrura

El primer poema estrena un escenario lúgubre. No hay ninguna forma de vida conocida. Falta también un hablante, ya que la enunciación en tercera persona del singular remite a la no-persona.[42] En la versión de *Barcarola*, el prólogo enmarcaba el poema en el contexto del folclore local. Análogamente a la fábula de los ríos Porma y Curueño -amantes desdichados- que abre *El río del olvido*, aún inédito por aquellas fechas, otro paisaje mitificado encaja también *Retrato de bañista* en la tradición oral leonesa. Al preceder los tres poemas, originariamente este paratexto anónimo ejercía de metadiscurso cultural y ubicación geográfica: "En las montañas de Isoba, se cuenta la leyenda de un suicida cuyo espíritu flota eternamente sobre las aguas del Lago Ausente sin decidirse nunca entre el cielo y el infierno".[43] El lago glaciar -de nombre quimérico- existe de verdad y ficcionaliza el cronotopo de *Retrato de bañista* que no se refiere solo al embalse vaciado del

---

[41] *Ibídem*, pp. 99-103.

[42] Así la define Émile Benveniste, *Problemas de lingüística general I*, 19ª ed., México D.F. - Madrid, Siglo XXI, p. 166: "Por no implicar persona alguna, puede adoptar no importa qué sujeto o no tener ninguno".

[43] *Barcarola*, p. 21.

Porma. Este había sido elegido como decorado espectral de *El Filandón*, donde Julio, el personaje interpretado por el propio Llamazares, baja de noche al inframundo de Vegamián para unirse al resto de los habitantes muertos. El pacto ficcional que rige la película excluye el documentalismo.

Habrá que esperar años antes de hacer constar cómo era aquel paisaje de lodo y escombros. Con el mismo título de *Retrato de bañista*, Llamazares publica el guion cinematográfico en una edición magníficamente ilustrada por las fotos de Luis Berrueta.[44] La imagen de unas casas parcialmente sumergidas certifica lo que se vio en su momento ya en la cubierta del libro. En esta inédita versión intermedial, la ficción del poeta/guionista/actor y el reportaje del fotógrafo se enfrentan y respaldan mutuamente. La historia del suicida que baja al pueblo natal de Vegamián es interrumpida por las tomas de Berrueta que, de vez en cuando, Llamazares comenta con unos breves pies de foto. Respecto al guion de 1983, el protagonista ya no se llama Julio,[45] sino el Viajero, alguien que está de paso años después. El detalle de convertir el nombre propio en un nombre común con mayúscula inicial, representando así a todos los individuos de esa clase, ficcionaliza las huellas somáticas de Llamazares: estas son los pies de fotos escritos a mano y un retrato suyo de perfil.

El poeta/guionista/actor está a la vista con otro papel, el del Viajero que presta su identidad plurivalente al patrón representativo de una colectividad. El plano medio del retrato realza su gesto de espectador pensativo, a orillas del gran lago artificial: han pasado años desde el desembalse aquel. Cruzado de brazos, la mano izquierda levemente doblada tapando la boca, la mirada fija en algún punto del paisaje grandioso y difuminado, el retrato de Llamazares lleva un pie de foto idéntico a un aserto del personaje de *El filandón*: "Yo nací en un pueblo que está ahí, debajo del pantano".[46] Del guion al retrato y del retrato al guion: la *mise*

---

[44] Julio Llamazares, *Retrato de bañista*, fotografías de Luis Berrueta, Badajoz, Los Libros del Oeste, 1995.

[45] José Carlón, *El Filandón de S. Pelayo: crónica de la primera película leonesa establecida a partir de conversaciones con su director José Mª Sarmiento, y los escritores Luis Mateo Díez, Pedro G. Trapiello, Antonio Pereira, José Mª Merino y Julio Llamazares*, León, Diputación Provincial, 1984.

[46] *Ibídem*, pp. 19 y 20 respectivamente.

en abyme verbal modifica semióticamente al sujeto fotografiado, contamina su imagen/documento con otras figuraciones imaginarias. Foto y pie de foto representan a Llamazares en persona, al Viajero del texto escrito para *El Filandón* y, metonímica y anacrónicamente, a quiénes miraron o mirarían aquellas aguas con análoga experiencia y actitud. Veinte años más tarde la memoria del escritor cuajaría en *Distintas formas de mirar el agua*, la novela del embalse del Porma.[47] El relato ficcional vuelve así comunitaria una pérdida personal que, hasta entonces, había sido expresada con otros medios. Mientras tanto, el retrato fotográfico del Viajero certifica la polivalencia semántica del título del guion y de los tres poemas: *Retrato de bañista* tematiza simultáneamente al sujeto retratado, el paisaje percibido y el resultado de esa visión.

Volviendo al texto del primer poema, el escenario auténtico sufre una drástica metamorfosis. Injertando otra leyenda lacustre -la del lago de Isoba- en la historia reciente del embalse del Porma, quien habla sustrae su discurso a la estética gastada del realismo histórico. Ética y literariedad van de la mano en la escenificación de *Retrato de bañista*, cuya denuncia luctuosa puede extenderse simbólicamente a otros hábitats sacrificados al plan hidrológico español o incluso al de otros países que hayan procedido de manera parecida. Este discurso lírico rebasa las fronteras nacionales, atañe al dominio planetario de la técnica. Eliminado el paratexto original, el primer poema presenta un caso ejemplar del poder de aniquilación que los seres humanos, asincrónicos con respecto a sus propios productos, ejercen como señores del apocalipsis.[48]

La primera estrofa introduce efectos nocivos tan inesperados que no tienen nombre. La competencia lingüística habitual es carente para semejante paisaje, hay que proceder por aproximaciones: "Como una ciencia antigua de vapor de plomo. Como un lobo de piedra que el río arrastra hacia el abismo. Aguas negras y

---

[47] Julio Llamazares, *Distintas formas de mirar el agua*, Madrid, Alfaguara, 2015.

[48] *Cf.* Günther Anders, *La obsolescencia del hombre.* (Vol. I) *Sobre el alma en la época de la segunda revolución industrial*, Valencia, Pre-Textos, 2010, p. 231. Del mismo autor, *vid.* también *La obsolescencia del hombre.* (vol. II) *Sobre la destrucción de la vida en la época de la tercera revolución industrial*, Valencia, Pre-Textos, 2011.

acero, entre la niebla helada la muerte viene y va".[49] Las dos oraciones subordinadas del íncipit, encabezadas por la preposición
modal, quedan cortadas: falta la oración predicativa. El término
de comparación, indecible, está semánticamente suspendido entre una superficie aeriforme y una profundidad sin fondo. Las
evocan respectivamente el vapor y el río que discurre impetuosa-
mente hacia el infierno en la acepción de *infĕrus*, la morada de los
muertos y, más en general, en la acepción de lo siniestro relacionado con lo bello. Tras mencionar el libro de Eugenio Trías que
junta las dos experiencias,[50] aclaraba Llamazares en "El iceberg":
"La atracción del abismo anida en nosotros desde la noche de los
tiempos y esa contradicción entre lo bello y lo horroroso, entre lo
familiar y lo inquietante, es parte sustantiva de la condición del
arte".[51]

Recuperado su cauce, el río lleva al abismo un "lobo de piedra", un animal dañino para las comunidades rurales de la montaña de León. En los escritos de Llamazares, el lobo tiene siempre
un valor negativo. Además del título de su primera novela, *Luna
de lobos*, cuyos protagonistas animalizados aúllan, en la película *El
Filandón* el lobo es una alimaña fantasmal que reitera sus aullidos
desde el fondo del pantano.[52] En este poema, en cambio, el lobo
mata aun siendo una presencia inorgánica o quizá por ello mismo. La "ciencia antigua" del íncipit es inaccesible a la razón. De
verso en verso, las analogías icónicas apuntan a constituir isoto-
pías metafóricas que tienden a la homologación.[53] Lo confirma el
segundo aserto que concreta la situación con dos oraciones yux-
tapuestas, la primera nominal y la segunda verbal: "Aguas negras
y acero, entre la niebla helada la muerte viene y va". Compendio
de lo /oscuro/, /líquido/, /metálico/, /duro/, /frío/ y /borro-
so/, finalmente la prosopopeya de la muerte, en su persistente
movimiento alternativo, protagoniza la estrofa inaugural y el resto del poema. La oración nominal, "Aguas negras y acero", ajena

---

[49] *Cf. Barcarola*: "Aguas negras y acero, entre las nubes tintas la muerte viene y va".

[50] Eugenio Trías, *Lo bello y lo siniestro*, Barcelona, Seix Barral, 1982.

[51] Llamazares, "El iceberg (poética)", *op. cit.*, p. 36.

[52] Llamazares, *Retrato de bañista*, 1995, *op. cit.*, pp. 32, 33, 37, 39 y 53.

[53] A. J. Greimas y J. Courtés, "Analogía", en *Semiótica. Diccionario razonado de la teoría del
lenguaje*, Madrid, Gredos, 1990.

a cualquier localización temporal y cualidad subjetiva,[54] introduce la actividad de la oración verbal. Cierre del versículo y de la estrofa -un lugar destacado en la estructura del texto poético- el sintagma verbal "la muerte viene y va" inaugura un estribillo. En la estela de la tradición lírica oral, el estribillo enfatiza lo memorable, entraña lo previsible e implica la participación coral de los oyentes.[55]

A continuación, un alejandrino -exento gráficamente- funciona como una estrofa que rompe el ritmo del versículo y realza el contenido gnómico del estribillo. El verso único, que pertenecía al antiguo género del mote, el emblema, el refrán, etc.,[56] en este caso expresa una sentencia lapidaria: "Como un lobo de piedra la muerte viene y va". En presente de indicativo, el verbo remite al discurso que comenta lo que está ocurriendo, una acción ajena a las convenciones del calendario. Reaparece el "lobo de piedra" que enlaza con la muerte a través de una comparación reversible. El uno y la otra acaban con las formas de vida de manera similar, agresiva e incesantemente. Justo el revés de la lentitud y mansedumbre de los bueyes que en el pasado pastaban en ese valle. Es la única vez que el lobo protagoniza un poema de Llamazares.

Retomado el versículo, la tercera estrofa integra la descripción con otros detalles. La abre una breve incursión en el pasado de la especie humana que vivía en ese lugar. Se infiere por los restos materiales de un juego de azar: "Abandonaron ya sus dados los mendigos". Allí no queda nadie, ni siquiera quienes vivían de la caridad ajena y se daban a una actividad aleatoria, justo el revés del conocimiento científico que calcula y prevé de antemano los procedimientos necesarios para acrecentar el poder sobre las cosas. En *Retrato de bañista* esa capacidad se refiere a la explotación tecnológica del medioambiente. Pero otra leyenda maléfica refuta esta forma de arrogancia humana: "Junto al gran lago de

---

[54] Émile Benveniste, "La frase nominale", *Problemi di linguistica generale*, Milán, Il Saggiatore, 1971, pp. 189-192.

[55] Ángel Luis Luján Atienza, "El estribillo y sus variantes en la poesía española del siglo xx. Notas sobre su caracterización y tipología", *Rhythmica*, VIII, 8, 2010, pp. 37-66. https://revistas.uned.es/index.php/rhythmica/article/view/13094/12073

[56] Elena Varela Merino, Pablo Moíno Sánchez y Pablo Jauralde Pou, *Manual de métrica española*, Madrid, Castalia, 2005, p. 275.

Isoba, un animal sin ojos bebe la maldición del sol". La naturaleza concebida como exterioridad material va recuperando su condición originaria, representada mitológicamente. Dominando la isotopía cromática del luto, la iteración semántica y métrica de las dos únicas oraciones predicativas del poema genera un anticlímax aniquilador. La tercera estrofa termina como la primera: "Aguas negras y acero, la muerte viene y va". La cuarta y última estrofa reproduce la segunda: "Como un lobo de piedra la muerte viene y va". Convertidas en un motivo por su recursividad, las dos oraciones orientan al lector sobre lo que más importa en esta poesía de urgencia.[57] Incorporado el estribillo, el motivo graba la imagen inolvidable de la destrucción.

3.2 Enrojecimiento

Con la misma estructura métrica, el segundo poema concreta la visión de conjunto del primero, pasando del encuadre del paisaje al registro de sus componentes. Son ruinas, en sí mismas tan heterogéneas que forman una enumeración caótica, la figura de la modernidad poética potenciada aquí por la yuxtaposición de oraciones nominales. Sin una sola oración verbal, son las únicas encargadas de mostrar los estragos que ha causado la muerte y el desquite que empieza a tomarse el reino vegetal. Lo representa un solo lexema que forma una isotopía obsesiva. Es este el motivo del poema que aparece ya en íncipit de la primera estrofa, absorbiendo prepotentemente la función tradicional del estribillo: "Entre las truchas muertas y la herrumbre, fresas. Junto a las fábricas abandonadas, fresas. Bajo la bóveda del cielo, muñecas mutiladas y lágrimas románica y fresas". Realzado por la iteración de la vocal oscura /u/ y de la consonante vibrante /r/, el primer sintagma ofrece la prueba de que el desembalse acaba hasta con una forma de vida animal, típica de aquellas

---

[57] En el capítulo sobre "Tema/Motivo", concluye Cesare Segre, *Principios de análisis del texto literario*, Barcelona, Editorial Crítica, 1985, p. 358: "Los motivos tienen mayor facilidad para manifestarse en el plano del discurso lingüístico, tanto que, si se repiten, pueden actuar de modo similar a los estribillos. Los temas son generalmente de carácter metadiscursivo. Los motivos constituyen, habitualmente, resonancias discursivas de la metadiscursividad del tema".

aguas. A la extinción de las truchas se suma la presencia de la herrumbre, sinécdoque de objetos de hierro inmersos y corroídos. Es el segundo ejemplo de la presencia humana, la señal de que allí hubo una cultura.

Siguiendo con la enumeración, junto a cada resto visible de los pueblos anegados está la única muestra de vida vegetal que acaba de brotar, las fresas. Se sobrentiende que se trata del fruto de la planta: rojo, suculento y sabroso. Con el mismo valor de símbolo vital, las fresas destacan también en el paisaje en blanco y negro de *La lentitud de los bueyes* y *Memoria de la nieve*, formando una isotopía cromática con grosellas, cerezas, acebos, etc. En este poema, sin embargo, las fresas cumplen con un papel turbador, sellando toda y cada una de las oraciones nominales de la primera estrofa, las que empiezan a configurar el hábitat extinto con el índice de una actividad industrial ("fábricas abandonadas"), de un juego infantil ("muñecas mutiladas"), de un estilo arquitectónico ("lágrimas románicas"). Cohesionado por la tesitura fónica, el chequeo desemboca en el anticlímax del tercer ejemplo. Las "lágrimas románicas", además de ser una metáfora arquitectónica -es decir, la pequeña pieza de piedra tallada en forma de castañuela o lágrima como, por ejemplo, las que cubren la cúpula de la catedral de Zamora[58]- mantienen a la vez la denotación emotiva del lexema, el llanto como manifestación del dolor ante el desastre. En efecto, los fenómenos descritos en la segunda estrofa, formada por un versículo exento, parecen presagiar el fin del mundo: "Por todas partes, un sol de nata negra y fresas, fresas, fresas". Con respecto a *La lentitud de los bueyes* y *Memoria de la nieve*, no hay lexemas inéditos. La innovación es dada por una combinación y distribución diferente, teñida de fatalismo. Sin vuelta atrás, se presentan al mismo tiempo la sinestesia pavorosa en lo alto del cielo diurno ("un sol de nata negra") y abajo, en el fondo desembalsado, la triple geminación de una epífora no menos alarmante ("fresas, fresas, fresas"). Por su proliferación desmedida, también el fruto delicioso pone de manifiesto una gran anomalía.

La tercera estrofa enlaza con el primer poema y la formación geológica del lago de Isoba, de origen glaciar como el lago

---

[58] Roberto Benedicto Salas, *La construcción de la arquitectura románica*, Zaragoza, Institución "Fernando el Católico", 2015, p. 212.

Ausente, que figura en el prólogo suprimido. Los dos son objetos de fábulas mortíferas, pero es el lago de Isoba el que funda su origen en el móvil rencoroso de una maldición. Si bien difieren los protagonistas, la constante de la leyenda es que el pueblo fue hundido por la inhospitalidad de sus habitantes. La memoria mítica del lago de Isoba enlaza con la memoria fáctica del embalse del Porma. El animismo arcaico, que forma parte de una cultura mientras no sea rechazado,[59] y el documentalismo contemporáneo, que instituye una ontología social,[60] convergen hacia un sentimiento de impotencia y vulnerabilidad. Ficticio o real, un pueblo anegado es un fantasma que acecha y desasosiega. Lo que presenta al respecto *Retrato de bañista* es una alegoría de la finitud: "Consumación de la leyenda. En los glaciares, la venganza. Y, en los espacios asimétricos del tiempo, un relato de amor que la distancia niega y ocas decapitadas sobrevolando mi corazón".[61]

No es solo la técnica contemporánea la que causa destrozos irreversibles, lo hace también la *physis*. Desmintiendo el arquetipo benévolo de la madre naturaleza, en su devenir perenne que conlleva el poder de aniquilar, la *physis* cambia la faz de la tierra y el destino de las especies biológicas. Ante esta constatación, implosiona la cronología y el arte de historiar con palabras. Es inoperante el "relato de amor que la distancia niega", como aclara la relativa especificativa. La muerte, un concepto inventado por el ser humano, en la oración que cierra la estrofa es un suceso violento que irrumpe bruscamente, como muestra el gerundio predicativo: "ocas decapitadas sobrevolando mi corazón". Aves migratorias de las zonas húmedas o costeras, estos animales inofensivos encarnan emblemáticamente las víctimas sacrificiales que conmocionan al hablante o testigo. Es la primera vez que este se manifiesta como sujeto implicado sentimentalmente en su decir. Lo delata el adjetivo posesivo en primera persona del singular y el propio lexema, el "corazón", sede convencional de su desolación ante el espectáculo cruento.

---

[59] Hans Blumenberg, *Trabajo sobre el mito*, Barcelona, Paidós Ibérica, 2003, p. 142.

[60] Maurizio Ferraris, *Documentalidad. Por qué es necesario dejar huellas*, Gijón, Trea, 2023.

[61] *Cf. Postnovísimos*: "Consumación de la leyenda: en los glaciares la venganza".

De vuelta a la exterioridad, la última estrofa reproduce el versículo exento de la segunda: "Por todas partes, un sol de nata negra y fresas, fresas, fresas". El proceso aterrador sigue, intensificado semánticamente por la repetición, el mismo recurso que transforma la gradación ascendente de la única forma de vida -las fresas- en su contrario, un anticlímax funesto. Tras las vivencias tétricas de la tercera estrofa, la triple geminación que sella el poema acaba incluyendo lo siniestro bajo el aspecto del bello fruto familiar. Parafraseando a Trías, había dicho el propio Llamazares en "El iceberg": "lo siniestro habrá de ser al tiempo condición y límite de lo bello, el soporte oculto y tenebroso de la revelación fugitiva y resplandeciente de la belleza".[62] Veladamente las fresas atractivas insinúan lo que el testigo no ha llegado a decir: en las fresas, tantas veces invocadas de manera impersonal, pulsa la imagen de un baño de sangre.

3.3 Verdor

De haberse mantenido la primera edición de *Retrato de bañista*, donde el segundo poema figuraba en tercer lugar, esta hecatombe transfigurada hubiera sido la palabra definitiva, un final cerrado del que Julio Llamazares rehúye. Como veremos, la inversión del orden que presenta *Versos y ortigas* arroja una luz muy diferente sobre la composición. El testigo que protagoniza el último poema asume la responsabilidad de una memoria colectiva que le concierne. El motivo aparece ya en el alejandrino que inaugura la primera estrofa, un aserto en pretérito perfecto del verbo copulativo que califica aquel paisaje. Como núcleo de una predicación extendida, el íncipit expresa lo esencial del discurso en primera persona del singular: "Dulce fue este lugar para mi corazón: las playas lentas y los invernaderos. Aquí, donde remeros locos sostienen con su espalda las tormentas y el viento brama como un

---

[62] Julio Llamazares, "El iceberg (poética)", *op. cit.*, p. 36. Aclara Eugenio Trías, *Lo bello y lo siniestro*, *op. cit.* p. 43: "El arte es fetichista: se sitúa en el vértigo de una posición del sujeto en que 'a punto está' de ver aquello que no puede ser visto; y en esa visión, que es ceguera, perpetuamente queda diferida. Es como si el arte -el artista, su obra, sus personajes, sus espectadores- se situasen en una extraña posición, siempre penúltima respecto a una revelación que no se produce porque no puede producirse".

centauro herido".[63] Colocado en la posición inicial de la oración y del poema, queda realzado el valor anímico del adjetivo calificativo que inaugura el poema. A través de los deícticos -"este", "mi", "Aquí"- el sujeto toma posición con respecto al balance del pasado y a la crónica del presente. Nostálgico el primero, inquietante la segunda. "Dulce", con su un haz de acepciones positivas, contrasta con el cierre negativo del poema anterior. El sintagma repetido "mi corazón" estrecha un nexo dialéctico entre los dos poemas: el mismo lexema que es sede del sentimiento aflictivo en el segundo poema, en el tercero alberga la facultad de recordar -un verbo derivado del *cor, cordis* latino- sin amargura. Lo confirma la querencia del testigo que no capitula. Si por un lado añora "las playas lentas y los invernaderos", por el otro reconoce la aspereza climática del lago artificial, que dramatiza con una gradación descendente. Invertido respecto al segundo poema, vuelve el binomio cielo/tierra. Tras el dato antropológico de los "remeros locos", el dato atmosférico del viento huracanado vira hacia la figuración mitológica del "centauro herido". El estruendo desapacible del hábitat, punto de llegada de la amplificación, prepara la antífrasis de la segunda estrofa. Es un versículo exento que añade al alejandrino del comienzo un complemento circunstancial de tiempo: "Dulce fue este lugar para mi corazón un día". Sustraída al cómputo cronológico, en esta memoria anida la nostalgia. La actualidad es muy diferente.

Lo muestra la tercera estrofa, la más dinámica, densa de oraciones predicativas en presente de indicativo que remiten a la situación del discurso. En la primera el testigo se ubica en un momento de su devenir espacio-temporal, una condición humana variable como los fenómenos meteorológicos: "Hoy fría, sin embargo, está la luz esta mañana".[64] A continuación, tras el detalle disfórico de la temperatura, gracias a la "luz" -fenoménica y trascendental- que posibilita la visión, el testigo protagoniza la composición de un paisaje particular, que forja a su medida. En tanto que ser fronterizo, el testigo convierte la naturaleza en un

---

[63] *Cf. Barcarola, Postnovísimos*: "Aquí, donde remeros locos sostienen con sus hombros las tormentas".

[64] *Ibidem*: "Muy fría, sin embargo, está la luz esta mañana".

mundo dotado de sentido a través del lenguaje.[65] Es así como afirma su ética abocada a la *hýbris*: "Hacia mis ojos vuelan las nubes y los puentes. Crece el laurel bajo la lluvia verde y, en la memoria del pantano, oscuros flotan los ojos verdecidos de los muertos".[66] La visión remite a una transición: la anuncian las "nubes", un fenómeno etéreo en perpetua metamorfosis, y los "puentes", un artefacto terrestre que conecta orillas. Los dos lexemas simbolizan el paso de un estado a otro, una apertura al más allá sumergido que retoma la leyenda del lago de Isoba. Ajustando el animismo fabuloso a su figuración alucinada, el testigo capta ahora en el "laurel" otra forma de vida insidiosa.

Árbol de hoja perenne consagrado a Apolo, es símbolo de la sabiduría y la gloria inmortal que se refieren también a la poesía. El "laurel" es el eje de otra isotopía cromática, la del color verde, que representa convencionalmente la fecundidad vegetal. Sin embargo, "bajo la lluvia verde", un fenómeno atmosférico excepcional y aterrador, este árbol insigne se desarrolla y fortalece, una peculiaridad que libera lo siniestro. En el poema anterior las "fresas" remitían a la sangre vertida sobre la tierra. En este último poema el "laurel" remite a la descomposición orgánica que acontece bajo las aguas. Por primera vez el testigo menciona el embalse y los efectos que se derivaron de su construcción. Olvidadizos, los partidarios del desarrollo tecnológico miran con confianza hacia el futuro. No así el valle del Porma, cuyo fondo vaciado desvela algo incómodo. Es el presagio amenazador de una resurrección impensada: "en la memoria del pantano, oscuros flotan los ojos verdecidos de los muertos". En la necrópolis anegada vuelve a la vida una sola parte de los cadáveres que la habitan, metaforizada por un verbo -verdecer- que tiñe de maleficio la isotopía del color verde. Órganos de la percepción sensible y símbolos de la capacidad intelectiva, los "ojos verdecidos de los muertos" rescatan del olvido su antiguo hábitat desde el infierno líquido al que fueron condenados. Trastocada la ubicación metafísica de la verdad, privilegio de la esfera celeste, los "ojos verdecidos" afloran a la superficie o

---

[65] Eugenio Trías, *Ética y condición humana*, Barcelona, Península, 2000, pp. 46-55.

[66] *Cf. Barcarola*, *Postnovísimos*: "en la memoria del pantano, eternamente siguen flotando las miradas de los muertos".

límite de su reino tenebroso posiblemente para lanzar un reto macabro. Son una incógnita. Lo único cierto es que ellos vieron y siguen mirando.

A estas alturas, la gradación descendente desemboca en el anticlímax que refuerza la antífrasis de la cuarta y última estrofa. Es el versículo exento del paralelismo que ha perdido poco a poco su valor positivo, sin que el testigo llegue a agotarlo: "Mas dulce este lugar para mi corazón fue un día". La conjunción adversativa introduce la réplica enfática. El paso a la sintaxis latina es el recurso estilístico que incrementa su afectividad. En el texto poético todo significa, sobre todo en este cierre que, en principio, no iba a sellar los tres poemas.

4. SILENCIO

Julio Llamazares volvió sobre sus pasos, dejó que el siguiente discurso del testigo -único supérstite con vida en un desierto insonoro, cándido y gélido- cayera en el vacío. En *Versos y ortigas* ya no figura el cuarto poema de *Retrato de bañista*, recogido en la antología de Luis Antonio de Villena.[67] El ejercicio del silencio, que se tematiza en el poema descartado, finalmente se convierte en la epojé del tercer y último poema, el segundo en la antología. Se produce así una apertura hacia el mundo que queda por designar. Presa de su nostalgia, el testigo enmudece. Devuelta la palabra al fondo del silencio que la precede y entrevera,[68] echa de menos lo que no ha llegado a conocer, la naturaleza del mal. Es sintomático que añoranza e ignorancia compartan el mismo étimo.[69] La pérdida, marca distintiva de la escritura de Julio Llamazares, en *Retrato de bañista* es originaria, su referente aparece ya en forma de ruinas y por poco tiempo. La casa natal de Vegamián, el fantasma de piedra que tenía que permanecer oculto, es la imagen literal-

---

[67] *Postnovísimos*: "Llegaba un viento blanco de las praderas secas. Se cuarteaba como la tierra bajo mis pies. / No había luz ni tristeza en aquel silencio. / No había sangre ni odio en mi corazón. / Sobre la tierra sólo existía el viento blanco y helado de mi voz".

[68] Maurice Merleau-Ponty, *La prosa del mundo*, Madrid, Taurus, 1971, p. 80.

[69] Diego S. Garrocho, *Sobre la nostalgia. Damnatio memoriae*, Madrid, Alianza, 2019, p. 46.

mente imprevista que angustia al espectador y lo lleva a testimoniar poéticamente el daño que no se explica ni se acaba.

REFERENCIAS BIBLIOGRÁFICAS

Agamben, Giorgio, "Qué es lo contemporáneo", en *Desnudez*, Barcelona, Anagrama, 2009, pp. 17-27.

Anders, Günther, *La obsolescencia del hombre*. (Vol. I) *Sobre el alma en la época de la segunda revolución industrial*, Valencia, Pre-Textos, 2010.

— *La obsolescencia del hombre*. (Vol. II) *Sobre la destrucción de la vida en la época de la tercera revolución industrial*, Valencia, Pre-Textos, 2011.

Barthes, Roland, *La cámara lúcida. Nota sobre la fotografía*, 10ª ed., Barcelona, Paidós Ibérica, 1989.

Baxandall, Michael, *Modelos de intención. Sobre la explicación histórica de los cuadros*, Madrid, Hermann Blume, 1989.

Benjamin, Walter, *Iluminaciones*, edición y prólogo de Jordi Ibáñez Fanés, traducciones de Jesús Aguirre y Roberto Blatt, Madrid, Taurus, 2018.

Benveniste, Émile, "La frase nominale", *Problemi di linguistica generale*, Milán, Il Saggiatore, 1971, pp. 179-197.

— *Problemas de lingüística general I*, 19ª ed., México D.F. - Madrid, Siglo XXI, 1997.

Blumenberg, Hans, *Trabajo sobre el mito*, Barcelona, Paidós Ibérica, 2003.

Bodenschatz, Harald und Max Welch Guerra (hrsg.), *Städtebau als Kreuzzug Francos. Wiederaufbau und Ernuerung unter der Diktatur in Spanien, 1938-1959*, Berlin, DOM Publishers, 2021.

Carlón, José, *El Filandón de S. Pelayo: crónica de la primera película leonesa establecida a partir de conversaciones con su director José Mª Sarmiento, y los escritores Luis Mateo Díez, Pedro G. Trapiello, Antonio Pereira, José Mª Merino y Julio Llamazares*, León, Diputación Provincial, 1984.

Castellet, José María (ed.), *Nueve novísimos poetas españoles*, Barcelona, Barral editores, 1970.

Corti, Maria, *Principi della comunicazione letteraria*, Milán, Bompiani, 1976.

Esposito, Roberto, *Immunitas. Protección y negación de la vida*, Buenos Aires, Amorrortu, 2005.

Ferraris, Maurizio, *Documentalidad. Por qué es necesario dejar huellas*, Gijón, Trea, 2023.

Freud, Sigmund, "Duelo y melancolía (1917 [1915[)", *Obras completas*, vol. 14 (1914-16), 4ª ed., Buenos Aires, Amorrortu, 1992, pp. 235-255.

Garrocho, Diego S., *Sobre la nostalgia. Damnatio memoriae*, Madrid, Alianza, 2019.

Greimas, A. J. y J. Courtés, *Semiótica. Diccionario razonado de la teoría del lenguaje*, Madrid, Gredos, 1990.

Harvey, David, *Consciousness and the Urban Experience*, Baltimore Md, Johns Hopkins University Press, 1985.

Jankelévitch, Vladimir, *L'irréversible et la nostalgie*, París, Flammarion, 1974.

Juliá, Santos, *Transición. Historia de una política española (1937-2017)*, Barcelona, Galaxia Gutenberg, 2017.

Luján Atienza, Ángel Luis, "El estribillo y sus variantes en la poesía española del siglo XX. Notas sobre su caracterización y tipología", *Rhythmica*, VIII, 8, 2010, pp. 37-66. *https://revistas.uned.es/index.php/ rhythmica/article/view/13094/12073*

Llamazares, Julio, "Un 'cementerio marino' emerge en el valle leonés de Vegamián, al borde de la cordillera Cantábrica", *El País*, 24 de diciembre de 1983. https://elpais.com/diario/1983/12/24/espa-na/441068424_850215.html

— "Retrato de bañista (Tres fragmentos")", *Barcarola. Revista de creación literaria*, 15, marzo 1984, pp. 21-22.

— *La lentitud de los bueyes*; *Memoria de la nieve*, Madrid, Hiperión, 1985.

— *En Babia*, Barcelona, Seix Barral, 1991.

— *Retrato de bañista*, fotografías de Luis Berrueta, Badajoz, Los Libros del Oeste, 1995.

— *El río del olvido*, Madrid, Alfaguara, 2006.

— "La posmemoria", *El País*, 29 de noviembre de 2006. https://elpais. com/diario/2006/11/29/opinion/1164754806_850215.html

— *Versos y ortigas (Poesía 1973-2008)*, Madrid, Hiperión, 2009.

— *Distintas formas de mirar el agua*, Madrid, Alfaguara, 2015.

— *La lentitud de los bueyes*; *Memoria de la nieve*, edición de Raúl Molina Gil, Madrid, Cátedra, 2024.

— "Habitar la nada", *El Periódico de España*, 16 de febrero de 2024 https://www.epe.es/es/opinion/20240216/habitar-despobla-cion-pueblos-opinion-julio-llamazares-98236449

Merleau-Ponty, Maurice, *La prosa del mundo*, Madrid, Taurus, 1971.

Molina Gil, Raúl, "El modelo generacional y la retórica de la ruptura o cómo se (nos) cuenta la poesía contemporánea en España: el decenio 1960-1979 como paradigma", *Artifara. Revista de lenguas y literaturas ibéricas y latinoamericanas*, 20.2, 2020, pp. 47-65.

Oosterlynck, Stijn *et alii* (eds.), *The City as a Global Political Actor*, Abingdon, Oxon - New York, NY, Routledge, 2018.

Pittarello, Elide, "Julio Llamazares: decir lo que no termina de perderse", en José María Pozuelo Yvancos, *Literatura y memoria. Narrativa de la guerra civil*, Murcia, Edit. Um, 2022, pp. 155-188.

— "Julio Llamazares: 'Vegamián es un símbolo, no un lugar'", *Memoria y Narración. Revista de estudios sobre el pasado conflictivo de sociedades y culturas contemporáneas*, 4, 2024, pp. 91-106.

Pozuelo Yvancos, José María, "Teoría de la lírica", en *Poética de poetas. Teoría, crítica y poesía*, Madrid, Biblioteca Nueva, 2009, pp. 19-47.

— *Teoría del lenguaje literario*, 9ª ed., Madrid, Cátedra, 2021.

Ruiz Casanova, José Francisco, "Los *niños perdidos* de Castellet: la preterida fortuna histórica de una generación", *Tropelías. Revista de Teoría de la Literatura y Literatura Comparada*, 20, 2013, pp. 39-43.

Salas, Roberto Benedicto, *La construcción de la arquitectura románica*, Zaragoza, Institución "Fernando el Católico", 2015.

Sarlo, Beatriz, *Tiempo pasado. Cultura de la memoria y giro subjetivo. Una discusión*, Buenos Aires, Signo XXI editores Argentina, 2005.

Saunders, Doug, *Ciudad de llegada: la última migración y el mundo del futuro*, Barcelona, Debate, 2014.

Segre, Cesare, *Principios de análisis del texto literario*, Barcelona, Editorial Crítica, 1985.

Stoichita, Victor I., *La invención del cuadro. Arte, artífices y artificios en los orígenes de la pintura europea*, Barcelona, Ediciones del Serbal, 2000.

Trías, Eugenio, *Lo bello y lo siniestro*, Barcelona, Seix Barral, 1982.

— *Ética y condición humana*, Barcelona, Península, 2000.

Villena, Luis Antonio de (ed.), *Postnovísimos*, Madrid, Visor, 2006.

Violi, Patrizia, "Los engaños de la postmemoria", *Tópicos del Seminario*, Semiótica y posmemoria, I, 44, julio-diciembre 2020, pp. 12-28. https://doi.org/10.35494/topsem.2020.2.44.698

EL SOL DE LOS MUERTOS.
UNA APROXIMACIÓN CRÍTICA A *LUNA DE LOBOS*,[1] DE JULIO LLAMAZARES

ENRIQUE TURPIN
Universidad Autónoma de Barcelona

*Mira, hijo, mira la luna
es el sol de los muertos*
JULIO LLAMAZARES

En el mes de marzo de 1985 aparecía bajo el sello de la editorial barcelonesa Seix Barral la primera novela de Julio Llamazares (Vegamián, León, 1955), quien ya había sorprendido a crítica y público con una producción literaria que hasta aquel momento reunía dos libros de poemas, *La lentitud de los bueyes* (1979) y *Memoria de la nieve* (1982, Premio Jorge Guillén)[2], y un insólito ensayo narrativo titulado *El entierro de Genarín* (1981). Más tarde vendrían las novelas *La lluvia amarilla* (1988) y *Escenas de cine mudo* (1994), los libros de viajes *El río del olvido* (1990) y *Trás-os-Montes* (1998), los artículos periodísticos de *En Babia* (1991) y *Nadie escucha* (1995), los relatos reunidos *En mitad de ninguna parte* (1995) o sus guiones cinematográficos *Retrato de bañista* (1995) y *El techo del mundo* (1998). La bibliografía citada quiere dar cuenta de los intereses diversos de Julio Llamazares, que, lejos de encasillarse en temáticas o tendencias, obliga a que se lo considere un escritor polifónico, de raza, que superpone matices intrínsecamente genéricos con la intención de moldearlos a su antojo en cada una de las propuestas por él escogidas. Porque en la escritura de Llamazares no se puede hablar de encasilla-

---

[1] Julio Llamazares, *Luna de lobos*, ed. Miguel Tomás-Valiente, Madrid, Cátedra, 2009.

[2] Julio Llamazares, *La lentitud de los bueyes / Memoria de la nieve*, ed. Raúl Molina Gil, Madrid, Cátedra, 2024.

mientos, y mucho menos de fidelidad a un género en particular. Lo suyo es simplemente literatura, o, lo que es lo mismo, "un ir y venir entre la memoria y la historia".[3] De otra manera no podría entenderse por qué se ha querido ver *Luna de lobos* como la novela de un poeta,[4] con las salvedades que ello precisa, por supuesto, y eso si se la considera novela, pues hay opiniones que la emparentarían con la novela corta, dado su escaso número de páginas. Se trata ésta de una cuestión terminológica y de una tendencia generalizada durante los últimos años por la que se absorbe al terreno de la novela propiamente dicha toda aquella narración que un autor acepte como tal. Por este motivo, obras como *Mutis* (1980), de Álvaro del Amo, *El lenguaje de las fuentes* (1993), de Gustavo Martín Garzo o *De Madrid al cielo* (1994), de Ismael Grasa, son consideradas novelas mientras que narraciones más extensas que éstas como pueda ser *El espíritu del páramo* (1996), de Luis Mateo Díez, se las catalogue explícitamente dentro de la categoría del relato. Lo cierto es que Llamazares, al igual que Toño Llamas -personaje de su relato "La novela incorrupta" y posible trasunto del autor- "decidió pasarse a la novela, tras una vida entera dedicada al cultivo de la poesía".[5] Ahora bien, sea lo que fuere, lo que no puede obviarse es que *Luna de lobos* tiene ingredientes que la emparentan con la prosa poemática, con este tipo de obras que no tienen por qué haber salido necesariamente de la pluma de quien haya cultivado la poesía, sino que más bien tienen que ver con aquel escritor que entiende cuándo se requiere un registro más cercano a la lírica

---

[3] Francisco Rico, *Primera cuarentena y tratado general de literatura*, Barcelona, Edicions dels Quaderns Crema, 1982, p. 141.

[4] Sin ir más lejos, Miguel Sánchez Ostiz fue uno de los primeros en señalarlo. *Vid.* la reseña a la novela publicada en *Navarra hoy*, 5 de abril de 1985. Otras reseñas destacables son las de Joaquín Arnáiz, "La nueva narrativa tiene corazón", *Diario 16*, 31 de marzo de 1985; Javier Goñi, "Memoria de la nieve", *Cambio 16*, 699, 22 de abril de 1985; Francisco Solano, "Oficio de sobrevivir", *La Gaceta del libro*, 21, 15 de abril de 1985; Luis Gallero, *La luna de Madrid*, 19 de abril de 1985; y Bernard Cohen, "Mémoires d'eaux" *Libération*, 3 de diciembre de 1988. Por su parte, José Manuel López de Abiada examina sin mucho detenimiento la novelística de Llamazares en "Se canta lo que se pierde. Acercamiento al mundo novelesco de Julio Llamazares", VV. AA., *Abriendo caminos. La literatura española desde 1975*, Barcelona, Lumen, 1994, pp. 203-217.

[5] Julio Llamazares, *En mitad de ninguna parte*, Madrid, Ollero & Ramos, 1995, pp. 55-71.

que a la crónica para abordar su historia; un recurso que, para que funcione, no debe mostrarse forzado sino que debe fluir con naturalidad dentro del discurso; así lo entiende el escritor y así se refleja en la novela.

Julio Llamazares es digno representante de una nueva oleada generacional cuyo desarrollo personal e intelectual coincide con la nueva realidad histórica que se abrió tras la muerte de Franco, la tan referida Transición. De aquellas nóminas iniciales, que necesariamente se confeccionaron sin la perspectiva temporal requerida para la emisión de juicios que no cayesen en encumbramientos prematuros, sobreviven algunos nombres, entre ellos el suyo. La prosa del escritor leonés ha querido ser identificada como cercana a una nostálgica vocación ruralista, pero es mucho más que eso. Como es fácil comprobar, los rasgos que unen a los narradores que configuran el nuevo empuje de la narrativa española de la década de los ochenta son más circunstanciales y anecdóticos que propiamente literarios. Con todo, les conjunta un enfrentamiento reflexivo ante la obra artística y un inusitado rigor para llevar a cabo sus propuestas, de los que Llamazares sería digno representante desde que apareciera a mediados de la década su primer trabajo novelístico, dentro de aquellas obras que tienen a la guerra civil española como pretexto: entre los consagrados debe citarse los nombres de Juan Benet con *Herrumbrosas lanzas* (1983-1986) o C. J. Cela con *Mazurca para dos muertos* (1983), y en la faceta de la resistencia activa contra el franquismo cabe mencionar novelas como *La noche española* (1981), de Leopoldo Azancot, o la que ahora nos ocupa.[6]

Luna de lobos cuenta la historia de cuatro *maquis* fugitivos del frente de Asturias de 1936 que se refugian en los montes de los altos valles de León, de donde son originarios, con el único fin de librar una cruel batalla contra el fatídico destino que les obliga a defenderse de una muerte anunciada, sin más excusa que la de sobrevivir. Todas sus acciones vendrán abocadas a esa esperanza última, principio y fin de la única lucha plenamente visceral del ser humano, que les arrastra a las más insufribles bajezas, guiados

---

[6] Fernando Valls, "El eco de la Guerra Civil (Algunos ejemplos: Julio Llamazares, Pilar Cibreiro y Antonio Muñoz Molina)", VV. AA., *República de las Letras*, extra-1, mayo de 1986, pp. 129-133.

por el más primitivo de los instintos animales, el instinto de supervivencia. El relato de las peripecias de estos cuatro fugitivos lo narra el único de ellos que logrará salvar su vida. Al personaje no le interesa lo más mínimo ofrecer un detallado currículo, con lo cual el lector sólo logrará saber unos mínimos datos (su nombre, su antigua afiliación a la CNT, su pasada profesión de maestro y algún que otro dato personal aportado por un pasquín de búsqueda y captura) que tampoco son necesariamente relevantes para la esencial evolución de la historia. En el trascurso de los casi diez años que dura la lucha (1937-1946), los compañeros sufrirán un sutil proceso de degradación que les conducirá a una pugna por mantener las necesidades básicas para acabar convirtiéndose en lo más parecido a las alimañas y perecer tan pronto como se hagan efectivas las trampas tendidas por sus captores, tras ser acosados por dos frentes, a cuál más insoportable: las fuerzas militares y policiales que les persiguen, en un extremo, y la incompasión de la naturaleza que les obliga a malvivir en ínfimas condiciones, en el otro. Parafraseando una sentencia de Sánchez Ferlosio con la que arrojar sentido al libro, vendrán más lunas y les harán más lobos. La vida de los protagonistas se convertirá, entonces, en una serie de lances de violencia extrema, de fugas a través de los bosques y acechos entre matorrales y terruños, donde poco a poco, con el paso de los días, las lunas y los años, irán cayendo muertos o asesinados hasta que el relato culmine con el aliento gastado del único superviviente, un lobo solitario que teme ser el objetivo de una primitiva cacería. Cabe resaltar que, como señala en la contraportada el texto informativo que acompaña a la novela, "el eje de la obra no es la perspectiva histórica o política, aunque tales aspectos constituyan el telón de fondo último, sino el análisis y descripción del instinto primario de supervivencia que puede llevar a un hombre acosado hacia la violencia". El resto, los recuerdos, las divagaciones o reflexiones de los fugitivos, queda fuera del relato. Éste se ve acotado, de esa forma, por lo único que de verdad cuenta, esto es, la lucha por evitar la muerte -o el presidio, en el mejor de los casos- y mantenerse a salvo con la clara intención de no acabar como presa y víctima de un acoso ruin y despiadado, como el que padece todo perdedor de una guerra.

Una vez contextualizada la novela y avanzado parte de su argumento, conviene ahondar en la estructura y estrategias uti-

lizadas por Llamazares, aunque ya es posible adelantar que su
ejecución no ha sido fruto de la inmediatez o de la compulsión
espontánea; más bien, responde a un proyecto estudiado hasta los
últimos detalles, que hace de *Luna de lobos* un hito y un referente
obligado dentro de la nueva narrativa española. La novela presenta una estructura cuatripartita, cuyos miembros se corresponden
con cada uno de los episodios que tienen lugar en los años que ésta
abarca. La obra se divide en dieciséis capítulos, donde con exactitud matemática cada una de las partes comprende una cuarta
parte del total; es decir, que a la primera segmentación le corresponden los cuatro primeros, a la segunda, los cuatro siguientes, y
así hasta completar el total. Ahora bien, la presencia del número
cuatro pretende ilustrar con su uso simbólico las distintas fases de
la luna (llena -la luna de los lobos por antonomasia-, menguante,
nueva y creciente), como recoge el explícito diseño de portada de
la edición original. Así, las diferentes fragmentaciones temporales, que mantienen una continuidad cronológica, representan un
estadio concreto dentro de la degradación físico-espiritual de los
protagonistas, pero, una vez unidas, hacen el total de la década
que abarca la acción (Primera parte, 1937; Segunda parte, 1939;
Tercera parte, 1943; Cuarta parte, 1946). Los protagonistas, a su
vez, también forman un grupo de cuatro, pero éste ve reducido el
número de sus componentes de forma paulatina y regular según
avanza la historia. En 1937 cae Juan al intentar llegar al pueblo
de La Llánava. Más tarde, en 1939, Gildo es asesinado a balazos
en una traicionera emboscada en Vegavieja. Ramiro, el hermano
del joven Juan, sucumbirá al suicidio al verse acorralado en el invernal de Tina, ya en 1943. Por último, Ángel Suárez Reyero, el
narrador, aviva la esperanza de una salvación al concluir su relato
en 1946 con un final abierto que describe su huida en tren desde
el apeadero de Ferreras hacia la frontera. Será Ángel quien pueda preservar la memoria de los desposeídos y los deshauciados
que, como él, se encuentran en la zona oscura e intransitada de
la historia. Su testimonio en primera persona, desde un presente
que confiere inmediatez a lo narrado y sumerge al lector en la
tragedia de estos hombres que llegarán a rozar el salvajismo, no
oculta otro motivo que el que revela el párrafo introductorio de la
novela, como tampoco sería descabellado suponer que el supervi-

viente compartiera las mismas intenciones que el autor de *Luna de lobos*, esto es, recuperar para la crónica de un horror el testimonio de todos aquellos que "sin excepción, dejaron en el empeño los mejores años de sus vidas y una estela imborrable y legendaria en la memoria popular".[7] Julio Llamazares ha desvelado que el trasunto de Ángel no es otro que Gregorio García Díaz, *Gorete*, un leonés convertido en leyenda y mito popular tras haber permanecido once años, tres meses y cinco días escondido en una cueva de montaña completamente solo, tras caer el frente republicano del Norte.[8]

En 1927, Edward Morgan Forster daba una atinada ejemplificación de lo que es un patrón novelístico al destacar que *Los embajadores*, de Henry James, y *Thaïs*, de Anatole France, tienen forma de reloj de arena.[9] Precisamente, es posible hablar de patrón cuando la trama está dispuesta de tal modo que se logra repetición y equilibrio; en tales casos el efecto total resultante es de simetría casi geométrica. Sobre este particular, *Luna de lobos* evidencia, en efecto, un doble patrón: el primero de ellos sería la mencionada disposición cuatripartita, en la que incluso las diferentes secciones mantienen una extensión similar de páginas; el segundo de los patrones tiene que ver directamente con el armazón por el que transcurre la obra. Según testimonia el propio autor, la novela "es triangular: empieza con una base ancha y se va estrechando".[10] La estructura es significativa dentro de la evolución de la historia, porque no sólo va disminuyendo el número

---

[7] Del epígrafe de *Luna de lobos*. *Vid.* el artículo de Jo Labanyi, quien, a la luz de la obra de Julia Kristeva *Powers of Horror: An Essay on Abjection*, ofrece claves hacia la comprensión del uso que hace Llamazares del espacio para encarnar el horror de una situación histórica en que la identidad se basa en, y es destruida por, la abyección. "Espacio y horror en *Luna de lobos* de Julio Llamazares", en Geneviève Champeau (ed.), *Référence et autoréférence dans le roman espagnol contemporain*, Bordeaux, Maison des Pays Ibériques, 1994, pp. 147-155.

[8] El artículo "Adiós a Gorete" recoge parte del anecdotario del personaje *Gorete* como homenaje tras su muerte. *En Babia*, Barcelona, Seix Barral, 1991, pp. 94-97. En él, Llamazares añade que escribió la novela "para recoger los *cuentos* que de los hombres del monte me contaron en mi infancia (...) los cuentos de los viejos [que] servían para decir lo que la radio callaba".

[9] E. M. Forster, *Aspectos de la novela*, México, Universidad Veracruzana, 1961, p. 189.

[10] *Vid.* la "Entrevista a Julio Llamazares", *La Gaceta del libro*, 2ª quincena de abril de 1985, p. 25.

de personajes principales -a su vez lo hace el número de páginas utilizadas- sino que también se estrecha el cerco al que se ven sometidos por sus perseguidores, hasta el punto de esencializar su lucha, para llegar al fin al vértice superior y hacer visible el contorno del patrón triangular descrito. A pesar de ser la estructura el elemento más reconocible dentro del conjunto de técnicas vertebradoras de la obra, *Luna de lobos* presenta un tratamiento distintivo de otros recursos que no deben dejar de examinarse.

La narración de Llamazares se cuenta desde un obsesivo presente que confiere una insoportable inmediatez al relato de Ángel, pues más allá de cualquier vestigio de pasado o esperanza de futuro, las palabras del fugitivo enmarcan el único frente de lucha que ahora interesa a él y a sus compañeros de fatigas, cual es la necesidad de supervivencia ante las hostilidades a las que se enfrentan. Sus vidas se articulan, entonces, con un sólo objetivo: la huida o la muerte. En tales circunstancias nada de lo que no sea lo inmediato cuenta en realidad, de ahí que sobresalga con exclusividad el tiempo verbal del presente de indicativo.[11] La obsesión llega a tal extremo que no cabe otra reflexión que no sea ese primitivo instinto de supervivencia; por tanto, no existe en su discurso ningún tipo de consideraciones sobre la época o la circunstancia política por la que atraviesan. "Lo que sí he querido -confiesa el autor- es mostrar, más que demostrar, que sea una novela sobre todo sensorial, es decir, esta gente tenía mucho tiempo para pensar, pero no tenía esa disposición de ánimo para reflexionar. Lo único que importa aquí es la supervivencia individual".[12] Otras son, sin embargo, las armas con las que Llamazares irrumpe en el

---

[11] Una década después de la escritura de su primera novela, Llamazares confesaba a María José Obiol, a propósito de *Escenas de cine mudo*, que "el móvil en mi literatura es el tiempo. Se escribe para detener su paso y crear, por otro lado, un tiempo distinto en el que no existe ni pasado ni presente ni futuro. Mientras escribes sufres la ilusión de que el tiempo se ha detenido, aunque sepas que esto es mentira", en "Agujeros negros en la memoria", *El País. Babelia*, 12 de marzo de 1994, p. 14.

[12] Véase la "Entrevista a Julio Llamazares", *op. cit.* p. 25. Salta a la vista que Llamazares se adscribe a la nómina de narradores que, al iniciar el proceso creativo de sus obras, prestan una mayor importancia a la generación de un clima que a la construcción de una estructura donde se desarrolle. Ésta es una de las críticas más recurrentes hacia sus novelas posteriores, las cuales, al llegar el momento de la disposición, topan con la dispersión, con la falta de conexión de los episodios o bien con la presencia de una trama deslavazada y fortuita. *Vid.* nota 9.

mundo de la ficción narrativa. Destaca por encima de todas ellas un afán de pervivencia, que no ha resultado errado si echamos la vista atrás, y una ambición que hacen de la novela todo un clásico de la década de los ochenta.

Ya desde sus primeras páginas se intuyen algunos de sus rasgos definitorios: contemporaneidad ("Van a ser las últimas palabras de su vida. Porque, justo en ese momento, la mujer se arroja al suelo y comienza a disparar por sorpresa sobre él", p. 85), insinuación ("Afuera en el piornal, la niebla es una gasa temblorosa y apretada. Corta la luz y difumina, delante de nosotros, las ramas que se abren, crujiendo, a nuestro paso", p. 43), premonición, anticipación ("Un crujido de paja aplastado a mi lado; unos pasos: Ramiro", p. 22), suspensión ("Ahí fuera, los guardias estarán preguntándose qué será lo que sucede dentro del establo. Muy pronto lo sabrán", p. 106), reiteración[13] y elipsis (concretada en los continuos saltos temporales), unido todo ello a un estilo descriptivo de raigambre poética que aquí cobra un acento especial ("Es un hombre ya viejo, con el rostro curtido por esa extraña mezcla de cansancio y fortaleza que el monte siempre otorga a quien lo habita", p. 31). Se advertía en líneas precedentes que el hálito mágico de sus descripciones era eminentemente lírico, pero es que, además, son el referente de toda la literatura de viajes que ha dado a la imprenta el escritor, en particular *El río del olvido* y la más cercana *Trás-os-Montes*.[14] La impregnación lírica ha sido destacada en todas las reseñas que ha merecido la novela. Así, Francisco Solano escribía que "Julio Llamazares ha prolongado con esta novela el espacio expresivo desarrollado en sus libros de poemas. (...) Pero ha ahondado más en ese mismo espacio, lo ha extendido, ha profundizado sus raíces, ha transformado la subyacente mitología rural de sus poemas en una narración impregnada poderosamente de poesía".[15] Del mismo parecer, por

---

[13] Llamazares ha querido "crear un clima, crear un paisaje de la novela, y eso se consigue o se intenta conseguir en base a la utilización de unos elementos reiterativos, porque reiterativo era el paisaje donde esta gente se movía y, sobre todo, unos elementos de vegetación, climatológicos, de sonidos, de olores, que van creando poco a poco un clima...", *Ibídem*, p. 14.

[14] *Vid.*, para este propósito, los pasajes de las pp. 37 y 64 de *Luna de lobos*, (1985).

[15] Francisco Solano, "Oficio de sobrevivir", en *La Gaceta del libro*, 2ª quincena de abril de 1985, p. 25.

poner sólo otro ejemplo, era Javier Goñi, quien señalaba que "no se puede hacer mejor literatura en menos páginas; unas páginas que encierran frases y párrafos que son algunos versos perfectos; frases y párrafos vertebrados por una prosa espléndida, auténtica, contenida. El autor no se ha permitido ni un exceso, ni un desfallecimiento".[16] Dos ejemplos entre otros muchos que acaban coincidiendo en lo mismo, el espléndido arranque del autor leonés en el panorama narrativo español de los últimos años.

Si importante es la sustancia lírica, no lo es menos su reflexión temática. *Luna de lobos* desea ahondar en el paisaje leonés y en el pasado, que es muerte y soledad, memoria, al fin. Pretende recrear un mundo pretérito que se torna presente y perdurable al ser recordado, como ocurrirá con sus novelas posteriores, siempre utilizando el hecho histórico de la guerra civil y sus secuelas sin apasionamiento partidista; manteniéndose al margen o intensificando su búsqueda de la esencialidad: la condición épica de unas vidas condenadas al ostracismo por las circunstancias, y cómo éstas se retuercen en un terreno habitado por la fuerza de lo telúrico para mantener un estado de humanidad que cada vez se acerca más a la animalización. A este respecto, el propio Llamazares se adelantaba al matizar que,

> aunque aparece como una novela de *maquis*, es una novela de hombres lobos. Es una novela en que la historia y la política quedan como telón de fondo, y lo que al novelista realmente le interesa es el proceso de animalización de una persona acorralada por las circunstancias y por los propios hombres de la zona donde está escondido. Lo que interesa sobre todo es la reflexión sobre el instinto de supervivencia y sobre la naturaleza que se puede convertir en un elemento de violencia más en contra suya".[17]

El que se la califique como "novela de hombres lobos" no es simple casualidad. Efectivamente, en el libro se ofrecen suficientes datos como para afirmar que nos encontramos ante una pieza de esas características, pero no desde la perspectiva de una licantropía fantástica del ser desdoblado, sino desde una real y más cercana al mito griego que lo inspira, el de Licaón, al que Zeus castiga junto con su familia convirtiéndole en lobo, ante su

---

[16] Javier Goñi, "Memoria de la nieve", *Cambio 16*, 699, 22 de abril de 1985, p. 137.

[17] *Vid.* la "Entrevista a Julio Llamazares", *op. cit.*, p. 8.

negativa a ofrecerle sacrificios humanos. Estamos, pues, ante un verdadero ejemplo de presencia lobuna, que no es más que la insoportable sensación de extrañeza y desamparo que provoca en los protagonistas la vida -o la muerte- en los montes y bosques a lo largo del tiempo que permanecen fugitivos. Ya desde su mismo título, *Luna de lobos* se encuentra plagada de pasajes que hacen referencia a la realidad animal que deben soportar los cuatro compañeros. Así, en más de quince ocasiones se los describe haciendo uso de símiles que tienen al lobo como referente, desde la significativa presencia del animal en la montaña que aparece en las primeras páginas de la novela, hasta la definitiva identificación física y moral ante los nuevos hábitos adquiridos durante los años de proscripción, pese a que ya se adelanta el cruel destino que les persigue tras el primer corte temporal, cuando, después de dos años de confinamiento entre tierra y maleza, María le dice a Ángel: "Hueles a monte... Hueles como los lobos", a lo que éste responde desalentado: "¿Y qué soy?" (p. 57).[18] Más clarificadora es la descripción de sus modos de abastecimiento: "En el monte de Pontedo, nos separamos. Ramiro se queda esperándonos, con el cordero, y Gildo y yo bajamos hasta el pueblo para ejecutar el golpe que, desde ayer, teníamos previsto. Hay que acumular reservas para el invierno" (p. 69); o bien, cuando debe aventurarse a terrenos que le conceden menos seguridad, "despacio. Muy despacio. Como un lobo que trata de caer por sorpresa sobre el sueño confiado de un rebaño" (p. 125). Las comparaciones se suceden con las afirmaciones de rotundidad extrema: "soy ya el mejor animal de todos estos montes" (p. 109), aunque perdura en todos ellos el hálito de esperanza que les mantiene apresados a su naturaleza humana, mucho más difuminada cuanto más se sucede el tiempo.

Existe todavía un aspecto que guarda relación directa con la condición animal que trasvasa el monte a los fugitivos. Tiene que ver con el título original que Julio Llamazares pretendía dar a su novela, *Chorco de lobos*, más del agrado del escritor, aunque acabara siendo al final *Luna de lobos*. "A mí el nombre 'luna' me parece

---

[18] Pueden rastrearse, entre los ejemplos no citados en el texto, los de las páginas 31, 48, 66, 109, 110, 111, 129 y 139.

muy lírico y muy de juego -ha declarado-, mientras que *Chorco de lobos* me parece más enigmático y mucho más duro, es decir, que *Luna de lobos* es la lírica y *Chorco de lobos* es la cacería. Cómo se cazan los lobos y de qué manera".[19] El comentario tiene su expresión novelesca en el capítulo XI, cuando Ramiro cuenta que, en la zona de Riaño, "cazan los lobos todavía como los hombres primitivos: acorralándoles. (...) El lobo huye, asustado, hacia adelante y cae en la trampa. Le cogen vivo y, durante varios días, le llevan por los pueblos para que la gente le insulte y le escupa antes de matarle". Es éste, sin duda, el relato de quien se sabe "acorralado por las sombras, en el chorco sin fondo de la noche helada" (p. 112). El simbolismo que se desprende de la narración pasará a convertirse en cruel fatalidad cuando el narrador, su compañero Ángel, describa en las páginas siguientes cómo terminaría Ramiro sus días, "en el rincón de los proscritos, borrado ya definitivamente por un montón de ortigas después de que su cuerpo calcinado fuese exhibido por los pueblos como un trofeo de caza" (p. 137), con la salvedad de que él, al contrario que el lobo, no sería insultado ni escupido por los pueblerinos, al menos nada de eso aparece aquí. La elección del lobo como sombra y personaje que recorre la novela, al igual que ocurre con la naturaleza, no es una elección arbitraria del autor, sino que formaba parte de su proyecto novelístico: documentación histórica, recorrido de la zona de Asturias, Galicia y León y estudio exhaustivo de la vida y costumbres del lobo, de los lobos, que son, en definitiva, quienes pueblan la novela, ya como metáfora de lucha y desahucio ya como presencia real. La misma opinión le merece al escritor Francisco Solano, quien advertía que "la naturaleza, otro personaje más, tal vez el personaje trazado con mayor profundidad y matices -las descripciones, escuetas y expresionistas, interiorizan la soledad y la violencia-, cobra en *Luna de lobos* un carácter casi mítico como de deidad materna, protectora y terrible, mientras el hombre se reduce a su instinto de supervivencia, apegado a la tierra que le vio nacer".[20] Personajes todos ellos sin solución, sin destino, gente al margen de la vida. Gente que se

---

[19] Véase "Entrevista a Julio Llamazares", *op. cit.*, p. 25.

[20] Francisco Solano, *op. cit.*, p. 25.

encuentra, lo mismo que quien les otorga su vida de ficción, "en mitad de ninguna parte", como Llamazares gusta de definirse.[21]

Luna de lobos basa su eficacia en una particular concepción poética que ya ha sido apuntada y que entroncaría con modos de narrar que no son ajenos a otros lenguajes. Sin ir muy lejos, en esa misma estela pueden inscribirse piezas tan cercanas como *Vacas* (1991), del realizador vasco Julio Medem, o *El lápiz del carpintero* (1998), del gallego Manuel Rivas. No es ocioso el que aquí se advierta el parentesco geográfico que une a estos tres creadores. Todos ellos han destacado lo cercanos que se encuentran a modelos de expresión de tradición nórdica. El que ahora nos ocupa ha señalado estar convencido de que le unen muchas más cosas, "estéticamente e, incluso, conceptualmente a determinada literatura nórdica. (...) Un asturiano tiene mucho más que ver con un sueco que con un canario".[22] Sólo por mencionar tres nombres: John Berger, Lars Gustafsson y Rafael Sánchez Ferlosio, tres autores que transmiten misterio, que es lo que interesa a Llamazares de la literatura. Un misterio que no tiene que ver con el hermetismo sino con la transparencia. A su juicio, hoy existen demasiados escritores que creen que la dificultad es un valor en sí mismo. Todo lo opuesto a aquéllos, el autor leonés hace de la síntesis todo un arte. Conduce, como antes se aludía, su estrategia al terreno de la lírica, de tal modo que acaba construyendo toda una poética que encuentra en el cromatismo su máxima expresión. Con ella crea la atmósfera en la que deambularán los habitantes de su historia; no en vano, alguno de sus editores ha destacado que el arte de Julio Llamazares es el de pintar de mito el color terroso de la vida común de tantos seres anónimos.

Tamaña empresa se consigue mediante una sombría paleta de colores, en la que sobresale toda una gama de negros, grises, verdes y rojos, a la que se une un austero pero efectivo trabajo de adjetivación, donde la sinestesia cobra un valor decisivo. De ese modo, es posible encontrar una "lluvia negra" (p. 11), "una

---

[21] Así lo señala en "El autor confiesa", prólogo al libro de relatos *En mitad de ninguna parte, op. cit.*, p. 15.

[22] *Ibídem*, p. 25. "De toda esta veta -insiste-, o médula literaria que tiene un tono primitivo, panteísta e incluso medievalizante de la literatura anglosajona, de la literatura escandinava, de la centroeuropea". *Vid.* los artículos que ha dedicado a Suecia, en particular "El comisario de Happaranda", *Nadie escucha*, Madrid, Alfaguara, 1995, pp. 15-19.

mancha negra y fría" (p. 12), "un rumor negro y frío" (p. 153), una "sustancia negra y amarga" (p. 37), unos "ojos grises" (p. 11), un "paisaje gris, inútil, desolado" (p. 34), "los ojos grises" (p. 11). Lo mismo puede decirse del rojo, que expresa toda su intensidad a través de la presencia de la sangre y su contraste con la inmaculada blancura de la nieve: "rasga la luz con su hoja de sangre la oscuridad" (p. 27), "sombra de luna, brezo, sangre" (p. 132), el "perro que se alimenta de sangre dentro de mi corazón" (p. 135). La presencia y significación de estos colores es tal que alcanza incluso a los topónimos de la zona, de modo que allí aparece la "Peña Negra", el "Lago Negro" o la "Sierra de la Sangre" (p. 37).

Más allá de lo aquí expuesto, *Luna de lobos* habla, al fin, de los hechos que sepulta la catástrofe, en el sentido de que cuanto mayor es la dimensión de ésta, más se difuminan las historias personales de quienes la padecieron. La escritura de Julio Llamazares no es condescendiente con la historia sin mayúsculas -la de los perdedores, la que no está en los libros sobre la materia...- sino justa, con ella y con sus protagonistas, a los cuáles no conocemos si no es a través de los relatos que narran los que aún conservan parte de aquel recuerdo. No en vano, en el poemario *Memoria de la nieve*, aparece un último verso que define con precisión la actitud del autor, cuando se dice que "camina hacia el país de las leyendas olvidadas".[23] De este modo, la novela se erige llama, luz de luna, que es el sol de los muertos; una luz hermosa que brilla de forma plena en contadas ocasiones porque, al igual que ocurre con el ciclo lunar, la literatura también necesita de unas condiciones especiales para que dé frutos, esa luna llena que arroje luz con la suficiente intensidad como para ver entre el bosque una senda, un camino como el que abrió el escritor leonés cuando dio inicio a su novela con un pasaje para conservar en la memoria: "Al atardecer, cantó el urogallo en los hayedos cercanos. El cierzo se detuvo repentinamente, se enredó entre las ramas doloridas de los árboles y desgajó de cuajo las últimas hojas del otoño.

Entonces fue cuando, por fin, cesó la lluvia negra que, desde hacía varios días, azotaba con violencia las montañas".

---

[23] Julio Llamazares, *Memoria de la nieve*, Madrid, Nórdica, 2019 (ilustraciones de Adolfo Serra), p.30.

LAS METAMORFOSIS DEL MAQUIS:
LUNA DE LOBOS CUARENTA AÑOS DESPUÉS[1]

Rebeca Martín
Universidad Autónoma de Barcelona

Este 2025 se cumplen cuarenta años de la publicación de *Luna de lobos*, un aniversario que invita a volver la vista atrás para recordar cómo se recibió esta novela entonces y cómo se fueron modulando, matizando y complementando aquellas primeras lecturas con el paso del tiempo. La obra apenas necesita presentación: *Luna de lobos*, que narra las andanzas de cuatro maquis en los montes asturleoneses entre 1937 y 1946, fue la primera novela de Julio Llamazares, quien hasta el momento había publicado dos libros de poemas, *La lentitud de los bueyes* (1979) y *Memoria de la nieve* (1982), y una obra originalísima, *El entierro de Genarín* (1981), sobre una bufonesca procesión leonesa. *Luna de lobos* gozó del favor de la crítica y en 1987 se trasvasó a la gran pantalla con guion del autor y Julio Sánchez Valdés. Gracias a esta obra, Llamazares pasó a engrosar la nómina de los narradores que impulsaron el "resurgimiento de la novela española a lo largo de los años ochenta".[2]

La crítica coetánea destacó las hechuras poéticas de *Luna de lobos*, una riqueza lírica que atenuaba la extrema dureza de un relato de violencia y supervivencia, así como su filiación con la narrativa histórica, en concreto con la que miraba hacia la Guerra Civil y los primeros años de la posguerra. Algunas reseñas, asimismo, hacían hincapié en que, a pesar de la elección de ese

---

[1] Este trabajo se ha llevado a cabo durante una estancia de investigación en la Università degli Studi di Udine, gracias a la amabilidad de Renata Londero. También quiero agradecer a Teresa Barjau, Alfonso Castán, la Casa de León en Madrid y Esther Puyol, del Instituto de Estudios Altoaragoneses (Huesca), su ayuda inestimable para conseguir algunos documentos.

[2] Santos Sanz Villanueva, "La novela", en Darío Villanueva (ed.), *Historia y crítica de la literatura española. Los nuevos nombres.* 9, Barcelona, Crítica, 1992, p. 252.

marco histórico, las alusiones a las circunstancias políticas casi
brillaban por su ausencia. Miguel Sánchez-Ostiz subrayó sin más
esta exigüidad, mientras que Miguel Manrique la celebró porque libraba a la obra de "las oscuras formas del panfleto o la ya
desgastada denuncia político-social".[3] En 1992, y a partir de una
reflexión de mayor calado, construida para una obra prescrip-
tiva y canónica como la *Historia y crítica de la literatura española* de
Francisco Rico, Santos Sanz Villanueva encuadraba ese rasgo en
una tendencia de época: "Estos escritores, en términos generales,
no se sienten herederos de los enfrentamientos ideológicos de sus
padres (al contrario de lo que sucede con la generación del medio
siglo). Su actitud política es de rechazo al franquismo, pero distin-
guen entre el compromiso cívico y la actitud literaria".[4] Por ello,
"algunos de los más jóvenes novelistas" (Antonio Muñoz Molina
en *Beatus Ille*, el propio Llamazares en *Luna de lobos*) le habían impreso un "tratamiento diferenciador" a la Guerra Civil: "Se trata
ahora de un conflicto no atravesado por la ideología, sino de una
referencia que en lugar de pertenecer al campo de las vivencias
o de los enjuiciamientos se sitúa en el de los mitos".[5] Poco después, Maryse Bertrand de Muñoz apuntaba, en sintonía con los
principios sentados por Sanz Villanueva, la tendencia novelesca a
mitificar la guerra, "un tema hasta entonces tan candente que no
dejaba lugar a la imparcialidad".[6] De esta desideologización del
conflicto bélico, despojado así de su compleja significación histórica, política y social, constituía un buen ejemplo *Luna de lobos*,
por cuanto en ella la guerra no era sino un "pretexto para relatar
conflictos eternos, para dar cuenta de una condición humana,
degradada si se quiere, pero perenne".[7]

---

[3] *Vid.* Miguel Sánchez-Ostiz en *Navarra hoy*, 5 de abril de 1985, recogida en el citado volumen de *Historia y crítica de la literatura española*, pp. 391-392; y Miguel Manrique,
"Nuevos novelistas españoles", *Cuadernos Hispanoamericanos*, 438, diciembre de 1986, pp.
153-165.

[4] *Cf.* Santos Sanz Villanueva, *op. cit.*, p. 253.

[5] Ibídem, p. 263.

[6] Maryse Bertrand de Muñoz, "Novela histórica, autobiografía y mito", en José Romera Castillo, Francisco Gutiérrez Carbajo y Mario García-Page (eds.), *La novela histórica
a finales del siglo XX*, Madrid, Visor, 1996, p. 28.

[7] Maryse Bertrand de Muñoz, "Presencia y transformación del tema de la guerra en
la novela española desde los años ochenta", *Ínsula*, 589-590, enero-febrero de 1996, p.

Estos dos aspectos, desideologización y mitificación, son los más abordados por quienes, desde los estudios literarios y culturales, se han aproximado a *Luna de lobos* y, en particular, a su representación de la figura del maquis. Las diversas posturas de la crítica no se entienden sin acudir a la memoria, una noción grabada a fuego en toda la producción literaria de Llamazares,[8] y sobre la que, por añadidura, han corrido ríos de tinta en las sociedades occidentales de las últimas décadas. El autor ha explicado en numerosas ocasiones que la inspiración para su novela no fue otra que los relatos de los "huidos" u "hombres del monte" que oyó en Vegamián y Olleros de Sabero cuando era niño.[9] Estos cuentos, que dejaron una marca indeleble en él, forman parte de un acervo cultural que Llamazares supo recuperar y preservar a través de la creación literaria.

La transmisión cultural es el elemento nutricio de la *posmemoria*, el concepto que acuñó Marianne Hirsch para dar nombre a la memoria de segunda generación fundada en una experiencia colectiva traumática.[10] La *posmemoria* supone una transformación de esa memoria, que el receptor completa y reelabora según su imaginación y el uso de otras fuentes, y está animada por un fuerte lazo emocional con el sujeto. Desde el marco propuesto por Hirsch ha estudiado Elina Liikanen varias novelas españolas de la democracia, entre ellas *Luna de lobos*,[11] y a ese mismo concepto

13. La dimensión mítica y romántica de la obra la subrayó también Santos Alonso, "La renovación del realismo", *Ínsula*, 572-573, agosto-septiembre de 1994, pp. 12-14; y *La novela española en el fin de siglo (1975-2001)*, Madrid, Marenostrum, 2003, p. 158.

[8] Además de los estudios que cito en adelante, también invocan la importancia de la memoria Irene Andres-Suárez, "La prosa de Julio Llamazares", en Florencia Sevilla y Carlos Alvar (eds.), *Actas del XIII Congreso de la Asociación Internacional de Hispanistas*, Madrid, 6-11 de julio de 1998. *Tomo II. Siglo XVIII. Siglo XIX. Siglo XX*, Madrid, Castalia, 2000, pp. 476-485; y Silvia Cárcamo, "Memoria y resistencia en la obra de Julio Llamazares", *Olivar* (Universidad Nacional de La Plata), núm. 37, noviembre-abril de 2023 - abril de 2024). https://doi.org/10.24215/18524478e137.

[9] Por citar dos ejemplos recientes, véanse "Los héroes de mi infancia", prólogo a la reimpresión de *Luna de lobos* en Seix Barral, 2024, y la entrevista que, el 9 de junio de 2024, concedió a "A vivir que son dos días" (Cadena Ser): *https://www.youtube.com/watch?v=TlV5f-hId4w*.

[10] Marianne Hirsch, *Family Frames: Photography, Narrative and Postmmory*, Cambridge, Harvard University Press, 1997.

[11] Elina Liikanen, "Novelar para recordar: la posmemoria de la Guerra Civil y el franquismo en la novela española de la democracia. Cuatro casos", *Congreso Internacional*

apeló Julio Llamazares en una ponencia reciente para reflexionar sobre su uso de la memoria en *Luna de lobos*.[12]

Según Liikanen, el valor histórico y político de la representación del maquis en la novela descansa en la voz que el autor le otorga a esta figura (Ángel, el narrador-protagonista) y en su ruptura tanto con la imagen del bandolero impuesta por el franquismo como con otra iconografía, esta marginal y clandestina, que se abrió paso durante la dictadura, la del "buen revolucionario" del Partido Comunista. La doble ruptura redunda, así, en un "discurso ideológicamente más neutral e históricamente más correcto que sus antecedentes". Además, la estudiosa defiende que "la publicación de *Luna de lobos* en el año 1985 constituye en sí un acto político, ya que el libro abre a un nuevo tipo de tratamiento literario un tema conflictivo y silenciado". Una perspectiva similar adopta Inge Beisel: la novela habría mostrado "la fuerza latente en los recuerdos no oficiales" y evidenciado "la relatividad de la historiografía oficial -especialmente tal como se presentaba antes de 1978-, que ofrece meramente una forma codificada en la construcción del pasado".[13]

Las bondades que destacan Beisel o Liikanen en el maquis de Llamazares no son tales desde los postulados que, a principios de la década de 2010, cuajaron en un corpus de estudios críticos con la llamada Cultura de la Transición (CT).[14] Los comentarios sobre la desideologización de *Luna de lobos* se tornan más acerbos bajo un prisma que conceptúa estas y otras obras coetáneas como productos que colaboraron en la forja de una imagen idílica y armoniosa de la Transición, sancionados por el mercado, los medios de comunicación, etc. Una de las críticas más enfáti-

---

La Guerra Civil española 1936-1939, Madrid, 2007. *http://www.secc.es/media/docs/33_4_LII_KANEN.pdf.*

[12] *Vid.* Fulgencio Fernández, "Julio Llamazares: Los primeros 'del monte' solo pretendían sobrevivir", en *La Nueva Crónica*, 10 de julio de 2024.

[13] Inge Beisel, "La memoria colectiva en las obras de Julio Llamazares", en Alfonso de Toro y Dieter Ingenschay (eds.), *La novela actual española. Autores y tendencias*, Berlín, Problemata Literaria, 1995, p. 207. Véase también "La literatura como arte mnemotécnico en *Luna de lobos*, de Julio Llamazares", en Federico Bonaddio y Derek Harris (eds.), *Siete ensayos sobre la cultura posfranquista*, Aberdeen, University of Aberdeen, 1995, pp. 64-73.

[14] *Vid.* Guillem Martínez (ed.), *CT o la Cultura de la Transición. Crítica a 35 años de cultura española*, Barcelona, DeBolsillo, 2012.

cas al maquis imaginado por Llamazares es la de Daniel Arroyo Rodríguez, quien parte del encaje incómodo de la figura del
guerrillero, con "su carácter ideológico y armado", en una sociedad que pretendía primar "la estabilidad política y social sobre
la democratización". Así, la recreación más visible del maquis, la
que consiguió hacerse con un lugar en el mercado cultural de la
Transición, solo podía ser aquella que eludía las anfractuosida-
des del fenómeno: "El mercado transforma así al maquis en un
producto de consumo cultural que, políticamente, carece de todo
proyecto que vaya más allá de la resistencia antifranquista, como
refleja la representación habitual de este fenómeno como meros
supervivientes".[15]

Arroyo Rodríguez defiende que las películas y novelas que
más éxito conocieron, como *Luna de lobos*, obvian aspectos capitales como la vinculación de la guerrilla con el Partido Comunista
de España, la relevancia de la cuestión agraria en su proyecto
político o incluso la existencia de Franco. En estas obras, la recuperación del maquis se ajustaría a la lógica del mercado: la
preponderancia del relato biográfico, el contexto geográfico y las
experiencias sensoriales de los protagonistas no serían sino una
estrategia de reconstrucción -no de recuperación, matiza el estu-
dioso- de la guerrilla "desde sus facetas más inofensivas". Estas
ficciones, en definitiva, crearían "la falsa gratificación de atender
una exigencia ética e histórica en el espacio simulado del mercado y del espectáculo".[16]

No es tan evidente, sin embargo, que el maquis de Llamazares se viera encumbrado, ni siquiera favorecido, por la Cultura de
la Transición. En una entrevista con Georges Tyras, Alfons Cervera explica que, si bien la obra catapultó a Llamazares a "la condición de escritor importante", no obtuvo la relevancia pública
que se merecía.[17] Por el contrario, su novela *Maquis*, otra ficción
esencial sobre la guerrilla española que, como Cervera reconoce,

---

[15] Daniel Arroyo Rodríguez, *Narrativas guerrilleras: el maquis en la cultura española contemporánea*, Madrid, Biblioteca Nueva, 2014, p. 14 y 18.

[16] Daniel Arroyo Rodríguez, *op. cit.*, pp. 143-144.

[17] George Tyras, "'Un lenguaje para contar historias'. Conversación con Alfons Cervera", *Memoria y resistencia. El maquis literario de Alfons Cervera*, Barcelona, Montesinos, 1997, pp. 177-202.

debe mucho a *Luna de lobos*,[18] sí consiguió en 1997 esa notoriedad, hasta el punto de agotar dos impresiones en quince días y suscitar un interés por este fenómeno que posibilitó, por ejemplo, la difusión de los trabajos históricos de Secundino Serrano o Fernanda Romeu.[19] Para Alfons Cervera, el hecho de que su novela cobrara esta trascendencia y la de Llamazares nada tiene que ver con la excelencia literaria o con la imagen del maquis fraguada en una y otra. El problema radica en que *Luna de lobos* se publicó en un momento en que el Gobierno socialista había manifestado la necesidad de olvidar el pasado: por aquel entonces, "digamos que la memoria no protagoniza nada".[20] En 1997, con el Gobierno del Partido Popular y un PSOE que reconoció su error al haber impuesto años atrás aquel olvido, el ambiente se tornaría más propicio para la recuperación del maquis.

El contraste entre unas y otras perspectivas es claro: a aquellos críticos que, en los años ochenta y noventa, exigían a la narrativa sobre la Guerra Civil un posicionamiento abiertamente combativo, heredero del realismo social, *Luna de lobos* les pareció una novela desideologizada;[21] y para quienes, como Daniel Arroyo Rodríguez, parten de la crítica a la Cultura de la Transición, no se trata ya de una obra despolitizada, sino de un producto fabricado para satisfacer las exigencias de época. Alfons Cervera y George Tyras, por su parte, vienen a señalar que *Luna de lobos* se adelantó a su tiempo; habría sido, en palabras del segundo, un

---

[18] Y que, por cierto, Arroyo Rodríguez (*op. cit.*, pp. 18-19) considera modélica en su representación del maquis.

[19] Secundino Serrano ya había publicado en 1986 *La guerrilla antifranquista en León (1936-1951)*, aunque esta obra no tuvo la repercusión de la que gozaría *Maquis. Historia de la guerrilla antifranquista* (2001). Otro tanto sucede con Fernanda Romeu: la primera edición de *El silencio roto. Mujeres contra el franquismo*, data de 1994.

[20] George Tyras, *op. cit.*, p. 199. En otro lugar explica Cervera: "Hay una frase lapidaria, que yo nunca consigo recordar con exactitud, de Alfonso Guerra en el año 86: hablar de aquella época suena a prehistórico, es pura arqueología, no toca hablar de aquello. Más o menos eso decía el vicepresidente del gobierno socialista". Véase "Mesa redonda: la lucha por la memoria" Marie-Claude Chaput, Odette Martínez-Maler y Fabiola Rodríguez López (coords.), *Maquis y guerrillas antifranquistas. Historia y representaciones*, Nanterre, Université París X-Nanterre, 2004, p. 101.

[21] Es muy elocuente ver cómo, en 1988, Enrique Murillo ironizaba sobre quienes conminaban a los novelistas a abordar temas sociales y defendía la libertad creadora de la que estaban haciendo uso un buen número de autores, entre ellos Llamazares. Véase "Los nuevos narradores", en Darío Villanueva (ed.), *op. cit.*, pp. 209-305.

"arma contra la historia oficial" previa al aluvión de relatos sobre
la Guerra Civil y la dictadura que llegaría después. Por ello, a
despecho del reconocimiento literario, su evocación del maquis
no despertó el interés público que merecía.[22]
    Las impresiones de Julio Llamazares sobre su obra rubrican lo
expuesto por Cervera y Tyras. En la ya citada entrevista radiofó-
nica (2024), el autor explica que comenzó a escribir *Luna de lobos*
una noche que, en lugar de salir "de fiesta" por Madrid, decidió
quedarse en casa, una imagen de escritura nocturna que evoca,
por cierto, al padre y al hijo de *Vagalume* (2023). El autor quería dedicar un cuento a las historias de su niñez, pero se percató
de que las dimensiones del género se le quedaban pequeñas y el
cuento creció hasta convertirse en novela. *Luna de lobos* fue, según
él, una obra a contracorriente:

> Yo siempre he escrito lo que me pide el alma, no he pensado en térmi-
> nos estratégicos ni he escuchado los cantos de sirena de los medios de
> comunicación, del mercado editorial, de lo que dicen los que dirigen
> el *establishment* cultural. [...]
> Cuando era de mal gusto mirar hacia atrás, hablar de una España
> cainita, que todavía vuelve a aflorar, que alguien escribiera sobre los
> huidos de la posguerra era casi ser un aguafiestas. Yo no era consciente
> de que la novela que yo estaba escribiendo fue la primera novela que
> se escribió sobre los huidos, sobre los maquis.

Es indudable que Llamazares recreó, para reivindicarla, una
figura falseada y proscrita por los discursos oficiales durante el
franquismo y construyó un escenario y un marco cronológico cargados de significado histórico y político, a pesar de que la acción
de la novela recaiga sobre todo en la lucha por la supervivencia
de los personajes y en su proceso de animalización. Así lo han
subrayado no solo Liikanen y Beisel, sino también Catherine Or-

[22] Quizá merezca la pena apuntar, para poner una objeción más a la lectura desideologizada de *Luna de lobos*, que José Manuel Pérez Carrera, muy crítico con los autores "equidistantes", "adalides del moderno revisionismo contra la memoria histórica, cuando no sus enemigos declarados", aplauda la publicación de *Luna de lobos*, "la
primera gran obra narrativa sobre el maquis [...], que sigue siendo hoy una de las
cumbres de las novelas del maquis". Véase "Memoria de la guerra civil en la narrativa
del siglo XXI", en Pedro López López y María Antonia García Moreno (eds.), *Papeles
de la memoria: aportaciones al estudio de la represión franquista*, Gijón, Ediciones Trea, 2020,
pp. 75-101.

sini-Saillet o Miguel Tomás-Valiente.[23] Por añadidura, Jo Labanyi señala cómo el horror encarnado por la naturaleza (esa naturaleza que es piedra angular de *Luna de lobos*, refugio y condena para los personajes) no excluye el horror de carácter político por cuanto es precisamente un sistema político concreto el que fuerza a los huidos a enfrentarse con la misma naturaleza; es más, el triunfo franquista, que funda su identidad en la abyección, en la expulsión del otro, solo permite la construcción de una "identidad contaminada" que acaba expresándose a través de los paisajes y cuerpos corrompidos.[24]

Por otro lado, la vinculación que traza Arroyo Rodríguez entre *Luna de lobos* y la recuperación de la memoria histórica obliga a recordar, aun a riesgo de caer en una falacia intencional que obviaría una cierta recepción de la obra, que Julio Llamazares no acostumbra a asociar su novela con esta, sino con la "memoria popular" (así lo hace, por ejemplo, en los dos párrafos introductorios que han acompañado a *Luna de lobos* en casi todas sus reimpresiones),[25] o, como ya hemos visto, con la *posmemoria*, la memoria heredada. De acuerdo con sus declaraciones, entre sus propósitos nunca estuvo escribir una novela que desentrañara las circunstancias sociopolíticas de los maquis:

> Diría, sobre todo, que, aunque aparece como una novela de *maquis*, es una novela de hombres lobos. Es una novela en que la historia y la política quedan como telón de fondo, y lo que al novelista realmente le interesa es el proceso de *animalización* de una persona acorralada por las circunstancias y por los propios hombres de la zona donde está

---

[23] Catherine Orsini-Saillet, "En torno a una poética de la frontera: *Luna de lobos*, de Julio Llamazares", *Cuadernos de Narrativa*, Universidad de Neuchâtel, 3, diciembre de 1998, pp. 87-103; y Miguel Tomás-Valiente, "Introducción" a Julio Llamazares, *Luna de lobos*, Madrid, Cátedra, 2022, pp. 9-52. Por su parte, José Martínez Rubio rebate que la narrativa de los años ochenta estuviera desideologizada y pondera la recuperación "para la novela española del pasado, historias y reivindicaciones (como la propia memoria) que la novela de los setenta había desdeñado". Véase *Las formas de la verdad. Investigación, docuficción y memoria en la novela hispánica (2005-2015)*, Barcelona/México, Anthropos/Universidad Autónoma Metropolitana, 2015, pp. 64-66.

[24] Jo Labanyi, "Espacio y horror en *Luna de lobos* de Julio Llamazares", en Geneviève Champeau (ed.), *Référence et autoréférence dans le roman espagnol contemporain*, Bordeaux, Maison des Pays Ibériques, 1994, pp. 154-155.

[25] Matizo *casi* porque, hasta donde he podido comprobar, todas las impresiones de la novela conservan la nota, salvo la edición de Miguel Tomás-Valiente para Cátedra, que no explica ni justifica los motivos de la supresión.

escondido. Lo que interesa sobre todo es la reflexión sobre el instinto de supervivencia y sobre la naturaleza que se puede convertir en un elemento de violencia más en contra suya.[26]

Como afirma Alejandro Alonso Nogueira a propósito de *El río del olvido*, el lugar que se arroga Llamazares en el mundo social y cultural es muy distinto al del intelectual que, desde una posición central o desde la aspiración a esta, se apropia de un discurso político con el que legitimar un discurso literario. Para el leonés, bien al contrario, "la tarea de los escritores no es 'usurpar el trabajo de los historiadores'".[27]

Y, sin embargo, la novela se abre a una dimensión histórica y política abrumadora. Como reza la nota introductoria, la acción comienza con el repliegue de cientos de huidos a la Cordillera Cantábrica tras la caída del frente republicano de Asturias en otoño de 1937. La ficción novelesca se desarrolla de acuerdo con lo anunciado sucintamente en la nota: la fuga para escapar de la represión de los vencedores (encarnada especialmente por la Guardia Civil), la espera para reencontrarse con otras partidas o escapar a otras regiones, el asesinato de los maquis, el exilio de algunos supervivientes... Asimismo, cada una de las partes en que está parcelada la obra lleva por título el año en que transcurre la acción (1937, 1939, 1943, 1946) y detalla el desmembramiento paulatino de la partida de Ramiro *El Manco*, consumada con la muerte de tres de los maquis al final de las tres primeras partes y la partida hacia el exilio de Ángel en la cuarta. La sucesión de los hechos, desplegada a la manera de un triángulo, de un embudo que ilustra el cerco cada vez más asfixiante sobre los guerrilleros y su proceso de descomposición física y moral,[28] se condice con el acontecer histórico, presente en las conversaciones de los personajes y fundamental en las decisiones que van tomando.

---

[26] "Julio Llamazares. La mirada del lobo", *La Gaceta de Madrid*, segunda quincena de abril de 1985, p. 8.

[27] Alejandro Alonso Nogueira, "Espacio, paisaje y subjetividad en Julio Llamazares", en María Pilar Celma Valero (ed.), *Desde Castilla. Visiones, revisiones y disidencias de un mito en la narrativa del siglo XX*, Madrid, Biblioteca Nueva, 2014, p. 217.

[28] Sobre esta estructura, véase la citada entrevista "Julio Llamazares. La mirada del lobo", pp. 8 y 25, así como Enrique Turpin, "El sol de los muertos. Una aproximación crítica a *Luna de lobos*, de Julio Llamazares", *Cuadernos de Narrativa*, Universidad de Neuchâtel, 3, diciembre de 1998, p. 111 y Tomás-Valiente, *op. cit.*, p. 36.

En verdad, la escasez de las referencias contextuales quizá no sea tal, más aún si tenemos en cuenta la brevedad de la novela. Las referencias aparecen convenientemente diluidas en el texto con una naturalidad y una pertinencia que conjuran el riesgo de caer en la tendenciosidad y en el didactismo postizo que amenaza a todo relato histórico (especialmente aquel en que el autor desconfía del lector... y de su propia obra): las advertencias del padre de Ángel sobre el cerco a los huidos (p. 76),[29] la mención a las actividades de Gildo durante los nueve primeros días de la guerra (pp. 82-83), los vínculos de Ángel con la CNT (p. 129), "el último y definitivo parte de la guerra" (p. 118) que algún miembro de la partida se resiste a aceptar (p. 132), las denuncias vecinales, en consonancia con la Ley de Responsabilidades Políticas de febrero de 1937 (p. 150), o los sabotajes, muy frecuentes en León, que llevaban a cabo los guerrilleros.

Resulta igualmente significativo el diálogo entre Ramiro y uno de los enlaces en la tercera parte de la novela. El primero explica que el *Francés*, un guerrillero recién llegado del otro lado de la frontera, quiere trabar contacto con otras partidas. Sus consignas son: "Atacar. Uniros todos y atacar al mismo tiempo. En Francia creen que Franco tiene ya los días contados. Que Hitler está a punto de caer y, en cuanto acaben con él, los aliados invadirán también Portugal y España" (p. 160).[30] Estas palabras, pronunciadas en 1943, se hacen eco de la esperanza, alentada por la propaganda republicana, de que los aliados liberaran a España del yugo franquista tras derrotar a los alemanes, pero Ramiro se muestra escéptico: "Esa música la venimos oyendo desde hace años. Esa música es la que siempre nos han tocado los partidos desde fuera para que sigamos aguantando aquí los cuatro desgraciados que no pudimos escapar a tiempo. Y, encima, ahora, quieren que ataquemos [...]. ¿Sabe usted lo único que me interesa a mí de los partidos? Las armas. Si quieren atacar, que vengan ellos aquí. Que vengan políticos a las montañas" (p. 161). En la reac-

---

[29] Las citas proceden de la edición mencionada de Cátedra.

[30] Como pone de manifiesto este pasaje, Arroyo Rodríguez yerra al afirmar que en *Luna de lobos* no se menciona el nombre de Franco (*op. cit.*, p. 182). También lo había citado antes Gildo: "Yo lo que sé [...] es que Franco está al caer. Ya no puede aguantar mucho más" (p. 132).

ción de Ramiro no es difícil entrever una "pincelada sospechosa sobre la dirigencia comunista".[31]

No es extraño que la cuarta parte de la novela sí aparezca despojada de notas históricas y políticas. La acción se desarrolla en 1946 y parecería redundante cualquier referencia a la perpetuación del régimen franquista tras el fin de la Segunda Guerra Mundial o a las consecuencias que tuvo esta para los maquis. Cada uno de los gestos de Ángel está orientado a un único fin: metamorfoseado en lobo temido y repudiado por la comunidad, en culebra que bebe la leche de las ubres de las vacas, en vampiro o muerto viviente que pasa el día escondido bajo tierra y aterra a las bestias con su palidez, solo lucha por una supervivencia vegetativa. A Ángel le quedan la muerte o el exilio. Y, al final, escoge este último, aunque no lleguemos a saber si alcanza a cruzar la frontera. Sí sabemos, no obstante, que en él ya no hay nada del maestro que, a sus 26 años, vio estallar la guerra; su identidad se ha descompuesto sin remedio.[32]

Por otra parte, Llamazares no solo fue pionero en novelar al maquis en la España recién salida de la dictadura franquista: en 1982, mientras comenzaba a redactar *Luna de lobos*, publicó en la revista de la Casa de León en Madrid "El maqui *[sic]* en la provincia de León. Los que se echaron al monte", un texto, hasta donde se me alcanza, poco conocido.[33] Se trata de un artículo escrito en un registro periodístico, muy distinto por tanto al de la novela,

[31] Raquel Macciuci, "La memoria traumática en la novela del siglo XXI. Esbozo de un itinerario", en Raquel Macciuci y María Teresa Pochat (dir.), *Entre la memoria propia y la ajena. Tendencias y debates en la narrativa española actual*, La Plata, Ediciones del lado de acá, 2010, p. 20, n. 12.

[32] Encontramos algunas interpretaciones de este final en Diana N. Diaconu, "*Luna de lobos* de Julio Llamazares: el narrador-protagonista a partir del pacto narrativo", *Anuario de Estudios Filológicos*, XXIX, 2006, pp. 24-25; Jo Labanyi, *op. cit.*, pp. 153-154; Susan L. Martin-Márquez, "Visión, Power and Narrative in *Luna de lobos*: Julio Llamazares' Spanish Panopticon", *Revista Canadiense de Estudios Hispánicos*, 19, 2, invierno de 1995, p. 385; o Georges Tyras, "Mémoire d'outre-tombe. Narration posthume et témoignage dans le roman espagnol contemporain", en Emmanuel Bouju (ed.), *L'engagement littéraire*, Presses Universitaires de Rennes, 2005, pp. 293-308. https://doi.org/10.4000/books.pur.30079.

[33] El artículo apareció en *León. Revista de la Casa de León*, III, XXIX, 330, 1982, pp. 19-27; y III, XXX, 331, 1982, pp. 11-24. Es curioso que Llamazares se refiera aquí a los guerrilleros y al maquis, ya que, en lo sucesivo, abogaría por designarlos "huidos" u "hombres del monte", tal y como los conoció en su niñez. Sobre la voz *maquis* y su uso, véase la citada "Mesa redonda: la lucha por la memoria", *op. cit.*, pp. 105-111.

que se abre con un breve párrafo ilustrativo sobre el fenómeno ancestral de los huidos al monte y prosigue con un escueto retrato socioeconómico de los maquis leoneses (muchos de ellos campesinos, pastores y mineros humildes, "analfabetos políticos")[34] y la naturaleza de sus actividades. El texto ofrece cifras oficiales de las detenciones de los enlaces y de las muertes que tuvieron lugar en aquellos años y relata la trayectoria de varias partidas que operaron en los polos geográficos de Boñar y El Bierzo.

De este artículo, además, Llamazares tomó palabra por palabra la ya citada nota introductoria de *Luna de lobos*, tan importante para anclar la acción de su novela en un espacio y un período concretos, y para reivindicar "la estela imborrable y legendaria" que dejaron los huidos "en la memoria popular". No cabe duda, asimismo, de que se sirvió de varios personajes y episodios descritos en este texto para su ficción novelesca. Solo citaré un ejemplo cristalino: el secuestro y asesinato del ingeniero Emilio Zapico Arriola, que guarda numerosos paralelismos con los de don José, el dueño de la mina de Ferreras, en la ficción.[35]

Los maquis son una presencia ubicua en la producción literaria de Llamazares. Con posterioridad a la publicación de *Luna de lobos*, el autor dio fe del testimonio de Eufemiano Díaz González, "El topo de La Mata", quien estuvo diez años enterrado en una fosa cavada en la cuadra familiar que solo abandonaba de noche (*El río del olvido*, 1990); recordó a Gregorio García Díaz, oculto durante más de once años en una cueva ("Adiós a *Gorete*", *El País*, 14 de diciembre de 1990; *En Babia*, 1991); escribió un cuento, "El desaparecido" (*Tanta pasión para nada*, 2011), cuyo narrador sigue la estela mítica de su tío, un maestro huido en 1937; y recientemente ha dedicado un obituario a Juana Tascón Rodrí-

---

[34] Los testimonios recogidos por Odette Martínez-Maler dan fe de la idiosincrasia de los guerrilleros leoneses, que formaron sus redes a partir de un entorno rural, sindical y minero, de reivindicaciones de derechos laborales, que nada tenía que ver con las consignas de un Estado Mayor en el extranjero. Véase "Testimonios orales sobre las guerrillas antifranquistas de León (1947-1951)", en Marie-Claude Chaput, Odette Martínez-Maler y Fabiola Rodríguez López (coords.), *op. cit.*, pp. 79-91.

[35] Sobre el episodio histórico, véase Daniel Alvatorre (Daniel Álvarez Torre), "La verdad sobre el secuestro de Arriola". *https://alvatorre.wixsite.com/periodhismo/arriola*; y Fulgencio Fernández, "El asesinato que no conmocionó León", *La Nueva Crónica*, 30 de septiembre de 2018. *https://www.lanuevacronica.com/lnc-culturas/el-asesinato-que-no-conmocio-no-leon_57513_102.html*

guez, represaliada por ayudar a sus primos y amigos refugiados en el monte ("Adiós a una mujer valiente", *La Nueva Crónica*, 12 de mayo de 2024). El autor no ha dejado de reconocer su deuda con todas estas personas de carne y hueso ni su voluntad de rendirles homenaje. Revela, por ejemplo, que tomó el nombre de la hermana de Ángel, Juana, de Tascón Rodríguez, o que se apropió, para injertarlas en *Luna de lobos*, de algunas de las aventuras "reales o legendarias" de *Gorete*, "precisamente las mismas que algún crítico avispado descalificó en su momento por demasiado fantásticas", si bien "hubo más, muchas más, alguna incluso todavía más fantástica".[36] El corpus sobre el maquis construido por Llamazares, que bien podría parcelarse en ficción literaria por un lado y artículos, obituarios e incluso entrevistas y ponencias por otro, comparte personajes, escenarios, hechos documentados y relatos de transmisión oral.[37]

Por último, ¿cuánto hay de mitificación en *Luna de lobos*? ¿Qué hay de cierto en esa pátina épica que habría impreso el autor a la figura del maquis, al consabido cronotopo y a la naturaleza? Entre quienes han subrayado esa mitificación se cuentan, además de los ya citados Sanz Villanueva, Bertrand de Muñoz y Santos Alonso, José Manuel López de Abiada, Nicolás Miñambres o José María Izquierdo, quien apela incluso al "discurso neorromántico" de la obra.[38] En esta mirada sobre *Luna de lobos* pesan, al margen de las consideraciones sobre su densidad histórico-política, el tratamiento del lenguaje y las estrategias discursivas, así como los

---

[36] Tomó de *Gorete*, por ejemplo, la escena en que Ángel siega a la luz de la luna la hierba de una familia que le ha prestado ayuda o esa otra en que asiste desde el monte, a través de unos prismáticos, al entierro del padre.

[37] Sobre la convivencia y colaboración entre discursos historiográficos y literarios, véase Fabrizio Cossalter, "La silenciosa dignidad de los vencidos. La poética de la memoria de Julio Llamazares", *Cuadernos de Historia Contemporánea*, núm. 29, 2007, p. 300.

[38] José Manuel López de Abiada, "Julio Llamazares. Se canta lo que se pierde. Acercamiento al mudo novelesco de J. Llamazares", en Dieter Ingenschay y Hans-Jörg Neuschäfer (eds.), *Abriendo caminos. La literatura española desde 1975*, Barcelona, Lumen, 1999, pp. 203-217; José Manuel López de Abiada y Augusta López Bernasocchi, "Gramáticas de la memoria. Variaciones en torno a la transición española en cuatro novelas recientes (1985-2000): *Luna de lobos, Beatus ille, Corazón tan blanco* y *La caída de Madrid*", *Iberoamericana*, IV, núm. 15, 2004, pp. 123-141; y José María Izquierdo, "Maquis: guerrilla antifranquista. Un tema en la literatura de la memoria española", *Romansk Forum*, Universidad de Oslo, 16, 2002, pp. 105-116.

ecos simbólicos y legendarios de los espacios (el monte, la cueva o la mina).

No obstante, también hay quien ha cuestionado esta lectura de la novela. Gerhard Penzkofer considera que no hay ni mito ni epopeya en *Luna de lobos* por cuanto en esta brillan por su ausencia el dogmatismo, la función fundacional y la monumentalización de los espacios inherentes a toda mitificación.[39] Pese a que algunos rasgos del texto coquetean con las formas épicas del recuerdo, otros lo alejan de este tipo de relatos: la pérdida del espacio heroico, la difuminación del recuerdo de los protagonistas, la narración en presente ("pseudoperformativa") que obstaculiza el recuerdo glorificador, la perspectiva volátil e insegura del yo, sujeta al devenir de los acontecimientos... El carácter heroico y legendario de los protagonistas que Llamazares invoca en la nota introductoria sería, en realidad, una "ausencia significativa" en la novela.

En cuanto a los personajes, Raquel Macciuci recuerda que distancia histórica no implica mitificación. Bien al contrario, el trasfondo en el que se publican novelas como *Luna de lobos* "es un momento de fuerte desmitificación, ya que los héroes de una sola pieza se muestran ahora más frágiles, complejos y contradictorios, en definitiva, más cercanos al hombre corriente, y la guerra deja de ser un momento de sublime heroísmo".[40] Esta lectura coincide a grandes rasgos con el análisis de Diana N. Diaconu: el protagonista sería un "héroe problemático" en el que prevalece el hombre solo y desvalido, reducido a la condición animal, arrancado de su mundo a un futuro impredecible.[41]

Para desentrañar este aspecto, es esencial, a mi juicio, reparar en el juego de contrastes que generan las distintas imágenes proyectadas por los hombres del monte. En primer lugar, está la imagen mítica y legendaria, teñida de respeto y terror, que se han formado de ellos los habitantes del valle. En efecto, la partida del

---

[39] Gerhard Penzkofer, "La memoria antiépica en las novelas de Julio Llamazares ", en Wolfgang Matzat (ed.), *Espacios y discursos en la novela española del realismo a la actualidad*, Madrid/Frankfurt, Iberoamericana Vervuert, 2007, pp. 163-183. Penzkofer parte de los sugerentes estudios de Jan Assmann sobre la memoria cultural.

[40] Raquel Macciuci, *op. cit.*, p. 19, n. 11.

[41] Diana N. Diaconu, *op. cit.*, pp. 24-25.

Manco se convierte en una suerte de leyenda para la comunidad, en un "mito social", como señala Labany.[42] Así se manifiesta de una manera cristalina en la segunda parte (pp. 119-120): mientras Ángel y los suyos beben vino junto a unos leñadores, se les acerca un niño: "El niño no dice nada. El niño -un muchacho de trece años- nos mira en silencio, con una mezcla de admiración y miedo, desde que llegamos". Al instante, Ramiro advierte, amenazante, al capataz: "A nosotros no nos ve nadie -dice-. Nadie. ¿Está claro?". El capataz guarda silencio y se retira con su cuadrilla", pero, mientras se alejan, el niño susurra: "Son ellos, ¿verdad? Los del monte". Ángel piensa: "Lo ha dicho entre feliz y asustado. Como si una manada de lobos hubiera pasado a su lado sin hacerle daño".[43]

En segundo lugar, está la imagen fraguada por la propaganda franquista, que encontramos impresa en el pasquín de búsqueda y captura de Ángel. El documento objetiva una serie de datos que conforman la identidad oficial del huido: sus apellidos, edad y lugar de nacimiento, su profesión y filiación sindical, su estado civil e incluso una escueta prosopografía; pero también, no obstante, criminaliza esa identidad al hacer del maestro un "enemigo del Glorioso Alzamiento Nacional", asesino y autor de "múltiples actos de robo, pillaje y bandolerismo". En el pasquín, Ángel no es un combatiente ni un guerrillero, sino un bandido, un malhechor, una amenaza para el equilibrio fabulado de la comunidad.

En tercer lugar, la novela hace partícipe al lector, ya en las primeras páginas, de la vida miserable que se ven obligados a llevar los huidos, del frío extremo, el hambre y el dolor físico que hacen de ellos alimañas, y de la pérdida de cualquier resquicio de la esperanza en un mundo mejor que albergaron antaño. De los ejemplos, abundantísimos, entresaco las reflexiones de Ángel mientras observa, desde lo alto del monte, la comitiva fúnebre de su padre. El protagonista ha sido repudiado, obligado por los

---

[42] Jo Labanyi, *op. cit.*, p. 150.

[43] No creo necesario abordar el valor simbólico y literal que cobra el lobo en la novela, animal hábil y astuto que, siempre amenazante, se mueve en los márgenes de la comunidad; a la vez, inspira una cierta admiración por su arrojo, su capacidad para hacerse invisible, su resistencia. Como hemos visto, el propio autor considera su obra una novela de hombres lobo; en cuanto al título de la obra, véase la citada entrevista "Julio Llamazares. La mirada del lobo", *op. cit.*, p. 25.

suyos a abandonar la vela del padre durante su agonía (vela a la que llegó burlando a los guardias y arriesgando su vida), y ahora, con una lucidez amarga, contrapone su imagen mítica con la más cruda y real:

> Las campanas han comenzado a doblar con tristeza aún más profunda. Húmedas se estremecen por los tejados y los campos antes de deshacerse con un dolor de hierro contra las peñas ateridas. Brota la lluvia con fuerza repentina mientras el carro con el féretro se pone en movimiento delante de mi casa arrastrando tras de sí un reguero de paraguas y la leyenda de ese hombre indómito e invisible que anoche, una vez más, volvió a burlar la vigilancia de los guardias y que, sin duda, ahora les estará observando desde alguna parte. Ese hombre imaginado tantas noches, al calor de las cuadras y cocinas, inmortal como su sombra, lejano como el viento, valiente, astuto, inteligente, invencible.
>
> Ese hombre al que el espejo de la lluvia, en la montaña, devuelve sin embargo la memoria de lo que siempre ha sido: un hombre perseguido y solitario. Un hombre acorralado por el miedo y la venganza, por el hambre y el frío. Un hombre al que incluso se le niega el derecho de enterrar el recuerdo de los suyos (p. 196).

En la dolorosa conciencia que tiene Ángel de sí mismo, en la fractura que separa al héroe fabulado del superviviente famélico y aterido, nada hay de mítico. Tampoco lo hay, por cierto, en la naturaleza. Es más, se diría que esta desempeña un papel fundamental en la fractura del protagonista, que ha sido arrojado al paisaje sin formar parte de él, un proceso doloroso que manifiesta "la escisión profunda e irreconciliable entre el ser humano y la naturaleza".[44]

En resumen, a esa dimensión legendaria apuntada en la nota introductoria y fijada en la mirada admirativa y temerosa del niño se le superponen la conciencia de Ángel y la crudeza de sus adversidades. Es más, en ese personaje infantil podemos imaginar al Llamazares niño fascinado por los cuentos de los huidos, esos hombres del monte que encarnaban a los héroes de su infancia y que, cuando alcanzó la edad adulta, se revelaron como unos seres de carne y hueso profundamente desgraciados:

---

[44] Juan Varo Zafra, "El espacio en *Luna de lobos* y *La lluvia amarilla*: el gótico hispano en la novela de Julio Llamazares", en María Pilar Celma Valero y Carmen Morán Rodríguez (eds.), *Geografías fabuladas. Trece miradas al espacio en la última narrativa de Castilla y León*, Madrid/Frankfurt, Iberoamericana/Vervuert, 2010, pp. 250-251.

Aunque la mayoría entraran en mi conciencia con la mitificación del niño que creía que sus protagonistas eran héroes de ficción y no personas de carne y hueso a los que les tocó sufrir y protagonizar una historia real que en el halo de su mitificación escondía su verdadera tragedia. Aquellos héroes de mi infancia con los que yo soñaba mientras me dormía después de escuchar contar sus historias en voz baja a los vecinos de mis padres (como a todos los héroes, la injusticia les perseguía incluso después de huidos o muertos) situándolos en un plano de igualdad con los de las películas y las novelas del Oeste que yo leía por aquel entonces fueron en realidad unos desdichados, pero eso tardaría en saberlo.[45]

Aquí radica, en fin, gran parte de la grandeza y la trascendencia que perdura en *Luna de lobos* cuarenta años después de su publicación. Su canonización como clásico moderno no se debe tan solo a unas imágenes de bellísima crudeza tan celebradas, y con razón, por la crítica, ni a su fabricación de un lenguaje que expresa de manera punzante el miedo y la opresión, la soledad y la desesperación, ni tampoco a su condición de depositaria de la memoria colectiva o a su trasfondo histórico y político. Su valor nace también de la dignidad de unos personajes que prevalece incluso después de un descarnado proceso de desmitificación.

---

[45] Julio Llamazares, "Los héroes de mi infancia", prólogo a *Luna de lobos*, Barcelona, Seix Barral, 2024. Véase, por otra parte, la relación formal que establece Carmen Valcárcel entre *Luna de lobos* y el *western*, el género el que "mejor acoge figuradamente el universo creador de Llamazares" ("Introducción" a Julio Llamazares, *Escenas de cine mudo*, Madrid, Cátedra, 2022, p. 32).

REALIDAD Y FICCIÓN DE UN PUEBLO ABANDONADO: *LA LLUVIA AMARILLA*

Marco Kunz
Universidad de Lausana

El último habitante de Ainielle se llamaba José de Casa Rufo:

> Ya mayor y viudo, no quiso partir.
> Vivía solo y trabajaba de pastor para un ganadero que había arrenda-do el pueblo a su nuevo propietario: el Estado.
> José también hacía de cocinero para los funcionarios que plantaban pinos en lo que hasta entonces habían sido campos. Como él predijo, esos pinos nunca crecieron.
> En 1971 sus familiares le convencieron para que dejase su querido pueblo.[1]

El último habitante de Ainielle también podría haberse llamado Adrián de Casa Lucas: "Cada vez que se marchaban los de una casa, a él le entraba mucha pena y se iba a esconder al molino".[2]

Según la versión más conocida, empero, el último habitante de Ainielle se llamaba Andrés de Casa Sosas, y cuando los hombres de Berbusa vinieron a buscarlo lo encontraron muerto en su casa, "devorado por el musgo y por los pájaros",[3] y más de uno pensó que "ciertamente estaba loco" (p. 131).

Situado en Sobrepuerto, es decir, en la zona comprendida entre los valles de los ríos Gállego y Ara, en el rectángulo for-mado por Biescas, Sabiñánigo, Broto y Fiscal, Ainielle se dis-

---

[1] Enrique Satué Oliván, "História de un pueblo abandonado", en *El Pirineo abandona-do*, Zaragoza, Diputación General de Aragón: Departamento de Cultura y Educación, 1984, p. 84.

[2] Enrique Satué Oliván, "La última casa", *ibídem*, p. 61.

[3] Julio Llamazares, *La lluvia amarilla*, Barcelona, Seix Barral, 1988, p. 16. Las páginas de las citas siguientes de esta obra se indicarán entre paréntesis en el texto.

tingue de los numerosos pueblos abandonados que hay en la provincia de Huesca y también en el resto de España no tanto por su situación geográfica (las zonas montañosas son las que más se han despoblado en este siglo) ni por las razones del éxodo (la falta de trabajo, carreteras, electricidad, teléfono y otras comodidades en los lugares apartados, las condiciones materiales más agradables que ofrecían los valles y los centros urbanos, más una política estatal de expulsión en la época franquista), sino sobre todo por el hecho de que existan tres versiones de su abandono, una en la realidad, otra en un cuento del libro *El Pirineo abandonado* de Enrique Satué Oliván, y la última en la novela *La lluvia amarilla* de Julio Llamazares. Gracias a este proceso de ficcionalización, Ainielle ha dejado de ser un pueblo entre muchos otros y se ha convertido en el símbolo de la despoblación.

Cuando, a principios de septiembre de 1996, viajé al Pirineo de Huesca para visitar Ainielle,[4] llevaba ya grabada en la memoria la imagen de un lugar que nunca había visto antes, visualización mental inspirada en las descripciones leídas en *La lluvia amarilla*. En las dos ocasiones que estuve en el pueblo, la experiencia de la realidad no logró borrar la impronta de la ficción, pero en mis lecturas posteriores del libro de Llamazares el espacio imaginado se mezclaba inseparablemente con las impresiones recordadas de una aldea de cuya existencia había dudado, a pesar de la nota preliminar de la novela, hasta hallar el topónimo de Ainielle en un mapa de Aragón. Lo que encontré en la geografía real, a dos horas y media de marcha del próximo núcleo habitado (Oliván), confirmó en gran parte mis expectativas: un valle perdido, con escarpadas cuestas, donde reinaba un silencio casi absoluto en que no se oía más que el zumbido de los insectos y de vez en cuando el grito de un ave de rapiña. Lo primero que vi de Ainielle, cuando ya estaba cerca del pueblo, fue el campana-

---

[4] Doy las gracias a todas las personas que me ayudaron en mi viaje a Ainielle o me proporcionaron informaciones sobre el pueblo, en particular a Antonia Florio, cuya tesina de licenciatura me dio la idea de buscar el lugar real donde Llamazares situó la acción de su novela, a Patricia Gamarra y su madre Adoración Tomás por su hospitalidad y las noticias más actuales del Alto Aragón, a Jaime Pérez de Arenaza y Enrique Satué Oliván por procurarme bibliografía inencontrable en las bibliotecas de Suiza, y a Chesús Casaus, mi guía en la primera visita a Ainielle y traductor al aragonés de *La lluvia amarilla*.

rio de la iglesia con su ventana única, que Llamazares describió con acierto como un "cíclope ciego" (p. 13), y después apareció entre los matorrales el resto de lo que queda del lugar: ruinas cubiertas por la vegetación, casas derrumbadas invadidas por la maleza de modo que a veces sólo sobresalía una chimenea de las espesas zarzas, helechos que crecían entre los muros, techos que parecían reventados por los árboles que habían brotado dentro de las antiguas viviendas, alguna cuadra que estaba todavía suficientemente intacta para servir de cobijo a ovejas y pastores. No encontré, en cambio, "el inmenso paisaje desolado de la muerte" (p. 40) ni los "bancos de niebla, espesos y cambiantes, que la melancolía de los años va extendiendo sobre aquéllos y que convierten poco a poco la memoria en un paisaje extraño y fantasmal" (p. 41), sino un lugar casi idílico, reconquistado por la naturaleza y lejos del mundanal ruido, bajo un sol radiante y un cielo azul sin el menor rastro de nubes. Al espacio psicológico de la novela, con predominio de los tonos grises y amarillentos que reflejan el estado anímico del narrador, se oponía el verde todavía bastante intenso de los últimos días del verano. En este artículo no quiero, sin embargo, contrastar mis impresiones subjetivas con la representación de Ainielle en la obra de ficción, sino mostrar cómo Llamazares utilizó la realidad del pueblo, su cultura, su historia y la vida tradicional de sus habitantes, para crear un mundo literario fascinante, basado en una documentación meticulosa.

Igual que los núcleos vecinos Basarán, Cillas, Cortillas, Escartín, Otal y Sasa, Ainielle se halla a más de 1200 metros y está abandonado desde los años 60. Fundado en la Edad Media, Ainielle[5] había resistido a la intemperie y a todas las vicisitudes de la historia hasta rendirse finalmente ante la industrialización y la llegada del ferrocarril al Pirineo. Entre el siglo XVI y el censo de 1845, el número de siete casas se mantenía inalterado. Pascual Madoz describió la situación de Ainielle a mediados del siglo XIX:

> AINIELLE: l. con ayunt. de la prov. de Huesca (10 leg.) part. jud., adm. de rent. y dióc. de Jaca (4), aud. terr. y c. g. de Zaragoza (22). SIT. en la cima de un monte libre á la influencia de todos los vientos principalmente los del N. Su CLIMA es sano. Tiene 7 CASAS y una

---

[5] Para la información histórica, me baso sobre todo en el artículo de Enrique Satué Oliván, "Ainielle: historia de un pueblo serrablés abandonado", en *Rolde*, 1983, núm. 21, pp. 8-10 y núm. 22, pp. 3-5.

igl. parr. servida por un cura párroco cuya vacante se provee por oposición en concurso general: junto á la igl. está el cementerio capaz y bien ventilado. Confina el TÉRM. por el N. con el de Espierre dist. 1/4 de hora, por el E. con el de Otal á 1/2 hora, por el S. con la pardina de Isabal á 3/4 y por el O. con el térm. de Berbusa á 1 hora: abundan en él las fuentes de buenas aguas para el surtido de los vec. y abrevadero de las bestias y ganados. El TERRENO es de inferior calidad, flojo, pedregoso y muy frio por lo escesivo de las lluvias que estragan completamente las tierras. Carece de bosque arbolado, y el monte escasea de arbustos, mata baja y yerbas de pasto. PROD. trigo, cebada, avena, pocas judias verdes, patatas y nabos; cria ganado lanar y cabrío en corto número. POBL. 7 vec. 31 alm. CONTR. 1594 rs. 9 mrs. vn.[6]

Sobrepuerto, tanto en su tradicional cultura como en la vegetación, es una zona de transición entre el Prepirineo y el Pirineo alto de tipo alpino. Los pueblos eran casi completamente autárquicos: en los bancales (llamados también "fajas") que escalonan las pendientes de las montañas, una agricultura de subsistencia producía lo necesario para vivir: cereales, legumbres, patatas, uvas para vino, cáñamo y lino para vestidos y sogas. La pobreza de Ainielle era proverbial, pero también eran ejemplares la solidaridad y la buena vecindad: "se prodigaban las veladas en invierno, se salía a cazar en común, se auxiliaban mutuamente…".[7] Madoz, al hablar de los pueblos vecinos de Ainielle,[8] menciona reiteradas veces la mala calidad de los terrenos de cultivo y el estado lamentable en que se encontraban los caminos; también dice (s.v. *Otal*) que los habitantes iban a Biescas a recoger la correspondencia, como lo hace todavía el narrador de *La lluvia amarilla* (p. 48). El ganado (sobre todo ovejuno) contribuía a la alimentación (carne, leche, queso) y a la indumentaria (lana, pieles). Según Madoz, los montañeses cazaban perdices, conejos y liebres, en Escartín también zorros y lobos (la desaparición de estos últimos coincidió con

---

[6] Pascual Madoz, *Diccionario geográfico-estadístico-histórico de España y sus posesiones de Ultramar*, Madrid, 1845, s.v. Respeto la ortografía original.

[7] Enrique Satué Oliván, *El Pirineo contado*, Huesca, Edición del Autor, 1995, p. 40.

[8] *Cf.* Madoz, *op. cit.*, s.v. *Otal*: "El TERRENO es de mala calidad, muy miserable y estéril, bañándole dos arroyuelos insignificantes", y s.v. *Berbusa* : "[…] el barranco llamado de Berbusa que nace de varias fuentes en los montes inmediatos […] cruza su TERRENO áspero, montuoso y lleno de pendientes, por lo cual lo perjudican las excesivas aguas, porque arrastran tras sí la tierra y lo constituyen pobre y estéril".

la difusión del jabalí, cazado por el protagonista de la novela de Llamazares), y en algunos pueblos (s.v. *Berbusa*) pescaban truchas pequeñas en los arroyos. En muchos lugares existían talleres de artesanía, p. ej., de alfarería, cestería, herrería (el herrero de Cortillas abastecía a los habitantes de Sobrepuerto de herramientas, clavos, etc.).

Los pueblos constaban de pocas casas (la casa o *fuego* constituía la unidad básica de la sociedad pirenaica) que pertenecían a los hijos primogénitos, herederos únicos, mientras que sus hermanos, los *tiones*, trabajaban como mozos de cuadra o criados, si no lograban emanciparse ejerciendo algún oficio (normalmente eran carpinteros, albañiles, herreros o sastres). Durante los duros inviernos,[9] los tiones iban con los rebaños a Tierra Baja o buscaban un empleo en el Midi francés. Apenas había mujeres solteras en la región, pero sí, en cambio, muchos hombres no casados: entre los herederos (cuyas esposas provenían en general de la misma zona, pues la endogamia era la regla) y los solterones había una relación proporcional de 3 a 8, debida, entre otras causas, a la fama de *pobretones* que tenían los tiones. Gracias a la institución del tionaje, los pueblos disponían de mano de obra barata y el número de sus habitantes no cambiaba mucho: la autarquía extrema en que vivían no hubiera permitido un gran crecimiento demográfico.

La emigración masiva, sobre todo hacia Sabiñánigo, Monzón y Barcelona, empezó con la Guerra Civil, durante la cual se evacuó a los habitantes de Ainielle a Hoz de Barbastro, hecho mencionado también en la novela de Llamazares. En el mundo ficticio, la casa de Acín fue "una de las primeras en cerrarse: al comenzar la guerra, sus dueños la evacuaron -igual que todo el pueblo- y no volvieron más" (p. 62). El único que se quedó en aquellos años fue Adrián, el pastor, "cuidando las ovejas de su casa y a merced de los continuos bombardeos que batían estos montes, entonces estratégicos por su proximidad a la frontera y al ferrocarril de Sabiñánigo" (p. 78). De hecho, Sobrepuerto fue el escenario de duros combates entre el 5° Cuerpo del Ejército

---

[9] Los viejos de Sobrepuerto hablan todavía de la gran nevada, famosa bajo el nombre de *La Remonta*, de los años de la Primera Guerra Mundial: en Ainielle había sido tan fuerte que los habitantes tenían que salir de sus casas por las ventanas, hecho documentado por Satué Oliván en *El Pirineo contado, op. cit.*, p. 52, y recordado también en *La lluvia amarilla*, p. 97.

Nacional (División Aragón n.° 2) y la Columna Pirenaica (43.a División) de las tropas republicanas que defendían la cota de Oturia. Con la guerra se inicia la decadencia de la casa del narrador de *La lluvia amarilla*, pues Camilo, el hijo primogénito, no vuelve nunca del frente:

> La guerra terminó, los días y los meses pasaron sin noticias y la resignación fue poco a poco suplantando a la esperanza y la melancolía de la desesperación. Camilo no volvió. Su nombre jamás apareció entre las largas relaciones oficiales de los muertos, pero él nunca volvió. Sólo su sombra regresó a la casa y se fundió en las sombras de las habitaciones mientras su cuerpo se pudría en cualquier fosa común de cualquier pueblo de España y en el recuerdo helado de aquel tren militar que partió una mañana de la estación de Huesca para no regresar más (pp. 54-55).

Queda frustrada la ilusión de remediar la pérdida del heredero con el segundo hijo, Andrés, quien en la estructura social tradicional sólo habría sido un tión antes de la desaparición de su hermano. Pero Andrés prefiere trabajar en el extranjero, decisión que su padre nunca le perdona, consciente de que a causa de esta "deserción" la ruina de Casa Sosas será inevitable:

> Con Andrés no se iba sólo un hijo. Con Andrés se iban también las últimas posibilidades de supervivencia de la casa y la única esperanza de ayuda y compañía que, en la vejez cada vez más cercana y más temida, su madre y yo tendríamos un día (p. 53).

El proceso de despoblación se terminó en los años sesenta. En la comarca de Sabiñánigo hay 46 núcleos abandonados,[10] cifra insólita en España. Al mismo tiempo que los valles se iban despoblando, Sabiñánigo crecía vertiginosamente: en 1910 era todavía un pueblo con 77 vecinos, en 1981, en cambio, tenía ya unos 9500 habitantes y había absorbido a una gran parte de la población de la región. Una de las consecuencias de este éxodo masivo es la aculturación y el ocaso de la vieja cultura pirenaica. En una primera oleada de emigración se fueron los tiones, deseosos de independencia económica. Atraídos por las ventajas de la vida urbana, les siguió la mayoría de los montañeses:

> Tan sólo los propietarios con hacienda rentable siguieron viviendo en

---

[10] *Cf.* el mapa de los pueblos abandonados del Serrablo en José Luis Acín Fanlo (et al.), *Museo Ángel Orensanz y Artes de Serrablo,* Huesca, Diputación Provincial, 1989, p. 41.

el mundo rural del Serrablo no marginal -eje del río Gállego-; algunos combinando su trabajo con la industria y efectuando movimientos pendulares de migración diaria.[11]

En los años 50, el Patrimonio Forestal del Estado, conforme a la política nacional de entonces, empezó a comprar a bajos precios municipios enteros para efectuar la repoblación forestal después de la desaparición de los habitantes, fomentando así el éxodo de la población de las zonas montañosas. Más tarde, los pueblos abandonados de Sobrepuerto pasaron a ser propiedad del Instituto Nacional para la Conservación de la Naturaleza (ICONA). En la actualidad, Ainielle pertenece al Ayuntamiento de Biescas.

Hoy, toda la zona está completamente despoblada. Muchos de los pueblos mencionados en *La lluvia amarilla* comparten la triste suerte de Ainielle: de Basarán, Berbusa, Casbas, Cillas, Cortillas, Escartín, Otal y Susín no queda más que algunas casas abandonadas en un estado lamentable, a menudo reducidas a ruinas. La emigración fue seguida por el pillaje: "Desde el éxodo hasta la actualidad sus núcleos han sufrido un indiscriminado expolio dirigido al mercado de las antigüedades", se queja Enrique Satué Oliván,[12] director del museo etnográfico de Sabiñánigo, institución que con sus exposiciones y publicaciones trata de conservar la memoria de una cultura campesina casi extinguida. Llamazares describe este saqueo[13] en un párrafo que cuenta cómo el narrador se imagina el regreso de su hijo Andrés al pueblo muerto:

Cuando Andrés vuelva a Ainielle -si es que vuelve algún día-, muchos, antes que él, habrán hecho lo mismo. De Berbusa, de Espierre, de Oliván, de Susín. Los pastores de Yésero. Los gitanos de Biescas. Los antiguos vecinos. Todos acudirán como buitres, a mi muerte, para llevarse los despojos de este pueblo en el que yo dejo mi vida. Romperán los cerrojos, las puertas. Saquearán las casas y las bordas, una a una. Los armarios, las camas, los baúles, las mesas, la ropa y los aperos, las herramientas de trabajo y los cacharros de cocina. Todo lo que, durante siglos, con enorme trabajo, los vecinos de Ainielle reunimos irá a parar poco a poco a otros lugares, a otras casas, quizá a algún co-

---

[11] *Cf. ibídem*, p. 40.

[12] Enrique Satué Oliván, "Sobrepuerto", en Federación Aragonesa de Montañismo, *Senderos del Serrablo. Biescas-Nocito*, Zaragoza, Prames, 1991, p. 89.

[13] *Cf.* también su artículo "La catedral perdida", en *Nadie escucha*, Madrid, Alfaguara, 1995, pp. 139-152, sobre Roda de Isábena y Erick el Belga.

mercio de Huesca o Zaragoza. Fue lo que ya ocurrió en Basarán y en Cillas. Y en Casbas. Y en Otal. Y en Escartín. Y en Bergua. Lo mismo que muy pronto ocurrirá también en Yésero y Berbusa (pp. 126-127).

La idea de escribir una novela sobre un pueblo abandonado tiene su origen en la biografía de Llamazares, nacido en la aldea leonesa de Vegamián, que quedó sumergida para siempre en el embalse del Porma. Esta experiencia puede calificarse de iniciática, como admite el mismo Llamazares: "Si no hubiera nacido en ese pueblo [...] tal vez nunca hubiera pensado en escribir una novela semejante".[14] La elección de Ainielle como escenario de *La lluvia amarilla* se debe a una serie de circunstancias favorables. Llamazares había empezado la redacción sin saber aún en qué región situar la acción: conocía ya pueblos abandonados en León,[15] Soria y Guadalajara cuando, tras leer un informe sobre la despoblación en la provincia de Huesca, decidió viajar a la región. En marzo de 1986, llevaba una semana en la Guarguera, al sur de Sobrepuerto, sin haber dado todavía con el lugar ideal, cuando un joyero de Jaca le indicó el libro *El Pirineo abandonado* de Satué Oliván:

> *El Pirineo abandonado* fue para mí una revelación. No sólo me sirvió para encontrar Ainielle, el pueblo en el que al final acabé situando mi novela, sino que me enseñó a entender la vida de aquellas gentes cuyo rastro de olvido y destrucción yo estaba recorriendo aquellos días e incluso me aportó varias ideas para la historia que estaba escribiendo.[16]

Escogió Ainielle impresionado por su belleza y su nombre, tras pasar sólo unas horas frente a la aldea: "Llegué al atardecer y ni siquiera entré en el pueblo, lo vi de lejos pero fue suficiente y me sirvió para lo que quería".[17] Al final del año publicó en el

---

[14] Julio Llamazares en una entrevista publicada en el *Diario del Altoaragón* del 4 de febrero de 1987, p. 13.

[15] *Cf.* en *El río del olvido* (Barcelona, Seix Barral, 1990) las descripciones de Villarrasil (p. 117), con sus ruinas tan cubiertas de vegetación que el viajero pasa un buen rato en el pueblo sin enterarse, y de Valdorria (pp. 102-103), cuya despoblación definitiva parece inminente.

[16] Julio Llamazares, "Las chimeneas del Pirineo", prólogo al libro de Satué Oliván, *El Pirineo contado, op. cit.*, pp. 7-9, cito p. 8.

[17] Llamazares en la entrevista citada del *Diario del Altoaragón*, p. 13.

periódico *El País* un cuento titulado "Nochevieja en Ainielle",[18] que provocó una reacción inesperada:

> En seguida recibí escritos con nuevos datos sobre el pueblo, sobre todo por parte de Enrique Satué Oliván de la Asociación de Amigos del Serrablo. Tengo que decir que me han tratado mejor en Huesca que en mi tierra.[19]

En *El Pirineo abandonado* (1984), Enrique Satué Oliván intentó enseñar a los niños cómo se vivía en los pueblos pirenaicos que ellos sólo conocían de los relatos de sus abuelos, a no ser que, en una excursión al monte, hubieran visto las ruinas cubiertas de zarzas. El libro contiene una serie de cuentos, ilustrados con dibujos del autor, que presentan, desde la perspectiva infantil, varios episodios de la vida de los pastores, arrieros y demás habitantes de Ainielle, y se cierra con un breve artículo sobre topografía, etnografía e historia del lugar.

De un particular interés para la génesis de *La lluvia amarilla* es el cuento "La última casa", pues narra la historia del último hombre que se queda en Ainielle, el pastor Adrián de Casa Lucas. Igual que el protagonista de la obra de Llamazares (pp. 17, 80, 103), Adrián se esconde en el molino cada vez que se marcha una familia, por la pena que le causa la despedida. Además, el empleo repetido del color amarillo en el relato de Satué Oliván hace pensar en varios pasajes de la novela. Al enterarse Adrián de que se quedaría solo en el pueblo, "[lo] primero que hizo fue coger el retrato amarillo de la boda y las cartas que escribía a Isidora desde África, para esconder todo en una cueva que había en la Sierra".[20] El impulso de alejar de sí y ocultar los recuerdos de la vida familiar y afectiva se observa, en forma más violenta, también en *La lluvia amarilla*, donde Andrés descubre "una antigua fotografía amarillenta" (p. 34) de su mujer, Sabina, que se suicidó una noche de diciembre: el retrato parece mirarlo "con sus ojos amarillos" (p. 35), lo contagia de tristeza y agrava la conciencia de su soledad, de modo que sólo puede liberarse quemando la foto (p. 35) y destruyendo todos los otros objetos (cartas, pendientes,

---

[18] *El País*, 31 de marzo de 1996, pp. 12-13: el texto del cuento corresponde, con pocos cambios, al capítulo tercero de *La lluvia amarilla*.

[19] Entrevista del *Diario del Altoaragón, op. cit.*, p. 13.

[20] Satué Oliván, *El Pirineo abandonado, op. cit.*, p. 59.

ropas y el anillo de bodas) que quedaban de Sabina en la casa (p. 36). Los niños del cuento recogen en una lata "hojas amarillas y piedras de la senda al molino para llevár[se]las":[21] aunque se trate aquí de un colorismo típico del otoño, cabe recordar que, en su sentido más realista, la lluvia amarilla de Llamazares es una metáfora para referirse a la caída de la hoja (pp. 81, 88). La inusual aplicación del adjetivo *amarillo* a fenómenos meteorológicos, frecuente en la novela de Llamazares (aparte de una buena docena de menciones de la lluvia amarilla, encontramos, p. ej., "el cielo era amarillo como en las pesadillas", p. 88; "el cielo se había vuelto amarillo por completo", p. 89; "tras los cristales, el aire era amarillo", p. 92), tampoco falta en "La última casa": "Una de las últimas tardes que pasamos en nuestro pueblo era una tarde amarilla de otoño y tostada de ocultarse el sol".[22]

En su primera novela, *Luna de lobos*,[23] Llamazares mezcló en una geografía ficticia nombres de lugares y montañas existentes con otros inventados; en *La lluvia amarilla*, en cambio, respetó escrupulosamente la toponimia de la región. Los pueblos más grandes, Sabiñánigo, Biescas, Broto y Fiscal, aparecen en el texto por su función económica y por ser la meta o una etapa de la emigración[24] de varios habitantes de Ainielle: los de casa Juan Francisco se van por la senda de Broto (p. 76) y los de Casa Julio se marchan después de vender en Biescas la última cosecha de centeno, sus ovejas y algunos muebles viejos (p. 17). Bescós consigue allí un trabajo en la hidroeléctrica local (p. 49), y el narrador va a Biescas muy de vez en cuando para comprar tabaco y semillas a cambio de pieles y para recoger el correo (pp. 47-49), hasta el día que deja de cuidar el rebaño de ovejas del difunto Bescós (tradicionalmente, los contratos de pastores y sirvientes se renovaban en Biescas el día de San Miguel). Casimiro baja al mercado de Fiscal para vender unos corderos, pero lo asesinan en el camino de vuelta y le roban el dinero (p. 116).

---

[21] *Ibídem*, p. 61.

[22] *Ibídem*, pp. 61-63.

[23] Julio Llamazares, *Luna de lobos*, Barcelona, Seix Barral, 1985. Citaré por la 13.ª edición de 1990.

[24] En la realidad, tres casas de Ainielle emigraron a Sabiñánigo, dos a Monzón, y tres a Curbe y Ontinar, pueblos de nueva colonización; además, bastantes mujeres jóvenes se fueron a Barcelona.

Ahora bien, a pesar de que todos los topónimos de *La lluvia amarilla* existen, la geografía del espacio ficticio debe de parecer muy vaga e imprecisa a un lector que no conozca los sitios reales, puesto que muchos lugares se mencionan no más de una o dos veces, sin informaciones mínimamente exactas acerca de su posición respecto a Ainielle. Sabemos poco más que para ir de Ainielle a Biescas hay que pasar cerca del Ibón de Santa Orosia (que quizás es un topónimo inventado: véase abajo) y atravesar Berbusa (el narrador lo evita dando un rodeo por el bosque monte arriba, p. 48); también nos dice el texto que la senda de Broto sube primero al puerto de Ainielle y que de allí sigue hacia Escartín (p. 76), como se puede verificar en un buen mapa[25] de Sobrepuerto, o que Cillas está cerca de Basarán (p. 78), lo que también es cierto. Si el narrador cuenta, por ejemplo, que "en el barranco de Balachas había[n] hallado dos perros devorados por los lobos y los despojos putrefactos de una cabra" (p. 46), el lector no sabe en qué dirección y a qué distancia aproximativa de Ainielle se sitúa este barranco, pero puede imaginarse la naturaleza áspera de la zona, pues los lobos[26] viven sólo en las regiones más apartadas de España. No se trata de una topografía fantástica, pero sí en cierto modo fantasmal, dados el carácter borroso de las coordenadas espaciales y el hecho de que casi todos los pueblos ya no estén habitados en nuestros días, excepto quizás por los fantasmas de sus antiguos moradores, que siguen reuniéndose en los escombros de sus hogares como en las tradicionales "beiladas", igual que el narrador lo ve una noche:

> Con mi madre, en la cocina, sólo había sombras muertas, sombras negras, silenciosas, sentadas en corrillo en torno al fuego, que se volvieron al unísono a mirarme cuando, de pronto, abrí la puerta a sus espaldas, y en las que apenas me costó reconocer los rostros de Sabina y de todos los muertos de la casa (p. 88).

---

[25] Recomiendo el mapa 1:50.000 *G.R. 16 Senderos del Serrablo* (Cartografía Servicio geográfico del Ejército), editado en Zaragoza por Prames.

[26] Existe en la región una rica mitología en torno al lobo: *cf.* el capítulo "El ataque del lobo", en Satué Oliván, *El Pirineo contado, op. cit.*, pp. 139-154. Como puede verse en el museo de Sabiñánigo, los mastines que vigilaban los rebaños llevaban carlancas, collares con largos pinchos de hierro, para protegerlos de los lobos (*cf.* también *Luna de lobos*, p. 116). No obstante, en la época de la acción novelesca ya no quedaban lobos en Sobrepuerto: habían desaparecido del Pirineo en la segunda década del siglo.

Mientras que la macrogeografía puede reconstruirse con la ayuda del mapa, Llamazares se permitió la licencia de reinventar por completo el pueblo de Ainielle: no quería dar una descripción fidedigna de un lugar concreto de Sobrepuerto, sino crear una especie de quintaesencia de todos los pueblos abandonados. A partir del momento en que los personajes entran en el término municipal de Ainielle, la realidad pierde su valor de referencia exacta: el pueblo literario se construye por analogía con otras aldeas, pero sus edificios[27] y habitantes son puramente ficticios. Los ejemplos que discutiré en los párrafos siguientes no tienen el aberrante propósito de tomar la realidad como piedra de toque para corregir la ficción. Se trata, al contrario, de mostrar que los detalles descriptivos no cumplen una función documental, sino que adquieren su verdadero sentido dentro de la organización significativa del texto, lo que justifica ciertas divergencias de la topografía real.

En el primer capítulo, los hombres de Berbusa llegan a lo alto de Sobrepuerto y se detienen un rato delante de la casa solitaria destruida en un incendio. De allí bajan al fondo del valle, cruzan el río (en realidad es más bien un arroyo, excepto quizás en primavera cuando se derrite la nieve) cerca del molino (construido en 1763, existe todavía hoy) y suben al pueblo. Desde una perspectiva que en el cine correspondería a un ángulo contrapicado perciben "al fondo, recortándose en el cielo, el perfil melancólico de Ainielle; ya frente a ellos, muy cercano, mirándoles fijamente desde los ojos huecos de sus ventanas" (p. 11). No sé desde dónde sería posible ver Ainielle recortarse en el cielo, pero no es ésta la mayor "infidelidad" del íncipit. Llegando de Berbusa en la topografía real, los hombres seguramente no bajarían al molino, pues el camino normal, una vez alcanzada la altura de Ainielle, sigue cómodamente hacia el pueblo, en la misma pendiente oriental

---

[27] No es posible orientarse en el espacio ficticio con el plano de Ainielle que Satué Oliván incluye en *El Pirineo abandonado, op. cit.*, p. 80. Llamazares mantiene la costumbre de la región de dar nombres a las casas, sustituyendo, por discreción para con los antiguos habitantes, las denominaciones reales (Ambrosio, Botero, Escartino, Franco, Juan, Juan Antonio, Pardo, Rufo, Usieto) por otras inventadas (Acín, Bescós, Chano, Gavín, Goro, Juan Francisco, Julio, Lauro, Sasa, Sosas). Los apellidos utilizados en la novela (Acín, Bescós, Gavín, Sasa) existen todos en la zona como topónimos y antropónimos al mismo tiempo. En la realidad, los apellidos más frecuentes en Ainielle eran Azón y Oliván.

de la montaña. La motivación de estos cambios es puramente literaria: el primer capítulo tiene como función la presentación del espacio ficticio a través de un lento acercamiento al escenario principal de la acción y a su narrador. Partiendo de la descripción panorámica del valle, menciona primero dos lugares dramáticamente importantes en capítulos posteriores (la casa de Sobrepuerto, donde aparecerá un fantasma (p. 112), y el molino en que se suicida Sabina) para llegar finalmente al centro de la historia, el pueblo de Ainielle que, enfocado desde abajo, parece mucho más impresionante.

En otros pasajes se menciona un pequeño lago (un *ibón*) situado cerca de Ainielle, en el camino de Berbusa (pp. 47 y 49). No he encontrado nada semejante en mis andanzas por el pueblo y sus alrededores, tampoco aparece en el mapa, pero podría tratarse de una pequeña cuenca en el terreno que se llena de agua sólo en primavera. De todos modos, el nombre Ibón de Santa Orosia se integra perfectamente en la toponimia de la región: Santa Orosia es objeto de gran veneración en Sobrepuerto, la romería a su santuario, al sur del monte Oturia, suele celebrarse el 25 de junio. Es posible que el ibón de Santa Orosia sea el único lugar de la novela inventado por Llamazares, lo importante es que lo use para plasmar en una imagen sugestiva el intento de olvidar al hijo emigrado: "aquella tarde, en la collada, rompí su carta y su fotografía y las tiré al ibón de Santa Orosia para que se pudrieran en el fondo de las aguas poco a poco, lentamente, lo mismo que se pudren en las ciénagas del tiempo los recuerdos" (p. 58). El motivo de la memoria hundida en un lago hace pensar, además, en Vegamián, el pueblo natal del autor.

Es también significativo el elevado grado de deterioro de la escuela en *La lluvia amarilla*: "Otras [casas], en cambio, como la de Juan Francisco o como la antigua casa de la escuela, yacían en el suelo completamente hundidas, con las paredes desplomadas y los muebles sepultados bajo un montón de escombros y líquenes" (pp. 61-62). En realidad, cuando yo estuve en Ainielle, la escuela era el edificio mejor conservado del lugar, el único que, hasta hace muy poco,[28] hubiera sido aún habitable (fue restaurada re-

---

[28] Estaba ya terminando este artículo cuando leí en el *Heraldo de Aragón* del 13 de octubre de 1998, p. 13, la triste noticia de que un incendio había destruido por completo

cientemente, supongo por ser la casa mejor recuperable). En la novela está en ruinas por razones literarias: la muerte del pueblo progresa a medida que se van los jóvenes, un colegio destruido significa, por consiguiente (y mucho más para el hijo de un maestro de escuela),[29] que desde muchos años ya no hay niños en el lugar y que éste no tendrá un futuro.

La realidad es siempre local y anecdótica, sólo la ficción les confiere a los hechos la calidad universal y atemporal que éstos necesitan para trascender los límites estrechos de su circunstancia concreta. Sólo así los detalles empíricos se transforman en signos cargados de un valor simbólico para todos los lectores que, viviendo lejos del escenario de la acción inventada, leen los extraños topónimos por primera vez en las páginas del libro. La novela de Llamazares, literatura comprometida en el buen sentido de la palabra, es una de las raras obras de ficción que han conseguido mover algo en la realidad, pues ha logrado sensibilizar a mucha gente que antes ignoraba por completo el problema de la despoblación de las zonas montañosas y ha contribuido a una toma de conciencia entre los que hace ya varias décadas abandonaron sus hogares en los valles pirenaicos. Al influjo de *La lluvia amarilla* se debe también el hecho de que los antiguos habitantes de Ainielle volvieran a reunirse una vez al año entre las ruinas de sus casas de antaño para celebrar la fiesta de su pueblo.[30] ¡Ojalá cundiera

---

el inmueble, símbolo de la recuperación de los pueblos abandonados y, en particular, del renacimiento de Ainielle. Cuando visité el lugar, encontré en la escuela un álbum de visitantes en que pude comprobar que no pocos lectores de *La lluvia amarilla* me habían precedido.

[29] En el guión cinematográfico *Retrato de bañista* (Badajoz, Ediciones del Oeste, 1995), Llamazares hace visitar a su protagonista al pueblo fantasmal de Vegamián, que aparece en medio de un pantano tras el desagüe del lago en cuyo fondo había quedado sepultado. El viajero entra en la casa en que pasó su primera infancia, la escuela: "(…) contempla, ya dentro de ella, la habitación que en tiempos fuera el aula de la escuela, ahora cubierta por el lodo y por las algas. Todavía hay pupitres, podridos y asomando entre las tablas" (p. 51). El recuerdo de la profesión de su padre está presente en varios textos de Llamazares: Ángel, el narrador de *Luna de lobos*, enseñó en la escuela de La Llera antes de la Guerra Civil, y el protagonista de *Escenas de cine mudo* (Barcelona, Seix Barral, 1994) es hijo del maestro. *Cf.* también el artículo "Maestros de escuela", en *En Babia*, Barcelona, Seix Barral, 1991, pp. 68-69.

[30] El primer reencuentro tuvo lugar el 16 de septiembre de 1995: "Fue un día emotivo, de ésos que agrandan el mito de los pueblos abandonados. Celebró la Misa el incansable *mosen*, e investigador de estas montañas, Ricardo Mur. La ofrenda de los emo-

este ejemplo de reevaluación positiva de un pasado que merece ser recordado y de la reivindicación de formas de vida inmerecidamente desprestigiadas en la España tan posmoderna como desmemoriada!

Mapa: La toponimia de *La lluvia amarilla*

(Los topónimos en cursivas no aparecen en la novela)

cionados descendientes consistió, al margen del pan y del vino, en diez velas, una por cada casa que tuvo Ainielle, un puñado de la tierra que les vio nacer, una losa como símbolo del misticismo con el que los antepasados levantaron el pueblo, y finalmente, una fotografía del Sabiñánigo industrial, como símbolo de la nueva vida que les aguardó tras el éxodo" (Satué Oliván, *El Pirineo contado, op. cit.*, p. 91). Según me han dicho, Julio Llamazares también estuvo en la fiesta.

ESCENAS DE CINE MUDO: UN ÁLBUM DE FOTOS SIN ROSTRO

INÉS D'ORS
Universidad de Neuchâtel

> Él era un clérigo cerbatana, largo sólo en el talle, una cabeza pequeña, los ojos avecindados en el cogote, que parecía que miraba por cuévanos, tan hundidos y escuros que era buen sitio el suyo para tiendas de mercaderes; la nariz de cuerpo santo, comido el pico, entre Roma y Francia (…) las barbas descoloridas de miedo de la boca vecina (…); los dientes le faltaban no sé cuántos (…); el gaznate largo como de avestruz, con una nuez tan salida que parecía se iba a buscar de comer forzada de la necesidad.[1]

En la caracterización de un personaje literario, la descripción física asume un papel relevante. Su aspecto, y de modo especial los rasgos que muestra su rostro, no sólo sirven, como parecería a primera vista, para distinguirlo de los demás, para individualizarlo;[2] en la mayor parte de los casos estos rasgos son portadores de significado. Y en cuanto verdaderos y propios signos forman parte de un sistema; de modo que, al mismo tiempo que

---

[1] Francisco de Quevedo, El Buscón, Madrid, Castalia, 1990, p. 90.

[2] Como he anotado en otro lugar, el rostro es el medio fundamental de identificación del individuo. *Cf.* "Nombre, rostro e identidad: Rafael Sánchez Ferlosio, teoría y práctica narrativa", en *Anales de la Literatura Española Contemporánea*, núm. 23, 1998, pp. 623-639. Se ha considerado como representación de la persona, de donde el carácter sagrado que reviste en muchas épocas y culturas, que llegaban incluso a prohibir su representación plástica. A la inversa, algunos pueblos acostumbraban a dañar la efigie de sus enemigos con el convencimiento de estar con ello hiriendo a las personas mismas. Los antiguos romanos distinguían entre cara, *os* -reflejo del estado afectivo, común a hombres y animales- y semblante, *vultus* -expresión del carácter moral y, por tanto, exclusivamente humano-. *Cf.* Leopoldo-Eulogio Palacios, *El rostro y su anulación*, Madrid, Edición conmemorativa en el aniversario de la muerte del autor, 1982, pp. 7-8. El rostro, en cuanto epifanía de la persona, es uno de los elementos clave de la teoría ética de un filósofo de nuestro tiempo como Emmanuel Levinas.

lo señalan, lo inscriben en una clase, lo definen como tipo[3] y le asignan un carácter y unos valores morales. Los rasgos del rostro están, en definitiva, semantizados. Incluso en la actualidad, cuando preceptivas literarias, culturales y éticas parecen, a los ojos de muchos, superadas, pocas obras escapan a tales convenciones. Aunque este presupuesto haya sido rebatido con gran frecuencia, parece que sigue siendo una realidad ampliamente aceptada eso de que el rostro es el espejo del alma.

Del "estudio del carácter a través del aspecto físico y sobre todo a través de la fisonomía del individuo"[4] se ha ocupado la ciencia llamada *fisionomía* o *fisiognómica*, un saber que procede de tiempos antiguos. Ya en el siglo V a. C. los filósofos socráticos concedían enorme importancia al estudio del aspecto personal, y en especial del rostro, como vía de conocimiento del hombre.[5] La fisonomía, el "aspecto particular del rostro de una persona",[6] venía a constituirse como signo de sus cualidades psíquicas o morales.

A lo largo de la historia, los rasgos del rostro han sido objeto de estudio de las más diversas ciencias, desde la medicina y la filosofía hasta la astrología y las artes adivinatorias, que en él creían leer el destino de la persona. En medio, toda una variada gama de ciencias, como la psicología, pedagogía, escriturística, teología moral, antropología, geografía humana, sociología, política o criminalística.

Los diferentes elementos que integran el rostro humano -tamaño y forma de cabeza y frente; color de la piel; cabello, ojos,

---

[3] Conviene recordar el recurso a las máscaras como único signo de caracterización del personaje en el teatro helénico, fenómeno común, según tengo entendido, en muchas manifestaciones de las culturas orientales. Se trata siempre de personajes totalmente codificados.

[4] *Cf. Diccionario de la Lengua Española*, Real Academia Española, Madrid, 1992[21] s.v. *Fisiognomía*. Es voz recientemente introducida en el DRAE. No figuraba en su anterior edición. Para un examen más completo del tema, *cf.* el estudio de Julio Caro Baroja, *Historia de la fisiognómica*, Madrid, Istmo, 1988.

[5] Y ello atendiendo no tanto a rasgos variables -que son interpretados habitualmente como indicios del estado anímico de una persona en un momento determinado-, sino a rasgos permanentes, que se asociaban a determinadas cualidades, también permanentes, del individuo.

[6] *Diccionario de la Lengua Española*, ed. cit., s.v. *Fisonomía*. La definición que constaba en ediciones anteriores del DRAE resultaba algo más completa, ya que añadía: "que resulta de la varia combinación de sus facciones", DRAE, ed. 1984[20], s.v.

cejas y entrecejo; orejas; nariz, labios, dientes, lengua, aliento y voz; mentón, garganta y cuello...- se han visto asociados a rasgos físicos, psíquicos, intelectuales o morales;[7] incluso, como acabo de apuntar, a señales indicadoras del destino[8] o pruebas de culpabilidad.[9]

El vínculo estrecho entre facciones y cualidades explica también la asociación frecuente del mundo humano y el animal en tantas manifestaciones a lo largo de la historia de nuestra cultura. Es bien sabido que muchos animales han sido tradicionalmente utilizados como emblema de determinados vicios o virtudes: el león es símbolo del orgullo, el zorro de la astucia, la hormiga de la laboriosidad, etc. Son abundantes las representaciones artísticas

---

[7] Naturalmente, se dan notables diferencias en la interpretación que se da a cada rasgo. Según Hipócrates, los hombres de cabeza gruesa, ojos grandes y negros, nariz gruesa y chata, así como los altos, de ojos azules, cabeza pequeña, cuello delgado y pecho estrecho serían de buen natural; los de color bermejo y nariz puntiaguda son malos. *Cf.* E. Littré, *Œuvres complètes d'Hippocrate*, París, 1846, V, Ep II, VI, 1. Muchos siglos más tarde, Leonardo da Vinci afirma, por ejemplo, que los que tienen las partes de la cara de gran relieve y profundidad son gentes bestiales, violentas y de poco raciocinio, y los que tienen líneas muy acentuadas entre las cejas son irascibles. *Textes choisis*, París, 1908, pp. 171-172. Estas referencias están tomadas del trabajo citado de Caro Baroja. Otros tratadistas apuntan que la frente abombada y prominente indicaría espíritu débil; las cejas altas, carácter irreflexivo; los ojos grises, astucia... El elenco sería interminable. Baste mencionar ahora que la sabiduría popular se ha hecho eco de ello en abundantes dichos y refranes: "Mucho pelo, poco cerebelo" (RGIE), "Pelo corto y pierna larga ¡zalagarda!" (Junceda); "La mujer cejijunta, no la trueques por ninguna", "Mujer ceñuda, cejuda y verdinegra, más prieta por dentro que por fuera" (Bergua); "Ojo porcuno y trastabado, dadlo al fuego malo" (Bergua), "Hombre narigudo, ingenio agudo" (Junceda); "Hombre de poca barba y bermejo de color, no lo hay peor" (RGIE), "A poca barba, poca vergüenza" (Campos, 387), "Hombre bellaco, tres barbas o cuatro" (Campos,1878). *Cf.* Martínez Kleiser, Luis, *Refranero general ideológico español* (RGIE), Madrid, RAE, 1953; Juana G. Campos y Ana Barella, *Diccionario de refranes*, Madrid, Espasa-Calpe, 1996, 3ª ed. rev.; Luis Junceda, *Diccionario de refranes*, Madrid, Espasa-Calpe, 1995. José Bergua, *Refranero Español*, Madrid, 1981.

[8] Así, por ejemplo, Filippo Finella, quien en su *De planetaria naturali Phisonomia* (Nápoles, 1649) calcula la mayor o menor longevidad de acuerdo con las líneas de la frente.

[9] El fenómeno debió llegar a extremos tales que movió al tratadista español Juan de Horozco a escribir lo siguiente: "Y en lo que toca a los jueces, tengo por peligroso negocio el querer hazer caso de señales, ni del buen rostro o malo, para la averiguación de los delitos". Juan de Horozco y Covarrubias. *Tratado de la verdadera y falsa prophecia*, Segovia, Juan de la Cuesta, 1588, p. 94. En el s. XIX este tipo de doctrinas hallan expresión científica en numerosos estudios. Son notables los trabajos de Lombroso (1835-1909), un médico italiano de origen judeoespañol; aplicando principios del positivismo darwinista a sus comprobaciones como director de prisiones, sienta las bases de la llamada antropología criminal.

(literarias, pictóricas, esculturales) que dan testimonio de este fenómeno.[10] Habría que preguntarse, sin embargo, si tal asociación halla fundamento en la comunión de determinadas cualidades[11] o si, por el contrario, sería la mera semejanza visual la que favorecería la atribución de ciertos rasgos de carácter.[12] Probablemente habría que concluir que la visión humana está fuertemente condicionada en este punto por toda una tradición histórica, cultural y ética, dato que explicaría la enorme codificación a la que están sujetas las referencias en este ámbito.

En la caracterización de sus personajes, la literatura medieval y renacentista se atienen respetuosamente a los cánones establecidos por la preceptiva artística clásica -determinada, como toda preceptiva, por baremos culturales y morales- que asocia bondad y belleza[13] y asigna a ésta rasgos específicos: la bondad en la mujer, por ejemplo, se asocia a determinados rasgos físicos como el cabello rubio, los ojos claros, la piel blanca;[14] el pelo

[10] Frecuentes han sido también las asociaciones con el mundo vegetal. Por mencionar un caso típico y tópico, recuérdense las pinturas de Arcimboldo. No resulta extraño que algunos de los grandes tratadistas de fisiognomía hayan sido grandes dibujantes, pintores y tratadistas de pintura, como es el caso de Leonardo Da Vinci, Durero, Carduccio o Palomino. Este último, en un famoso tratado, dedica un capítulo a la fisionomía: "Es principio constante en la filosofía natural, que la constitución del cuerpo humano, y la figuración del semblante, son unos índices infalibles de las pasiones, e inclinaciones del hombre". Sin dejar de anotar, de acuerdo con la doctrina cristiana, que la voluntad puede vencer esas inclinaciones naturales, prosigue con una enumeración de indicadores de dichas pasiones e inclinaciones. Al hombre fuerte y robusto le corresponden, entre otros rasgos, un cuerpo derecho, el pelo duro, los ojos hermosos y la frente aguda; al hombre ingenioso, un color entre blanco y rojo; al cobarde, el rostro arrugado y los ojos enjutos y hundidos; etc. *Cf.* Antonio Palomino de Castro y Velasco, *Museo pictórico y Escala óptica*, Madrid, Aguilar, 1947, tomo II, libro VIII, cap. II. Utilizo la reedición de 1988, pp. 295-303.

[11] El hombre astuto sería representado con rostro de zorro, o éste asociado al rostro de algún personaje famoso por su astucia.

[12] Quizás un rostro afilado podría recordar al de un zorro y desde ahí atribuise a la persona la astucia.

[13] Tal asociación no es, como se podría pensar, resultado de una cultura cristiana. Ya el canon helenístico imponía la conjunción de fuerza, nobleza, riqueza y hermosura. (*Cf.* E.R. Curtius, *Literatura europea y Edad Media latina*, Mexico, FCE, 1955, I, pp. 260-262). No está de más recordar aquí el peso que en la configuración de este canon tuvo el pensamiento aristotélico, según el cual, verdad, belleza y bondad son aspectos de una única realidad.

[14] A Preciosa, la gitanilla cervantina, "Ni los soles, ni los aires, ni todas las inclemencias del cielo (…) pudieron deslustrar su rostro ni curtir las manos"; Costanza, la ilustre

rojo, por lo contrario, constituiría un signo inequívoco de maldad, etc.

Posteriormente los parámetros parecen modificarse, aproxi-
mándose más a una visión pluralista y ambigua de la realidad. La
gama de personajes novelescos se enriquece notablemente. Sin
embargo, lo cierto es que artistas y escritores siguen ateniéndo-
se a determinados cánones y, para dar una idea de la bondad o
maldad, seleccionan cierto tipo de rasgos de entre los muchos
posibles. Y es quizás la literatura que se ha denominado "realista"
-probablemente a causa de su marcada intencionalidad moral- la
que sigue con mayor fidelidad dichos cánones. No faltan tampoco
en nuestra literatura más reciente ejemplos que ilustran que el
rostro no sólo constituye la "carta de presentación" del personaje,
sino que se configura como el resumen de su catadura moral o
incluso de su destino:

> Llevo camino de triunfar en cuanto me he propuesto, y cada mañana,
> al mirarme detenidamente en el espejo para descubrir los cambios, me
> cercioro de que llevo el triunfo pintado en el rostro.[15]

> Buscaba la mirada de alguien que había visto algo demasiado mons-
> truoso para ser suavizado o desdibujado por el olvido, unos ojos en los
> que tenía que perdurar algún rasgo o alguna consecuencia del crimen,
> unas pupilas en las que pudiera descubrirse la culpa sin vacilación, tan
> sólo escrutándolas.[16]

---

fregona, era "de las más hermosas muchachas" y "la más honesta doncella que se sabe",
el color de sus cabellos "salía de castaño y tocaba en rubio; pero, al parecer, tan limpio,
tan igual y tan peinado, que ninguno, aunque fuera de hebras de oro, se le pudiera com-
parar", *vid.* Miguel de Cervantes Saavedra, *Obra completa*, Alcalá de Henares, Centro de
Estudios Cervantinos, 1994. vol. II, pp. 442 y 758-759. Este canon de belleza femenina
sigue vigente en siglos posteriores: "Ella era hermosa, hermosa y pálida como una estatua de alabastro. Uno de sus rizos caía sobre sus hombros, deslizándose entre los pliegues
del velo como un rayo de sol que atraviesa las nubes, y en el cerco de sus pestañas rubias
brillaban sus pupilas como dos esmeraldas sujetas en una joya de oro", G.A. Becquer,
«Los ojos verdes», *Rimas y Leyendas; Cartas desde mi celda*, Barcelona, Planeta, 1982, p. 64.

[15] Javier Marías, *El hombre sentimental*, Barcelona, Anagrama, 1994, p. 95.

[16] Antonio Muñoz Molina, *Plenilunio*, Madrid, Alfaguara, 1997, p. 9. Quiero subrayar
que nada hay de determinista en la narración de Muñoz Molina. Por lo contrario, serían
las acciones las que dejarían su huella en el rostro de la persona. Un rostro que no necesariamente vendría a ser el reflejo del alma, ya que "El inspector estaba seguro de que
hay gente que no tiene alma, y lo que buscaba, sin precisar mucho ese pensamiento,
era una cara que no reflejase nada, la cara neutra y los ojos deshabitados (...). Buscaba
unos ojos, una cara que sería el espejo de un alma emboscada, un espejo vacío que no
reflejaba nada, ni el remordimiento ni la piedad" (pp. 14-15).

Yo sabía que los traidores no tienen cara.[17]

Sea como fuere, lo que sí resulta indiscutible es la importancia de los rasgos del rostro en la definición y caracterización de los personajes literarios de cualquier época, género o estilo. Entro con ello en el tema específico de este escrito, un intento de aproximación al rostro de los personajes en un texto particularmente interesante por su estrecha relación con las artes visuales.

Escenas de cine mudo,[18] de Julio Llamazares, se plantea, haciendo honor a su título, como un relato fragmentario, una serie de *escenas* cuyo hilo conductor es el repaso que del viejo álbum de fotos familiar efectúa el narrador-protagonista. Cada una de las fotos de ese álbum se convierte en punto de partida de los recuerdos del narrador, que, a base de retazos, va recomponiendo su infancia:

> Estas fotografías que mi madre guardó y conservó hasta su muerte (…) resumen en treinta imágenes los primeros doce años de mi vida (p. 11).

El libro se articula en capítulos que permiten una lectura autónoma, si bien el contenido de cada uno halla complemento en otros; con frecuencia, en un capítulo queda apuntado lo que constituirá la reflexión central del siguiente.[19] En cada caso, el narrador describe con más o menos detalle la fotografía que contempla y que le sirve para narrar determinados episodios de su vida o evocar el lugar en el que transcurrió su infancia. Los recuerdos del narrador se encadenan unos a otros, vencen la distancia de los años que los separan tanto entre sí como del presente narrativo y animan esas imágenes estáticas, esas *escenas de cine mudo*, hasta componer con ellas la película de su vida:

> A veces me sorprende el modo en el que las fotografías se suceden, la forma en que los recuerdos se agarran unos a otros, como si fueran cerezas, formando una película tan lógica que parece que recuperara el tiempo. (…) En lugar de secuencias aisladas, que es lo que son los recuerdos, sobre todo los lejanos, me daba la sensación de estar viendo una película completa (p. 179).

---

[17] Julio Llamazares, *Escenas de cine mudo*, Barcelona, Seix Barral, 1994, p. 166.

[18] Utilizo la edición citada arriba, a la que corresponden las cifras entre paréntesis en el texto.

[19] Es este un recurso muy empleado por el escritor, y de modo sistemático en *La lluvia amarilla*, Barcelona, Seix Barral, 1988.

Los recuerdos personales -familia, compañeros de juegos infantiles y aventuras de adolescente, el primer amor- se entrelazan con otros que afectan a la vida de Olleros -el riesgo continuo de la mina, el cine de los domingos, la llegada de la televisión- o incluso con acontecimientos de alcance nacional o mundial -el asesinato del presidente Kennedy, el primer viaje a la luna, las huelgas mineras- que prestan a lo relatado un contexto histórico concreto.[20]

¿Qué rostros muestran esas fotografías que el narrador describe y comenta? ¿Qué rasgos configuran la imagen de esos personajes que pueblan su memoria? Un examen detenido lleva al lector a comprobar que cuenta con muy poco. De Julio, el narrador-protagonista, sólo llegará a saber que era un niño rubio (p. 19), de ojos verdes -color subrayado artificialmente por la mano del fotógrafo (p. 26)-, que tenía una cicatriz en la frente a consecuencia de una pelea con un compañero de colegio (p. 35); que aparece a veces con gesto serio y contrariado (p. 26), o mirando fijamente a la cámara de fotos (pp. 63 y 144).

Más atención parece prestarse al atuendo: en una de las fotografías aparece con pantalones largos y un jersey de lana gorda verde y blanco (p. 19); en otra, lleva "una camisa blanca y un jersey marrón de punto" (pp. 26-27) o va cubierto por un pasamontañas con las manos hundidas en los bolsillos de un abrigo azul (p. 60); otra lo muestra en calzoncillos en la playa de Ribadesella (p. 138).

Lo mismo cabe decir de los otros personajes. Del aspecto exterior de sus padres o hermanos, el narrador no facilita dato alguno; de su amor juvenil, la hija del guarda, con la que bailó una noche inolvidable de su adolescencia, recuerda que era guapa y llevaba en esa ocasión un vestido azul (p. 48); de sus amigos, con los que aparece en una de las últimas fotos del álbum, menciona algún detalle aislado del atuendo: uno llevaba un jersey azul, otro un pasamontañas y otro tenía unas gafas negras. Del grupo de mineros que aparece en otra foto, menciona la palidez intensa (p. 99) y las miradas que parecían dirigidas a la eternidad; uno de ellos llevaba un gorro (p. 100).

---

[20] Son abundantes además las referencias a fechas precisas. Llama la atención que a pesar de ello Ravenet Kenna afirme que "no hay fechas específicas para facilitarles a los lectores un cronotopo preciso" (p. 193). *Vid.* Caridad Ravenet Kenna, "Con la cámara en la novela, o el enfoque de Julio Llamazares", en *Revista Hispánica Moderna*, L, 1997, pp. 190-204. Para más detalles, cf. el anexo final.

Es evidente que los datos que el narrador proporciona son del todo insuficientes. El lector que, espigando entre las páginas, intente recomponer ese viejo álbum, comprobará que lo que tiene entre las manos es una colección de fotografías sin rostro. ¿Qué puede haber inducido al narrador a escamotear tales datos? Una primera justificación sería la de afirmar que la familiaridad y cercanía respecto a ellos harían más dificultosa la tarea. Es verdad que con frecuencia falta la mirada objetiva sobre aquellos que tenemos más próximos. Muchos niños no son capaces, por ejemplo, de describir a sus padres. Sin embargo, frente a esto se alza otro tipo de experiencia común. En efecto, al contemplar un album de fotos, gran parte de las observaciones que despierta se refieren al atuendo, pero muchas otras afectan precisamente al rostro.

Además, conviene notar que esto sería aplicable solamente a las personas más cercanas, pero la situación no resulta ser muy diferente en el caso de otros personajes de aparición esporádica, en el texto y en la vida del narrador: así, por ejemplo, del autor de la foto oficial de la escuela dice que era un hombre ya mayor, vestido con un sombrero de fieltro y un traje de rayas viejo (p. 28); de su rostro sólo menciona la sonrisa (p. 28). Lo mismo ocurre con otros personajes, como Tango o Barbachey, que tanto significaron en su vida. Del primero, una especie de chulo de pueblo que lo tuvo subyugado durante algún tiempo, lo que recuerda son algunas peculiaridades: su camisa de seda, sus botas de tacón alto y sus patillas de hacha (p. 173); en realidad extravagancias ya convertidas en tópicos. De Barbachey asegura que conserva un recuerdo muy vivo, ya que con él vivió la noche más grandiosa de su vida (p. 91): una noche de circo en la que éste, colocándole sobre su barbilla, le alzó por encima de todos los presentes; de ese hombre que le "enseñó sin saberlo que soportar el paso del tiempo a veces es más difícil que sostener el mundo con la barbilla" (pp. 92-93) recuerda que "era un hombre fuerte y rubio, que actuaba ante el público desnudo de cintura para arriba y tenía las patillas unidas al bigote" (90); de nuevo una caracterización que no es sino un lugar común. A juzgar por estas dos últimas citas, se diría que hay como un desdoblamiento del narrador, que unas veces adopta la perspectiva del adulto y otras limita su saber adecuándolo al del personaje.

La ausencia de rostros en este texto podría explicarse haciendo de él una lectura en clave histórica, viéndolo como un intento de recuperación de la memoria colectiva. *Escenas de cine mudo* vendría a representar el recorrido inverso al realizado por el narrador de *El río del olvido*. Si allí el recorrido por una geografía determinada conllevaba un proceso de búsqueda interior,[21] ahora el viaje a través de sí mismo vendría a ser un intento de recuperación de un ámbito social cuya pérdida sería causa del desarraigo personal. Algo de ello hay, a mi juicio, en esta narración, pero considero de mayor relevancia otros elementos, de los que enseguida me ocuparé.

Cabría pensar que si el narrador omite la mención de los rasgos de todos aquellos rostros es simplemente porque los ha olvidado. Pero ¿por qué entonces destacar ese hecho en otras ocasiones? como sucede cuando se refiere al presidente Kennedy: "No sé cómo lo imaginé. Si le llegué a poner algún rostro (…) aquél se desvaneció" (p. 70). O a Luis, el vecino enfermo de silicosis que pasaba el día mirando por la ventana, de quien recuerda la respiración "monocorde y profunda", pero no su cara (p. 97).

Lo que llegamos a conocer de la apariencia física de estos personajes es algún elemento del atuendo -jersey, abrigo, gorro-, cuya misión es doble, ya que al mismo tiempo que cubren al personaje lo descubren, lo desvelan ante nuestros ojos; o un dato sobresaliente de su rostro -bigote, patillas, color de los ojos-. Todo ello parece confirmar la observación de Beisel, que caracteriza la visión del narrador llamazariano como "una mirada elíptica, recortada sinecdóquicamente".[22] El personaje queda señalado, definido a veces, por algún rasgo, marginal en muchas ocasiones, pero que cumple perfectamente su misión caracterizadora.

En esta narración en la que los rostros, difuminados por el tiempo o nunca percibidos en sus detalles, apenas llegan a distinguirse unos de otros, hay que destacar algo que sí parece tener un

---

[21] *Cf.* I. Beisel, "La memoria colectiva en las obras de Julio Llamazares", en Alfonso de Toro y Dieter Ingenschay (eds.), *La novela española actual: autores y tendencias*, Kassel, Reichenberger, 1995.

[22] I. Beisel, "La relevancia de la memoria y del recuerdo en las obras narrativas de Julio Llamazares y Juan José Millás", en Hans Felten y Ulrich Prill (eds.), *Juegos de la interdiscursividad. Actas de la Sección VII del Hispanistentag 1995*, Bonn, Romanistischer Verlag, 1995, pp. 23-35. *Cf.* p. 25.

papel especialísimo, la mirada. Evidentemente en la composición de un texto que nace del repaso de un álbum de fotos la mirada ha de ser un elemento esencial. Pero en este caso se va más allá. Se podría afirmar que toda la narración viene a ser un juego de miradas: el narrador contempla la foto desde la que otros personajes le miran, personajes que, a su vez, miran y son mirados por otros. Cada capítulo viene así a constituir un vaivén, una sinfonía de miradas que abarcan diferentes niveles: en un plano, aquellas miradas fijadas para siempre, las que se entrecruzan los fotografiados;[23] en otro, las que éstos, como pasando a través de los ojos del fotógrafo, dirigen al narrador y éste les devuelve[24] -destacando de modo especial las que se dirige a sí mismo-;[25] en último término las que, mediatizadas por el narrador, parecen intercambiar lector y personajes. Un diálogo mudo y silencioso que atraviesa las barreras del tiempo.[26] Es interesante al respecto la descripción del capítulo 23, correspondiente a una foto de grupo:

> Un grupo de colegiales, entre los que me encuentro yo, estamos jugando al fútbol en el prado que había al lado del reguero; al fondo, desde una cuesta, dos o tres hombres nos miran, varias mujeres tienden la ropa y un perro ladra en silencio, y, a la izquierda, en primer plano, dos chicas fingen que cogen flores (digo que fingen porque nos están mirando y no llevan en la mano más que un ramo muy pequeño). A lo lejos, se ve un coche que sube por la carretera y, tras él -y tras las casas-, el castillete del pozo se alza como un fantasma rojizo y siempre presente.[27]

El narrador que contempla las fotografías intenta, con ese gesto, recuperar un pasado perdido, o más bien, recuperar una imagen, la suya propia, que parece haberse ido desdibujando

---

[23] "Estoy subido al templete, junto con otros chavales, viendo cómo se prepara" (152). "Miguel y yo estamos junto a la iglesia, sentados en un madero, viendo pasar a los guardias" (159-160).

[24] "Ni siquiera nos damos cuenta -salvo un niño, a mi derecha, que lo mira- de que el fotógrafo está en una esquina y nos fotografía" (116).

[25] "En la memoria del niño que ahora me mira de nuevo" (21).

[26] "Esta foto en la que mis padres siguen sentados mirando a la eternidad" (71).

[27] Véase la p. 180. Es curioso que el narrador califique como "cuadro sin sonido ni argumento" (182) precisamente una foto en la que parecen resonar los ladridos de un perro y que, además, si algo tiene es argumento: un argumento tan cerrado en sí mismo, tan autosuficiente, que excluye el diálogo con algo más allá, y quizás en ello radique la impresión del narrador.

con el tiempo; a su vez, esas personas que quizá ya no existen, lo miran, inquiriéndole dónde ha ido a parar aquello que habían sido, en qué punto del camino se perdieron para siempre al desaparecer de su memoria. Lo que queda de los hombres que esas fotografías han fijado para siempre es la mirada. Lo que muestran las fotos no son rostros, lo que acercan no son personas de otro tiempo, son, como aquellos mineros de Olleros que volvían del trabajo antes del amanecer,[28] figuras, y figuras fantasmales:

> Desde cada fotografía nos miran siempre los ojos de un fantasma. A veces, ese fantasma tiene nuestros mismos ojos, nuestro mismo rostro, incluso nuestros mismos nombres y apellidos. Pero, a pesar de ello, los dos somos para el otro dos absolutos desconocidos.

> Desde cada fotografía, nos mira siempre el ojo oscuro y mudo del abismo (p. 25).

En definitiva, *Escenas de cine mudo* aborda, con un ropaje literario distinto, una temática cara al autor y que puede considerarse como el denominador común de todas sus obras: la reflexión sobre la memoria, su carácter ambivalente, sus mecanismos, su valor hermenéutico e incluso salvífico.[29] La memoria, que por una parte es como un vaho que "envuelve y difumina las imágenes" (p. 19) y, por otra, rescata, ilumina y da vida a lo que parecía perdido para siempre. La contemplación detenida de las fotos del álbum familiar aviva recuerdos que yacían en las sombras del olvido: "Su visión me trae también una imagen que ya creía perdida bajo el manto de la nieve acumulada en mi memoria por los años" (p. 16).

El texto se va configurando como un ejercicio de memoria, que es a la par un ejercicio de escritura. El repaso del album de fotos es el pretexto para internarse por los laberintos del recuerdo y actualizar el pasado, elaborándolo literariamente, en un proceso progresivo y autogestionado, con visos de circularidad. La memoria aporta la materia prima sobre la que trabaja la escritura y ésta, a su vez, actúa como faro y motor de aquélla, impulsándola a avanzar al mismo tiempo que va iluminando parcelas que permanecían ocultas:

---

[28] *Cf.* p. 16.

[29] Sobre el tema de la memoria, véase el trabajo ya citado de I. Beisel, "La memoria colectiva…"

La memoria es una mina oculta en nuestro cerebro. Una mina profunda, insondable y oscura, llena de sombras y galerías, que se va abriendo ante nuestros ojos a medida que avanzamos dentro de ella (...) Así, a medida que yo avanzaba en aquélla [mina], en mi memoria se iba encendiendo una luz (...) que alumbraba cada vez con más intensidad la propia mina de mis recuerdos. De algunos de ellos ni siquiera tenía ya conocimiento (p. 107).

En el capítulo 2, "Retrato de un fantasma", tenemos un buen ejemplo de cómo funciona el mecanismo de la recuperación progresiva del pasado que arranca del propio ejercicio de la escritura: el narrador comienza diciendo que se trata de una foto "de cartón, coloreada a mano por *algún fotógrafo desconocido*";[30] líneas después aludirá al "color verde de unos ojos que *un fotógrafo ambulante* pintó a mano",[31] para seguir diciendo que lo recuerda como a alguien todavía muy cercano (p. 27), y concluir: "*su recuerdo sigue impreso en mi memoria como si fuera una foto coloreada*: su sombrero de fieltro, su maleta, su trípode y su cámara, su viejo traje de rayas y el perfil de su figura silenciosa inclinada ante el volante mientras su destartalado coche se alejaba dando tumbos entre las escombreras de la mina abandonada".[32]

La colección de fotos se ve enriquecida por la memoria del narrador, quien, al comentar cada imagen, va ampliándola con los recuerdos ligados a ella; además, parece que aporta a la propia foto elementos que ésta no contenía. Se trata en algún caso de un elemento del ambiente[33] o de un sonido[34] o un olor.[35] Más llamativas resultan las notas de color en la primera serie de fotos. En el primer capítulo alude el narrador a una foto en la que aparece con un jersey de lana gorda *verde y blanco*.[36] La fotografía

---

[30] P. 26. La cursiva es mía.

[31] Pp. 26-27. La cursiva es mía.

[32] P. 28. La cursiva es mía.

[33] El narrador anota: "La estufa no aparece en la fotografía. La recuerdo en una esquina de la escuela, entre la carbonera y el armario de los libros, grande y negra como un tren y con la barriga siempre al rojo vivo", p. 25.

[34] "Un perro ladra", p. 180.

[35] "Todo ese olor, el de la leche en polvo y el del carbón, el de la chimenea y el de la tinta, es el que flota en esta vieja foto de cartón", pp. 25-26.

[36] Véase la p. 19.

está hecha en blanco y negro, como el mismo narrador afirma;[37] incluso en otra ocasión parece darse cuenta del desajuste y rectificar: "Seguramente me la hicieron un domingo. Lo digo por los zapatos, que están muy limpios pese a la nieve y el barro que se ven en las cunetas, y por ese abrigo *azul -negro en la fotografía-* que me hizo la modista".[38] El hecho en sí no llama demasiado la atención: la mente suple con su conocimiento lo que no perciben los sentidos, del mismo modo que en la lectura suple un error de redacción. Lo curioso es que esto suceda en contra de la percepción del narrador, quien, en dos ocasiones por lo menos, parece asegurar lo contrario:

> Cierto que los recuerdos, como las fotografías, van perdiendo poco a poco los colores con el tiempo (la memoria es una cámara que difumina el color) (p. 122).

> Que recuerde, ni los árboles de Olleros eran blancos, ni los pabellones rojos, ni la carretera malva, ni el cielo de color violeta. Al menos, no todo el tiempo. Y, sin embargo, así quedarán por siempre en mi recuerdo de aquel instante, posiblemente porque el recuerdo está impreso en mi memoria en blanco y negro, como todos los recuerdos, y es la fotografía la que le da el color (p. 129).

La rememoración creadora no se limita a comentar o contextualizar unas fotografías, actualizando datos y acontecimientos del pasado, sino que activa esas imágenes inertes prestándoles vida y movimiento:

> A medida que la contemplo, las figuras se mueven y cobran vida y el paisaje va adquiriendo poco a poco dimensiones y relieve. Es la máquina del tiempo, que se enciende, el foco de la memoria que ilumina la película (...) y que la proyecta luego en la pantalla borrosa de los recuerdos y de los sueños (p. 40).

Tal ejercicio de rescate confiere a la memoria/escritura un valor salvífico. En el engranaje de ambas se fragua la búsqueda de un pasado, que presupone la recuperación de una identidad personal y de una geografía, de un paisaje humano.[39] La memoria,

---

[37] Dice que las 15 primeras fotos del álbum son en blanco y negro (excepto la de la escuela, coloreada a mano). *Cf.* pp. 121-122.

[38] Véanse las pp. 60-61.

[39] Aún sin excluir radicalmente esa intención, no considero que *Escenas de cine mudo* responda en primer lugar a un afán de "rectificar la memoria colectiva impuesta, de

reconstruyendo lo que el recuerdo había difuminado se convierte en un puente que nos acerca a lo que fuimos. Sin embargo, comporta también una experiencia dolorosa. El recuerdo nos fuerza siempre a plantarle cara al tiempo y con ello nos sitúa ante un abismo: la toma de conciencia de la fugacidad de la vida, la experiencia del desarraigo, el sentimiento de vacío ante la carencia de un destino:

> (…) los viajeros y los hombres errabundos (quiero decir: los que andamos por la vida sin destino) compartimos la misma afición a asomarnos a los puentes y a las fotografías. Tanto unos como otras nos alzan sobre el vacío –el del paisaje o el del tiempo, pero sobre el vacío–; pero, a la vez, nos permiten soportar el fuerte vértigo que nos envuelve al mirarlo y atravesar los abismos que separan las orillas que ellos unen (p. 54).[40]

> La vida gira y gira (…) y, en algunas de sus vueltas, a veces nos sorprende, como las fotografías antiguas, arrojándonos de golpe los despojos del pasado (p. 92).

El narrador, quizás con un deje de remordimiento por haber vivido indiferente a tanta tragedia humana[41] -a la vida, en resumidas cuentas- pretende dar vida nuevamente -una vida literaria y duradera- a Olleros, "un pueblo duro y violento (por más que lo rodeara un bucólico y bellísimo paisaje" (p. 11). El álbum de fotos que elabora la memoria del narrador sería no sólo la prueba fehaciente de su propia existencia y de la de su pueblo, sino también garantía de pervivencia:

> Mientras la fotografía exista, ellos seguirán viviendo. Porque las fotografías son como estrellas: siguen brillando durante años aunque haga siglos que ya se han muerto (p. 204).

En realidad, no ha sembrado sino dudas. Es lícito preguntarse si Olleros ha existido alguna vez, si todos los que lo habitaban o

---

manera predominante, por la dictadura de Franco" (*Cf.* Ravenet Kenna, art. cit., p. 191) o de "mantener presentes experiencias colectivas del pasado, que no tuvieron acceso a la historia oficial, al menos durante un cierto tiempo, por cuestiones de poder" (I. Beisel, "La memoria colectiva…", p. 29). Me inclino más bien por una lectura en clave individual, que no excluye, sino que presupone lo colectivo.

[40] En la relación alternante entre el recuerdo y el olvido, el paisaje asume, como anota Beisel, un papel principalísimo. *Cf.* I. Beisel, *op. cit.* p. 24.

[41] "Yo, como en la foto, pasaba simplemente por delante. Tengo la sensación, ahora que pienso en ello, de que eso fue lo único que hice durante todos aquellos años" (101).

transitaban han pasado realmente por la vida. "Hay veces en que los sueños, a fuerza de repetirse, nos poseen con tal fuerza que terminan convirtiéndose en recuerdos" (p. 107). Porque lo que el álbum ha mostrado no eran rostros ni hombres: eran únicamente sombras, fantasmas. Aunque en definitiva la cuestión parece irrelevante para un narrador que confiesa que "[en Olleros] yo aprendí, entre otras cosas, que la vida y la muerte a veces son lo mismo" (p. 11).

Vida y muerte se confunden en el abismo del sueño o la memoria. En un movimiento típicamente llamazariano, la conclusión remite al inicio del relato. Porque ya en las primeras líneas el narrador nos había ofrecido las claves de interpretación:

> La pregunta no es si hay vida después de la muerte; la pregunta es si hay vida antes de la muerte (p. 11).

El narrador, que, como muestran las fotos, cubría su rostro para protegerlo del frío, lo ha cubierto una vez más, quizás para escapar al frío del olvido.

Escenas de cine mudo presenta a un narrador que mira a un niño que mira. Seguramente también el lector se habrá unido a ese círculo de "mirones"; y quizás, al terminar el último capítulo, se quede sin cerrar el libro ante la última página en blanco, igual que "en el cine, al acabar la película, hay personas que se quedan mirando a la pantalla sin darse cuenta siquiera de que aquélla ha terminado. Obviamente, no están viendo la pantalla, sino el recuerdo de la película, que todavía siguen rumiando" (p. 100).

ANEXO. EL ÁLBUM DE FOTOS
fotos en blanco y negro:
1: carteleras del cine (6-7 años)
2: foto escolar "oficial"
3: con su hermano ante las escombreras
4: jugando en la nieve con sus amigos (1961)
5: con su hermana ante la pista de baile (1962)
6: asomándose a un puente, con varios amigos
7: caminando solo por la carretera
8: los padres en la cocina, con la radio

9: la familia al completo, el día de Año Nuevo de 1963
10: con Mustafá, en la escuela
11: levantado en alto sobre la barbilla de Barbachey
12: pasando ante un grupo de mineros enfermos sentados a la puerta del bar *La Amistad*
13: con sus tres hermanos el día del bautizo de la pequeña con las casas de Olleros al fondo
14: la televisión
15: Olleros en blanco y negro

fotos en color:
16: despedida de su hermano que se iba a estudiar a Madrid
17: en la playa de Ribadesella
18: en la Chivata, el día que pasó Franco
19: junto a la orquesta compostelana
20: con su hermano, junto a la iglesia, viendo pasar a la guardia civil
21: tirando piedras al Judas
22: la muerte de Tango (1965)
23: jugando al fútbol
24: con su padre ante la catedral de León
25: con sus compañeros ante la cuesta de Sahelices, camino del colegio
26: con varios amigos, en el mismo lugar (1965)
27: tirando piedras a dos perros (mayo 1966)
28: con su padre junto a las colmenas (1967)

UN VIAJE DE INVIERNO.
EL CIELO DE MADRID

Manuel Ángel Morales Escudero
Escritor y crítico literario

El poeta Wilhelm Müller imaginó en su *Winterreise*[1] un viajero, un peregrino que decide abandonar su hogar para iniciar un viaje a través del crudo invierno. *El cielo de Madrid*[2] de Julio Llamazares es tanto un libro de viajes como la novela de un viaje en concreto, el que el escritor hace de forma definitiva hacia la ciudad de Madrid desde sus orígenes, desde una ciudad de provincias buscando triunfar.

Julio Llamazares conoció el éxito desde sus inicios en la literatura. Como poeta le habían concedido el Premio Nacional de Poesía Universitaria en 1976 por una colección de poemas que tomó forma definitiva en *La lentitud de los bueyes*,[3] título con el que obtuvo el premio Antonio González de Lama en 1978. En 1982 ganó el Premio de poesía Jorge Guillén con *Memoria de la nieve*[4] y, en 1986, quedó finalista del Premio Nacional de Literatura con su novela *Luna de lobos*,[5] publicada un año antes, escrita gracias a una beca del Ministerio de Cultura concedida en 1983. Un comienzo brillante para un escritor de provincias, nacido en un pequeño pueblo e hijo de un maestro rural.

---

[1] Una buena edición de los poemas de Müller, conocidos, sobre todo, por los *lieder* de Schubert-, es la de Andrés Neuman: Wilhem Müller, *Viaje de invierno*, Barcelona, El Acantilado, 2003.

[2] Julio Llamazares, *El cielo de Madrid*, Madrid, Alfaguara, 2005.

[3] Julio Llamazares, *La lentitud de los bueyes*, Madrid, Hiperión, 1979.

[4] Julio Llamazares, *Memoria de la nieve*, León, Consejo General de Castilla y León, 1982.

[5] Julio Llamazares, *Luna de lobos*, Barcelona, Seix Barral, 1985.

EL CAMINO DEL ÉXITO: EL *TIMING*

El 3 de diciembre de 1982 accede al poder Felipe González, presidiendo el que iba a ser el primer gobierno socialista
de la recién estrenada democracia, un gobierno que se definía
como de cambio en todos los órdenes, y el cultural no iba a
ser una excepción. Desde el siglo XIX, el socialismo había hecho de la cultura uno de los elementos imprescindibles de su
programa, la cual estaba llamada a ocupar un papel "fundamental en el proceso de toma de conciencia de la clase obrera
e instrumento de redención de la misma".[6] Fue una época do-
rada para aquellos que supieron aprovechar el tiempo que les
tocaba vivir, pues el gobierno socialista, a través del Ministerio
de Cultura, se puso manos a la obra. En los años 80, figuras
icónicas de la literatura como la del malogrado poeta Federico
García Lorca fueron utilizadas como parte de esa estrategia.
No en balde, en 1985 se reeditó la biografía del poeta andaluz[7]
y, en 1986, el Museo Español de Arte Contemporáneo, dependiente del Ministerio de Cultura, inauguró la exposición sobre
sus dibujos. Al mismo tiempo, se sucedieron las conferencias
y los libros sobre diversas facetas del poeta granadino. Y esta
actividad de promoción y aprovechamiento de la cultura no se
limitó a la literatura, pues, a partir de 1982, se intensificó por
toda la geografía española la labor de los artistas y cantautores
afines (Quilapayún, Paco Ibáñez, Mercedes Sosa, Víctor Manuel, Ana Belén, Serrat, Josiana, etc.), los cuales fueron con-
tratados por los ayuntamientos gobernados por la izquierda,
al igual que algunos poetas retornados del exilio como, por
ejemplo, Rafael Alberti. Todos ellos aprovecharon la oportunidad que les daba el gobierno para difundir sus mensajes al
grito de "A galopar/ a galopar/Hasta enterrarlos en el mar".
En definitiva, se utilizó la cultura para promocionar un determinado programa y difundir el mensaje que el nuevo gobierno
deseaba vehicular. Una apropiación en toda regla del hecho

---

[6] Francisco de Luis Martín, "La cultura socialista en España: de los orígenes a la
guerra civil", *Ayer. Revista de Historia Contemporánea*, 54, 2004, pp. 199-247.

[7] Ian Gibson, *Federico García Lorca. I. De Fuentevaqueros a Nueva York. 1898-1929*, Barcelona, Grijalbo, 1985.

cultural en el sentido sociológico que atribuye Max Weber[8] al concepto.

En el mundo empresarial el *timing* es el proceso por el cual se planifica una idea para ponerla en el momento preciso en el mercado y de la mejor manera posible. Se define por consiguiente como "el arte de elegir el momento perfecto para realizar una acción con la intención de lograr el máximo beneficio".[9] En 1983, Julio Llamazares obtuvo una beca del Ministerio de Cultura, que dirigía por entonces Javier Solana, para escribir una novela sobre unos sufridos guerrilleros antifranquistas, un proyecto que, seguramente de forma involuntaria, pero singularmente oportuna, entraba dentro de ese *timing*. Su éxito, al quedar finalista del Premio Nacional de Literatura de 1986, confirma la oportunidad de la aparición de *Luna de lobos* (1985), obra que sería llevada al cine en 1987 con dirección de Julio Sánchez Valdés.[10]

Veinte años más tarde de esa singular oportunidad, Julio Llamazares publicó *El cielo de Madrid* (2005), su cuarta novela. Es un viaje, pero es también una reflexión sobre el éxito y su significado en la vida del artista. Un éxito que le había llegado al propio Llamazares tan pronto y de forma tan rotunda, como se ha apuntado; de hecho, de manera bastante más rotunda que le llega a Carlos, el protagonista de su novela. Reflexionando sobre el éxito a preguntas del periodista Félix Linares,[11] Llamazares afirma:

> Al final, más allá del éxito y del fracaso, de cómo nacen los sueños y cómo se abandonan, la novela trata de lo que tratan todas las vidas: de la búsqueda de la felicidad. Todos estamos aquí -cada uno a su manera- buscando la felicidad, lo mismo que los personajes de la novela.

La obra según algunos críticos tiene "(…) aunque indirecta-

---

[8] Esteban Torres Castellanos, "El concepto de apropiación en Max Weber". *https://dialnet.unirioja.es/descarga/articulo/6164623.pdf*

[9] Marcelo Rojas Guerra, "Qué es timing. Clave para el éxito empresarial". *https://www.qdq.com/blog/que-es-timing (18/11/24)*.

[10] Como curiosidad, cabe decir que la película costó más de 90 millones de pesetas y que contó con fondos subvencionados y a fondo perdido del Ministerio de Cultura. Todo ello, como se ha apuntado, bajo el mandato de Javier Solana como ministro del gobierno socialista.

[11] Extraído de Félix Linares, "El cielo de Madrid. El éxito y el fracaso en el arte", El correo digital. Aula de cultura virtual, 12 de noviembre de 2024.

mente, un carácter autobiográfico".[12] En efecto, parece una autobiografía y bastante directa, pues el protagonista, Carlos, es un pintor que llega a Madrid en una época histórica en la que se desenvuelve la trama de la novela, conocida como la *movida madrileña*.[13] El momento histórico de la transición hacia la democracia en España, que trajo como consecuencia dicha movida, fue una época de cambios profundos en todos los órdenes: social, político y cultural. Es en ese ambiente creativo en el que Llamazares centra su historia. Es la época de la transición española, una época de libertades y de conformación de conciencias que convivían con viejas estructuras sociales y políticas que iban muriendo. Llamazares vive ese Madrid y lo refleja en las páginas de la novela:

> Y es que Madrid era una ciudad distinta. Anclada en medio de la meseta, en el centro de un país que vivía todavía con un pie en el siglo XIX. Madrid era una especie de puerto franco en el que se vivían ya los nuevos tiempos que se avecinaban.[14]

También Llamazares estaba buscando su lugar en el mundo, ahora que ya tenía claro que su futuro lo iba a vivir como escritor profesional. Carlos, el pintor, duda de su propia valía para ganarse la vida como profesional, pero al final sus sueños se cumplen. Desde que Llamazares publica su novela *Escenas de cine mudo* (1994)[15] hasta el año 2005 en que aparece *El cielo de Madrid* habían transcurrido once años. Entre tanto, había escrito también dos libros de viajes: *Tras-os-Montes* (1998)[16] y *Cuaderno del Duero* (1999).[17] Venía por tanto de una tradición y de una forma de escribir basada en la observación del paisaje y de los sentimientos que este transmite.[18] Esta visión romántica del paisaje como elemento al-

---

[12] M.ª Alida Ares, *El hilo de oro en la obra de Julio Llamazares*, Ponferrada, Instituto de Estudios Bercianos, 2021.

[13] José Luis Murillo Amo, "Memoria y legado de la movida madrileña". *Ojáncano. Revista de Literatura Española*, núm. 41, 2012, pp. 23-37.

[14] Julio Llamazares, *op. cit*, p. 78.

[15] Julio Llamazares, *Escenas de cine mudo*, Barcelona, Seix Barral, 1994.

[16] Julio Llamazares, *Trás-os-montes*, Madrid, Alfaguara, 1998.

[17] Julio Llamazares, *Cuadernos del Duero*, León, EDILESA, 1999.

[18] Pamela Philips, "La memoria del paisaje en los viajes de Julio Llamazares", en José Manuel Marrero Enríquez (ed.), *Pasajes y paisajes: espacios de vida, espacios de cultura*, Las Palmas de Gran Canaria, Universidad de Gran Canaria, 2006, pp. 105-124.

terador de la conciencia humana está presente en *El cielo de Madrid*. Por eso parece un libro de viajes. Porque lo esencial en la novela no es solo la trama ni la evolución de los personajes, que desde un principio están conformados. Es un libro que describe ambientes y personajes que no evolucionan demasiado a lo largo de la novela. En sus características principales, Carlos es el que es desde el principio: dubitativo, observador, contemplativo, a la espera de lo que la vida le vaya trayendo. Personajes como Eva, Rico, Suso, Mario… aparecen en un momento dado para luego irse y no volver a influir en la vida del protagonista. Son como los árboles, los caminos, las piedras y los monumentos que un viajero observa a medida que avanza en su viaje. *El cielo de Madrid* es, de este modo, un viaje más, en este caso a Madrid, escrito en primera persona por Carlos, un trasunto del propio autor, que le sirve de excusa para poder observar su comportamiento en una época determinada de su vida: el camino hacia el éxito. Y como el protagonista, que parece despreciarlo, el escritor no puede dejar, sin embargo, de trabajar por y para él hasta que, finalmente, descubra su verdadero significado.

PRIMER CÍRCULO: EL VIAJE HACIA EL LIMBO

No es casualidad que Llamazares haya elegido para su viaje la inspiración de la *Divina Comedia* de Dante. El genio florentino tenía una relación contradictoria con la tierra que le había visto nacer. Metido de lleno e implicado en la política de la ciudad de Florencia acabó sus días desterrado sin poder recibir sepultura en su tierra natal. Dante y Llamazares se asemejan en su implicación en causas políticas de toda índole y en su actitud de enfrentamiento con el poder, lo que conlleva sus consecuencias. El escritor leonés empieza a distanciarse del poder en el año 1986, momento en el que publica diversos artículos y cartas como la que sigue, de la que se reproduce un fragmento, publicada en el diario El País,[19] una crítica sin paliativos de la postura de las autoridades

---

[19] Julio Llamazares, "Cartas al director", *El País*, 31 de mayo de 1986. *https://elpais. com/diario/1986/05/31/opinion/517874408_850215.html*

socialistas ante los vecinos de Riaño que se oponían a la construcción del pantano:

> Quiero felicitar a las autoridades socialistas (de Madrid, Valladolid y León) por su arrojo y enorme valentía al enviar 100 guardias civiles a una aldea de Riaño con el fin de desalojar a punta de metralleta a una familia y a una anciana de 91 años de sus casas.

En realidad, sus enfrentamientos dialécticos con las autoridades de Castilla y León vienen de lejos, se remontan al origen de la comunidad autónoma. En un artículo del año 2022 publicado en *La Nueva Crónica de León* (que a su vez se refiere al artículo de Llamazares en los diarios de *Prensa Ibérica*) titulado "¿Existe Castilla y León?" Llamazares reflexiona sobre el surgimiento de la nueva Comunidad:

> En el año 1979, dos personas, el entonces ministro Rodolfo Martín Villa y el socialista Gregorio Peces Barba, en el transcurso de una cena en Valladolid acordaron crear una autonomía con los sobrantes de la histórica región de Castilla la Vieja, de la que se habían desgajado las provincias de Santander y Logroño para crear sus propias autonomías, y la no menos histórica región de León (León, Zamora y Salamanca), que aparecía en los mapas como tal desde la Edad Media y que en ese momento desapareció.[20]

Naturalmente, como Dante, Llamazares ha pagado un precio por su rebeldía y coherencia. De hecho, hasta ahora nunca se le ha concedido el Premio de las Letras de Castilla y León -el premio más importante de la comunidad-, premio que sí se ha otorgado a otros leoneses como Antonio Gamoneda, Luis Mateo Díez, José María Merino, Juan Pedro Aparicio o Juan Carlos Mestre.

La figura de Dante y su *Divina comedia* debieron parecerle muy atractivas a Llamazares cuando las eligió como modelo para afrontar la estructura de *El cielo de Madrid*. La novela se divide en cuatro círculos (el limbo, el infierno, el purgatorio y el cielo). En el inicio de cada uno de ellos hay una cita del poeta florentino, concretamente de uno de sus cantos. El primer círculo (el limbo) comprende diez capítulos; diez el segundo (el infierno); nueve el

---

[20] De hecho, el artículo expresa una síntesis de las opiniones del autor sobre la comunidad autónoma concluyendo que "dos personas y dos partidos políticos decidieron por ellos y así siguen desde entonces». *https://www.lanuevacronica.com/actualidad/existe-castilla-y-leon_115057_102.html*

tercero (el purgatorio) y un único capítulo el último (el cielo). El primero de ellos es el más extenso. Ocupa más de setenta páginas (pp. 15-100) y tampoco esta duración es una casualidad, como nada en el libro, en el que aparecen muchas claves y símbolos.

En el viaje que el poeta florentino hace en la *Divina Comedia* de la mano de Virgilio, se da una importancia vital al infierno y en él aparecen personas reales, muchas de ellas coetáneas de Dante, algunos tienen incluso nombre y apellidos. Pero Llamazares le da más importancia al limbo que al infierno. Allí se reúnen los amigos de Carlos a la espera de que algo suceda, si bien no ponen mucho de su parte para salir de allí:

> La verdad es que El Limbo era un sitio raro. (…) Hacia la madrugada, cuando los demás cerraban, el bar se llenaba de renuentes y de gente empeñada en no regresar a casa. A partir de ese momento y hasta la hora del cierre (muchas veces ya de día), era cuando El Limbo hacía honor a su nombre y cuando los clientes se encontraban en su salsa.

Carlos reflexiona constantemente sobre el proceso de creación. Siente que está atascado en su arte y que, para encontrar una voz y un estilo propios, necesita un cambio, el cual se materializa en la utilización de nuevos colores y ambientes:

> El verde intenso de Asturias seguía fijo en mi paleta, como sus lluvias en mi memoria, pero empezaba a mezclarse con los rosas y violetas de los cielos de Madrid (p. 29).

De pronto, toma conciencia de que debe alejarse de los espacios conocidos (de su Asturias natal) y transitar por otros nuevos (la capital española), un viaje iniciático que efectúa de la mano de Paco Arias, trasunto de Virgilio en la *Divina Comedia*. Es él quien le hace descubrir el bar en el que recalan jóvenes procedentes de distintas provincias de España. Allí beben y, sobre todo, recuerdan, pues el tema de la memoria[21] recorre toda la novela y hay una relación muy estrecha entre el espacio y las vivencias, entre la geografía y la experiencia. Carlos rememora los años felices de su llegada a Madrid, cuando, en compañía de Julia, conoció a Juan, Suso, Mario Carlos Cuesta, Pedro, Rosa Ramos…, representantes

---

[21] Salwa M. Mahmoud, "El cielo de Madrid: memoria del desencanto", en *Siglo XXI. Literatura y Cultura Españolas*, núm. 7, 27 de junio de 2024. *https://dialnet.unirioja.es/descarga/articulo/4953215.pdf.*

todos ellos de los anhelos de la juventud y de unos sueños que, en muchos casos, no se van a realizar.

Aunque el ambiente de El Limbo es fundamentalmente nocturno, este bar representa, para él, la seguridad, si bien siente que "cada día está más muerto, más vacío y decadente"[22] y que, tarde o temprano, tendrá que actuar. La aparición de Eva es clave en su evolución vital. Nacida en Estocolmo, conoce a Carlos en la primera exposición individual que este hace en Madrid. Con ella, vuelve a sentir la estabilidad que había tenido en el pasado con Julia: "Una estabilidad que yo entonces desprecié, en busca de la libertad, pero que echaba de menos desde hacía tiempo" (p. 46). Ella lo incita a mirar a su alrededor, algo que será esencial para su evolución, pues hasta entonces había vivido en un estado de autorreflexión, intentando comprender sus sentimientos.

En el inicio del capítulo V, Carlos toma plena conciencia de su evolución. De pronto, ve a los habituales parroquianos de El Limbo como seres estáticos, ajenos al malestar que a él le embarga y que le empuja a avanzar, aunque sea doloroso. Compara el bar El Limbo con el Titanic, un barco que se está hundiendo sin que sus pasajeros lo adviertan y esa situación lo lleva a rememorar la toma del Congreso el 23 de febrero de 1981 y el intento fallido de golpe de Estado en España. Con ello se abre paso otro de los temas recurrentes en la obra de Llamazares: la obsesión por la memoria.[23]

El viaje hacia el éxito que guía a Carlos se ve intensificado en los siguientes capítulos y son muchos los detalles que muestran cuánto le importa lograrlo. No lo oculta cuando habla con cierto desprecio de Romero, de quien piensa que nunca conseguirá el rango de "escritor de culto" (p. 57). Al mismo tiempo, se pregunta con cierta ansiedad qué le deparará a él el futuro. La tormenta que tarda en descargar es un símbolo de esa espera, de ese cambio que no acaba de producirse. Él no comparte la despreocupación de sus amigos, le preocupa el paso del tiempo y que sus sueños no

---

[22] Llamazares, *op. cit.*, p. 27.

[23] Irene Andres-Suárez, "Memoria y tiempo en *Escenas de cine mudo* de Julio Llamazares", en *España Contemporánea. Revista de Literatura y Cultura*, Columbus, The Ohio State Univrsity, núm. 1, t. XIII, primavera 2000, pp. 87-98.
https://kb.osu.edu/bitstreams/ee8b6442-98e3-5673-80b4-9024535c99fe/download.

se cumplan; ambiciona el triunfo, pero no se atreve a confesarlo. Tiene la sensación de estar desperdiciando su vida, una situación evocada mediante la imagen de la gaseosa que se evapora.

El capítulo VII se abre con una reflexión sobre el arte de escribir y sobre la incompatibilidad con el hecho de vivir, una preocupación muy barojiana con quien Llamazares tiene singulares similitudes. Carlos recuerda una frase de su amigo Suso que lo ha marcado profundamente: "tenía razón al decirme que en la vida hay que elegir entre vivirla o contarla", (p. 65) y busca excusas, justificaciones, para su actitud. En realidad, su visión sobre los parroquianos, más que amigos, de El Limbo es contradictoria. Por un lado, los admira y los "envidia" por su "falta aparente de preocupaciones" (p.71), pero, por otro, desea progresar, hacerse famoso, lo que evidencia su malestar profundo. Manifiesta, además, el temor de no poder vivir de su arte, de caer en la pobreza.[24] Unas divagaciones utilizadas por Llamazares para insertar en el libro toda una reflexión sobre el mundo del arte, en general, y sobre el literario, en particular.

En los tres capítulos siguientes abundan los símbolos premonitorios: la tormenta que no llega o los amigos que no aparecen por el bar, como Suso. La postura de Carlos con respecto a este último es de cierta reticencia; piensa que es un mantenido, algo que él no puede permitirse, tiene coche -un SEAT 600- con el que se pasea por Madrid, es el centro de las reuniones y, lo que es aún peor, es muy elitista[25] y resulta atractivo para las mujeres.[26] Al final, Carlos se convierte en su peor crítico al señalar que es hijo de un abogado franquista y su familia de derechas. No es extraño, pues, que ambos personajes se distancien. Lo esencial es que, a través de su amistad, el escritor hace un análisis del poder del paso del tiempo para laminar hasta lo más sagrado como, por ejemplo, la amistad.

En los capítulos IX y X la tormenta se desata al fin y con la lluvia llega el cambio tan esperado y, en buena medida, la decepción: "Después de tanto esperarla (el agua), yo también la

---

[24] Konstantinos Paleólogos, "Julio Llamazares o la historia que se borró", 19 de septiembre de 2024. *https://dialnet.unirioja.es/descarga/articulo/7653871.pdf.*

[25] Llamazares, *op. cit*, p. 80.

[26] Ibídem.

agradecía, pero, en apenas unos segundos, comencé a sentirme incómodo". La anhelada evolución viene acompañada del temor a la precariedad, simbolizada por la imagen de un vagabundo sentado en un banco, empapado por la lluvia, un desamparo del que Llamazares ha huido desde que empezó a escribir sus primeros poemas.

SEGUNDO CÍRCULO: DÍAS DE INFIERNO

En el infierno habita el dolor. Así lo refiere Dante. El dolor y la desesperanza. "Abandonad toda esperanza" es la frase que encuentran los condenados a las puertas del infierno dantesco. Llamazares es muy consciente de ello. Por eso, su segundo círculo trata de la falta de esperanza, de las entrañas del infierno. El capítulo primero empieza con el abandono de Eva. Lo que inquieta a Carlos no es el abandono en sí mismo, es la conciencia de haber cometido un error, lo que lo conduce a volver de nuevo la vista atrás y a lacerarse. La imagen de la piel que duele al arrancarse recuerda los tormentos que Dante describe en sus cantos. Carlos tiene miedo a afrontar la incertidumbre propia del trabajo artístico y le cuesta reconocer que ambiciona el éxito, que ha estado engañándose:

> Por una parte, es verdad, necesitaba también el éxito (entre otras muchas razones, porque vivía materialmente de mi pintura), pero por otra, me sentía cerca de Suso en su desprecio al mundo del arte y de la literatura. (p. 110).

Nótese que, en el primer caso, el personaje necesita justificar la búsqueda del éxito, mientras que, en el segundo, no. Al autojustificarse declara sus más íntimas intenciones.

La muerte de su progenitor, coincidente con el abandono de Eva, acelera su evolución. Su viaje invernal se abre a un nuevo periplo que lo conduce por senderos desconocidos y amenazantes, pues, pese a que su obra empieza a ser reconocida, lejos de proporcionarle la tranquilidad esperada, lo desazona aún más, pues, de pronto, advierte que sus cuadros son repetitivos y tiene la sensación de aburrirse pintando. Al mismo tiempo, toma conciencia de que siempre ha sido y será un *outsider*, alguien que mira desde la barrera, que vive al margen.

Cree haber encontrado su camino de la mano de los nuevos medios de comunicación -el diario *El País*- que lo apoyan y lo reconocen como a uno de los suyos. El éxito le llega por medio de un reportaje, una chispa que enciende un fuego que desde entonces no va a dejar de crecer sin saber muy bien por qué, como reflexiona el propio Carlos. El capítulo IV refleja la desazón del personaje al comprobar cómo la realidad es moldeada desde el exterior sin que él tenga ningún control sobre ella.[27] Tal vez haya que ver aquí una alusión del propio escritor a la labor de los estudiosos de la literatura, propensos a proyectar en las obras que analizan su propia imaginación y visión del mundo, una visión muchas veces alejada de la experiencia que le dio origen y ante la cual el autor solo puede expresar su sorpresa. Una desazón creciente que encuentra su epílogo en la conversación con el vagabundo Fermín en la madrugada de una noche tormentosa. Se trata de un personaje shakesperiano, un filósofo que es capaz de descubrir los misterios del alma humana. Su idea de que los fantasmas no saben que lo son y que el propio Carlos podría ser uno de ellos es una de las imágenes más potentes de la novela. El vagabundo es un oráculo que Carlos no toma demasiado en serio al principio, pero que termina conmoviéndolo hasta la misma raíz de su ser, ya que es él quien precipita su huida a Miraflores, un pequeño pueblo en la sierra de Madrid. Es como volver de nuevo al principio, a los orígenes. La imagen de Carlos que se ve a sí mismo como un río recuerda el libro de viajes de Llamazares: *El río del olvido* y explica el simbolismo del río en su obra, una visión manriqueña que enlaza con una tradición literaria ancestral. Es así como termina el infierno, con la huida, y comienza el círculo del purgatorio.

TERCER CÍRCULO: EL PURGATORIO

"Fue como si me hubiera muerto",[28] así de rotundo se muestra al inicio del capítulo titulado "El purgatorio". Una cita de Dante del Canto XXXVII muy significativa anuncia la intención

---

[27]

[28] Llamazares, *op. cit*, 193

de esta parte, pues menciona un camino desierto, el más desierto
y el más áspero. Llamazares, sin embargo, no identifica la muerte
con algo negativo, sino con el silencio, la paz, la tranquilidad que
da la huida del bullicio. Es un silencio sonoro en el que destacan
los trinos de los pájaros y el dulce siseo de las copas de los árboles
agitadas por el viento. El escritor hace un elogio de la vida retira-
da, eligiendo su *Beatus Ille* en la sierra de Madrid. Carlos trabaja
de noche, seguramente como escribía en ese tiempo Llamazares
-también Mishima-, para aprovechar la concentración que da
el silencio total, la activación de los rincones más profundos de
la memoria que proporcionan las horas nocturnas. Carlos tiene
prejuicios contra los que llama "veraneantes",[29] "madrileños, que
hacían de su presencia una continua muestra de ostentación", lo
que lleva a preguntarse sobre el porqué de ese desprecio. Confiesa
que huía de esa gente, más que del propio Madrid. Le molestan
esos personajes sin nombre que no hacen otra cosa más que trabajar para poder disfrutar de unos pocos días de verano. Hay
en Carlos una pose aristocrática en el sentido de exclusión del
común, de gentes que ve como molestas, que no le dejan disfrutar,
un tono muy parecido al de la novela *Los asquerosos* de Santiago
Lorenzo (2021).[30] Es la visión urbana del que idealiza los pueblos,
pero es incapaz de vivir en ellos; porque los pueblos no son solo
silencio, pajarillos y viento en las copas de los árboles. La vida de
Carlos es la típica del artista en su torre de marfil: tardes frente a
la chimenea, largos paseos, siestas provechosas. Sin embargo, es
un tiempo productivo. Su adolescencia, identificada con el tiempo del infierno, ha dejado paso a la juventud del purgatorio. Por
fin trabaja con un propósito. Las dudas sobre el trabajo y su sentido han quedado atrás. El personaje va evolucionando a lo largo
de las estaciones que pasa en Miraflores, pero cuando el invierno
manifiesta toda su crudeza, siente que en el fondo no está hecho
para resistir la dura muela de molino de la soledad. Con su talante aristocrático, Carlos hace buenas migas con algunos hombres
del pueblo, gentes sencillas que no le hacen preguntas, que no lo
interpelan, que tampoco lo conocen. Gentes pintorescas como

---

[29] Llamazares, *op. cit*, 195.

[30] Santiago Lorenzo, *Los asquerosos*, Barcelona, Blackie Books, 2021.

un panadero o un ganadero; en el fondo, elementos de un paisaje idealizado que responden al ideal que el artista tiene de la vida en los pueblos.

Como de costumbre, el escritor leonés introduce diversas historias, digresiones que se le van ocurriendo al hilo de la trama. Y así reflexiona sobre el papel de las casas, de su historia, cuando descubre que el chalé que ha alquilado pertenece a una mujer, hija de un militar franquista: el botín arrebatado a sus legítimos propietarios tras la Guerra Civil. Poco a poco, empiezan a venir por el chalé sus antiguas amistades, como Suso. Aparecen personajes a los que Carlos no hace demasiado caso, pero que necesita para que el proceso creativo siga fluyendo. Poco a poco, se da cuenta de que no es tan fuerte, que su afán por la soledad no era más que una pose del artista maldito y enfrentado con el mundo, un enfrentamiento quizá no calculado, pero efectivo para alimentar el yo creativo.

En el purgatorio tiene una presencia benéfica el perro Lutero (un nombre muy apropiado por su heterodoxia), convertido en una agradable compañía. Se trata de un perro que Carlos encuentra abandonado en la sierra y que adopta. Es un poco como él: un animal sin dueño que necesita, sin embargo, amor y cariño, al que la soledad no le gusta en el fondo por más que crea insistentemente que la necesita. Carlos no es un solitario convencido. Su soledad no es elegida, es autoimpuesta, forzada. Advierte también que se ha formado una imagen de sí mismo que le beneficia. Su huida de Madrid, su retiro en Miraflores, casa muy bien con la imagen del hombre que no soporta el trajín de la ciudad y que revindica el ideal romántico de la vida rural. Una vida que se advertía en la figura artística que los periódicos proclamaban como un nuevo descubrimiento en el arte. "Yo me convertí, por ello, en un pintor especial",[31] confiesa Carlos, consciente de que se había transformado en un personaje ensimismado en su propio mundo, que vendía cuadros, ganaba dinero y podía seguir prosperando mientras explotara esa imagen.

Miraflores actúa como un depurativo en el alma de Carlos. Allí descubre que lo único que tiene, lo único tangible y que le acompañará siempre, para bien o para mal, es su arte: "Así que

---

[31] Llamazares, *op. cit*, 213.

la pintura era ya mi única amiga, además de mi profesión. Mi única amiga, mi única patria y hasta mi única compañía (...)".[32] Si tenemos en cuenta que Carlos es un trasunto del propio Llamazares, podemos concluir que en pocas ocasiones ha confesado de forma tan clara y rotunda lo que significa para él su escritura.

El final del purgatorio empieza a adivinarse cuando Carlos conoce a Rosalía, una muchacha que se aproxima al artista, atraída por el aura misteriosa del hombre maduro. Rosalía remueve con su indiferencia la vida del pintor al que ya se le empieza a hacer evidente que su estancia en el pueblo no conduce a nada. Cuando deja de pintar, aburrido y convencido de que lo que hace no puede interesar a nadie, cae de nuevo en un estado de depresión, de dejadez, al tiempo que se da cuenta de la inconsistencia de esos ideales que le llevaron a aislarse del mundo. Madrid se le aparece de nuevo como una tabla de salvación:

> Pero ahora comprendía hasta qué punto estábamos todos equivocados. Ni Madrid ni ningún sitio cambiaba tanto como creíamos, y aunque lo hiciera, los cambios no eran tan decisivos como para quedarnos fuera de ella.[33]

Por fin advierte la verdadera naturaleza de los pueblos. No son tan distintos de las ciudades. Las mismas mezquindades, los mismos conflictos que se dan en la ciudad se dan también en los pueblos, solo que a una escala más pequeña. Varían algunos aspectos, pero permanece la esencia de los vicios y virtudes humanas. Llamazares reflexiona, finalmente, sobre el sentido del éxito, de lo absurdo que es su búsqueda sin más, sin atender al significado de la obra. Para él, que habla ya directamente y sin tapujos, "lo único que al artista le debe interesar es su trabajo y que la realización de éste es su verdadero éxito".[34] No es casualidad que estas reflexiones sobre el significado del éxito prefiguren el inicio de El cielo, su último capítulo. La búsqueda del éxito fue el motor que animó a Carlos desde el principio de su existencia. Fue también lo que produjo esa sensación de desazón que le acompañó durante gran parte de su vida.

---

[32] Llamazares, *op. cit*, 225.

[33] Llamazares, *op. cit*, 241.

[34] Ibídem, 245.

Aunque la obra que nos ocupa es una novela y no una autobiografía, tras el viaje de invierno que realiza Carlos palpita sin duda el viaje vital del propio escritor (y también del artista en general). Sus actos están determinados por la búsqueda del éxito, sus posiciones políticas, su rechazo a las instituciones, su idealización de los pueblos y del entorno rural, todo está encaminado a un mismo fin. Y es aquí, en *El cielo de Madrid*, cuando el escritor lo confiesa abiertamente, cuando está al final del viaje invernal emprendido desde sus ambiciosos inicios en un pueblo del norte de España.

CUARTO CÍRCULO: EL CIELO

El cielo es el cuarto y último círculo. Al igual que Dante ve la luz entre las almas puras de la mano de Virgilio, también Carlos accede a ese lugar privilegiado al que solo se accede tras el arrepentimiento y el sufrimiento. El Canto LXVIII de la *Divina comedia* de Dante que Llamazares elige de forma certera así lo anuncia. Es un nuevo día con un nuevo sol, con una nueva luz. Ocupa tan solo cuatro páginas y lo titula "Final". Llamazares tiene poco que contar sobre la felicidad, quizá porque esta tiene su propia luz y no necesita ni puede ser contada ni descrita, se vive simplemente y ya está, como la vida verdadera. Esa necesidad tan barojiana de vivir y no de contar es la que parece haber encontrado el personaje. La pintura se ha convertido ya en una obra cotidiana que no se discute. Ya no le hace falta a Carlos justificarse porque su arte y su vida son un todo. Como si el propio Creador las hubiera fusionado. Aparecen figuras primarias como el padre, la madre o el hijo, al que Carlos destina la historia de su vida. Una sucesión de anécdotas, de impresiones, como las pinceladas en el lienzo, como la técnica del propio Llamazares que escribe así, a pinceladas. Gruesos trazos que se combinan con otros más finos para crear una obra de arte. La de un ser humano, imperfecto como todos, pero consciente de sus imperfecciones. La de un escritor que ha reconocido el motor que alumbró sus inicios y ante al que ha rendido cuentas después de varias décadas en *El cielo de Madrid*.

UNA REFLEXIÓN CALEIDOSCÓPICA: *DISTINTAS FORMAS DE MIRAR EL AGUA*, DE JULIO LLAMAZARES

FRANCISCA MONTIEL RAYO
Universitat Autònoma de Barcelona

El universo literario de Julio Llamazares se articula, como es sabido, en torno a la memoria, "materia tan maleable como cambiante"[1] que le ha llevado a regresar en sus textos, de uno u otro modo y de forma recurrente, a su pueblo natal, sepultado bajo las aguas del pantano del Porma desde 1968, lo que obligó a sus habitantes y a los residentes en otras localidades de la zona a abandonar físicamente su tierra para siempre. "Escribimos desde la memoria, y la mía está en Vegamián", aseguró en 2018,[2] tres años después de que viera la luz *Distintas formas de mirar el agua* (2015), que definió como "la novela de mi vida (...). La novela que he estado escribiendo toda mi vida sin yo saberlo", según reconoció tras su publicación.[3]

Su materialización tardó décadas en producirse. La experiencia vivida en 1983, cuando pudo visitar su lugar de origen con

---

[1] Julio Llamazares, "La memoria como novela: autobiografía y ficción", *Cuadernos Hispanoamericanos*, núm. 716, febrero de 2010, p. 10. "La memoria se crea y se transforma continuamente como la imaginación y como esta desaparece llegado un punto. Es como un banco de nubes en el que el movimiento continuo de estas va iluminándolas y ensombreciéndolas alternativamente en función de la posición del sol y de la perspectiva desde la que se las contempla. La memoria es un campo de arenas movedizas", añadió a continuación, pp. 10-11.

[2] Fulgencio Fernández, "Juan Benet y yo estábamos en distintos lados de la presa", *La Nueva Crónica*, León, 27 de mayo de 2018, *«Juan Benet y yo estábamos en distintos lados de la presa».*

[3] J. M. Plaza, "Llamazares vuelve a casa. *Distintas formas de mirar el agua*, la última novela del autor leonés aborda el desarraigo", *El Mundo*, Madrid, 13 de febrero de 2015, *Llamazares vuelve a casa | Cultura EL MUNDO.*

motivo del vaciado del embalse por razones técnicas, fue "tan impactante" que lo dejó "mudo, sin poder escribir nada sobre ello".[4] En efecto, orillando el tema, trazando círculos concéntricos en torno a él, Llamazares optó desde sus inicios como narrador por relatar otros asuntos colindantes. Para la composición de sus tres primeras novelas -*Luna de lobos* (1985), *La lluvia amarilla* (1988) y *Escenas de cine mudo* (1994)- resultaron determinantes los recuerdos de su infancia,[5] indisolublemente asociados a los parajes en los que habían transcurrido los primeros años de su vida.[6] Conviene tener presente a este respecto que, según Llamazares, "una novela es siempre autobiográfica independientemente de lo que se cuente en ella", pero también que "toda autobiografía es ficción", como advirtió en 2010 a propósito de algunas interpretaciones

[4] *Ibidem*. En rigor, de la conmoción que le produjo al entonces joven escritor la visión de las ruinas de Vegamián dio cuenta en tres poemas, parte de un proyecto anunciado que no tuvo continuidad. Dichos poemas fueron publicados tras el rodaje de la película *El Filandón* (1984), dirigida por José María Martín Sarmiento, donde Llamazares recorre dichas ruinas y da a conocer uno de los poemas citados (*El Filandón de San Pelayo*, León, Diputación de León, 1984). El título elegido para la sección poética "Retrato de bañista" -como el del proyecto nonato- también lo utilizó el escritor años después para dar nombre al libro en el que se incluyeron el guion de la parte de la película que había creado Llamazares y las fotografías realizadas entonces por Agustín Berrueta (Badajoz, Del Oeste Ediciones, 1995). Llamazares se refirió asimismo a lo que había podido ver casualmente mientras se hallaba en la zona preparando el rodaje de la película en el artículo "Un 'cementerio marino' emerge en el valle leonés de Vegamián, al borde de la Cordillera Cantábrica", publicado en *El País* el 24 de diciembre de 1983, texto recogido posteriormente en el volumen *En Babia* (Barcelona, Seix-Barral, 1991), donde decidió titularlo "Volverás a Región", como la novela homónima de Juan Benet.

[5] *Luna de lobos* recrea las historias de los maquis de su zona de origen que le contaron cuando era niño; en *La lluvia amarilla* el escritor situó la acción en un pueblo del Pirineo de Huesca -una provincia de España que no existía en realidad, según decía uno de sus profesores (*cf*. Fernando Valls, "En el horizonte de la literatura: La prosa periodística de Julio Llamazares", en Irene Andrés-Suárez y Ana Casas (eds.), *El universo literario de Julio Llamazares*, *Cuadernos de Narrativa*, Université de Neuchâtel, 3, diciembre de 1998, p. 47), para mostrar la agonía final del último superviviente de una localidad de la que posteriormente se ha denominado la España vaciada; Olleros, donde vivió el escritor buena parte de su infancia consciente, es el escenario en el que se generaron los recuerdos de los que se nutre *Escenas de cine mudo*.

[6] "El paisaje es memoria. Más allá de sus límites, el paisaje sostiene las huellas del pasado, reconstruye recuerdos, proyecta en la mirada las sombras de otro tiempo que solo existe ya como reflejo de sí mismo en la memoria del viajero o del que, simplemente, sigue fiel a ese paisaje", escribió Llamazares al iniciar *El río del olvido* (Barcelona, Seix-Barral, 1990, p. 7), su primer libro de viajes, en el que relató el recorrido que realizó a pie en 1981 siguiendo el curso del Curueño, zona en la que transcurrieron todos los veranos de su infancia.

realizadas sobre la última narración que había dado a conocer.[7] El tránsito de la juventud a la madurez lo abordó en *El cielo de Madrid* (2005), en tanto que en *Las lágrimas de San Lorenzo* (2013) -cuyo protagonista reconoce que siente vértigo al constatar que su hijo está próximo a entrar en la adolescencia-[8] el escritor se enfrentó a la reveladora percepción del inexorable paso del tiempo.[9] "A partir de una edad todos somos ya supervivientes" es la significativa frase con la que da comienzo *Vagalume* (2023), su última obra,[10] una novela con contenido metaliterario en la que, según su autor, se sirvió de ciertos ingredientes del género del suspense para abordar su propia vida, su pasión por escribir.[11]

Es esa toma de conciencia de la temporalidad la que pudo llevarle a afrontar literariamente por fin el "acontecimiento biográfico más importante y que más repercusión ha tenido en su obra":[12] el anegamiento de un pueblo en el que no vivía desde los dos años pero que marcó su existencia para siempre.[13] Su primera creación, "El valor del agua", data de 2011, año en el que se publicó, con ilustraciones de Antonio Santos, como un cuento infantil.[14] En el relato, Llamazares muestra la entraña-

---

[7] Julio Llamazares, "La memoria como novela: autobiografía y ficción", art. cit., pp. 7 y 8. El escritor había recordado en 2006 "algo que ya es sabido desde el principio mismo de la novela: que esta se nutre de la experiencia, ya sea del autor, ya sea la de otras personas". Véase Julio Llamazares, *Escenas de cine mudo*. Edición de Carmen Valcárcel, Madrid, Cátedra, Letras Hispánicas, 869, 2022, p. 79.

[8] Julio Llamazares, *Las lágrimas de San Lorenzo*, Barcelona, Debolsillo, 2016, pp. 34-35.

[9] "Durante muchos años, pensé que eso solo les pasaba a otros, que el temor a envejecer solo les afectaba a quienes me precedían en el escalafón del tiempo. (…) Pero cuando estos desaparecieron (…) comencé a sentir esa desazón que produce saberse ya en la primera fila", asegura el protagonista (*ibidem*, p. 46).

[10] Julio Llamazares, *Vagalume*, Madrid, Alfaguara, 2023, p. 11.

[11] Julio Llamazares, "Presentación de *Vagalume*, de Julio Llamazares", Madrid, Círculo de Bellas Artes (19 de abril de 2023), *Presentación de "Vagalume", de Julio Llamazares - YouTube*

[12] Fernando Valls, "En el horizonte de la literatura. La prosa periodística de Julio Llamazares", art. cit., p. 48.

[13] "El hecho de haber nacido en un pueblo desaparecido bajo un embalse, y de haber pasado la infancia en otro (…) determinan los temas de mis novelas y hasta la forma en la que están escritas", comenta Julio Llamazares en "La memoria como novela: autobiografía y ficción", art. cit., p. 8.

[14] Según Carmen Valcárcel ("Introducción", en Julio Llamazares, *Escenas de cine mudo*, *op. cit*, p. 38), este cuento fue segregado del volumen de narraciones breves *Tanta pasión*

ble e iniciática relación que mantiene un niño llamado Julio con su abuelo, gracias al cual comprende lo que significó para él -y, por extensión, para quienes padecieron esos mismos hechos- la expulsión de su tierra a causa de la construcción de un embalse. Julio entiende así el inmenso valor que había tenido para todos ellos el agua, bien que el niño malgastaba cuando abría el grifo, por lo que era reprendido por su abuelo, tal como se expresa al inicio del cuento.

Las concomitancias perceptibles entre esta narración breve y *Distintas formas de mirar el agua* conducen a pensar que la primera fue "el embrión" de la segunda. Así lo ha señalado Carmen Valcárcel, para quien "los detonantes" que impulsaron a Llamazares a escribir la novela fueron el reportaje "Regreso a Riaño" (2007)[15] y la conferencia reproducida en este volumen "Benet y yo: distintas formas de mirar el agua", dictada en 2012.[16] En dicha disertación, cuyo texto ha sido publicado recientemente[17], Llamazares se refiere a las posiciones extremas desde las que se puede afrontar el problema: la del escritor e ingeniero Juan Benet, autor del diseño del embalse cuya construcción sepultó a su pueblo bajo las aguas, por un lado, y, por otro, la de los ecologistas, radicales defensores del mantenimiento del estado original de la natura-

---

para nada (2011), en el que estaba previsto que se incluyera, para publicarse exento, con ilustraciones de Antonio Santos, ese mismo año. Aparecido entonces en Cuatro Azules. Ediciones y publicaciones de libros infantiles (Madrid), fue promocionado así: "Un libro de un autor consagrado que encuentra el tono adecuado para dirigirse a un lector infantil y explicarle temas difíciles como la vejez y la pérdida" (*El valor del agua – Editorial Cuatro azules*). En 2024 ha visto la luz, con las ilustraciones originales, en Nórdica Libros, que ha divulgado una síntesis del volumen en la que se pone en cuestión su condición de cuento infantil: "*El valor del agua* es un hermoso texto de Julio Llamazares sobre la pérdida, la vejez, la tierra y el agua. Un libro para lectores de diferentes generaciones", *El valor del agua - Libro - Nórdica Libros*

[15] A la conmoción que le produjo al autor la visión de Vegamián se sumó, en poco tiempo, la que se derivó de la reactivación de un antiguo y polémico proyecto, el embalse de Riaño, tal como el escritor ha explicado en numerosas ocasiones.

[16] Carmen Valcárcel, "Introducción", art. cit., p. 38.

[17] Pronunciada de nuevo el 21 de noviembre de 2023 con motivo de la celebración del XV Congreso Nacional de Periodismo Ambiental, que tuvo lugar en el Círculo de Bellas Artes, de Madrid (*XV CONGRESO APIA PONENCIAS: (21/11/23) Conf. inaugural Benet y yo: distintas formas de mirar el agua - YouTube*). La conferencia fue divulgada en la web de dicha asociación dos días después (*Julio Llamazares ha querido compartir con nosotros la presentación que hizo en nuestro XV #CongresoAPIA: Benet y yo: distintas formas de mirar el agua - APIA*).

leza. Entre ellas "hay mil maneras de mirar el agua". La suya, reconoció el escritor leonés, ha sido, durante años, una mirada fundamentalmente melancólica, y, al cabo -como no podía ser de otro modo-, "más literaria que materialista. Lo cual no quita para que, al mismo tiempo, comprenda tanto su dimensión real como su consideración política y económica".[18]

De esta reflexión sobre las diversas posibilidades que existen de contemplar un hecho tan relevante para él como lo fue la construcción del pantano del Porma -denominado desde 1994 Embalse de Juan Benet- surgió no solo el título de su obra,[19] sino la forma en la que dispondría la materia novelesca y el mensaje que traslada a través de ella.[20] "En menos de un año, Julio Llamazares, que se considera un escritor lento", concluyó su composición. "Fue como si un volcán estallase de pronto y echara al aire todo lo que se había concentrado en su interior", afirmó -sorprendido por esta inusual forma de proceder- tras su aparición.[21] Su acogida por parte de estudiosos de las disciplinas científicas que se ocupan de la construcción de presas y de las consecuencias que provoca su entrada en funcionamiento no se hizo esperar. El tema de la despoblación de las zonas de montaña españolas debida a las políticas hidrológicas del país volvió a estar de actualidad a raíz de la publicación de *Distintas formas de mirar el agua*, según se aseguró en 2016.[22] Desde entonces la novela se ha convertido en referencia habitual en investigaciones pertenecientes a ámbitos

---

[18] *Ibidem.*

[19] "Me encanta titular (…). A veces he escrito, yo creo, algún artículo para justificar un título", reconoció Llamazares en la presentación de su novela *Vagalume* (*https://www.youtube.com/watch?v=30maZQmQuKs, 50m18s*).

[20] En la introducción de su conferencia "Benet y yo: distintas formas de mirar el agua" Llamazares reconoció que el título de dicha conferencia dio origen a su penúltima novela, en la que decidió abordar el tema del agua desde perspectivas contrapuestas (*XV CONGRESO APIA PONENCIAS: (21/11/23) Conf. inaugural Benet y yo: distintas formas de mirar el agua - YouTube, art. cit, 8m40s*).

[21] J. M. Plaza, "Llamazares vuelve a casa. *Distintas formas de mirar el agua*, la última novela de autor leonés aborda el desarraigo", art. cit.

[22] Josefina Gómez Mendoza, "Actualidad territorial de las montañas. Distintas miradas, nuevas políticas", en J. Fernando Vera, Jorge Olcina y María Hernández (eds.), *Paisaje y cultura territorial y vivencia de la Geografía. Libro homenaje al profesor Alfredo Morales Gil*, Alicante, Publicaciones de la Universidad de Alicante, 2016, p. 152.

ajenos a la literatura,[23] ha sido objeto de propuestas didácticas,[24] y ha propiciado la programación de rutas por el territorio en el que se sitúa la acción.[25]

La crítica la recibió de manera dispar, como se puede observar en algunas de las reseñas que vieron la luz en suplementos culturales y en revistas de literatura a poco de ser puesta a la venta. A José María Pozuelo Yvancos le pareció que se trataba de un "libro hermoso que podría haber dado una obra mayor si el esquema hubiese sido más dialéctico y menos repetitivo", censura esta última que, a su parecer, no queda compensada con los aciertos que también reconoce en la obra.[26]   Para Antonio Manuel Luque Laguna, en cambio, dichas reiteraciones constituyen un elemento fundamental de la narración por cuanto permiten que el lector perciba los diferentes puntos de vista de los personajes. En su opinión, en *Distintas formas de mirar el agua* Llamazares ofrece la misma "lírica mirada hacia la naturaleza con la que redactó las páginas de sus primeras y tan celebradas novelas (…), y señalando, también como en dichas obras, la importancia de los valores del campo como marco ancestral y fundamental para la vida del hombre".[27] "La intensidad poética" con la que el escri-

---

[23] *Cf.*, por ejemplo, Eduard Callis, *Arquitectura de los pantanos en España*. Tesis doctoral, Barcelona, Universitat Politècnica de Barcelona, 2015, pp. 366-367; Lena Hommes, *Infraestructure Lives. Water, Territories and Transformations in Turkey, Perú and Spain*. Tesis doctoral, Wageningen, Wageningen University & Research, 2022, p. 152; y Ana Fernández Cebrián, "Queremos vivir aquí: Conflictos hidrosociales y resistencias culturales en Aragón", *Encrucijadas*, 24(2), 2024, p. 14.   Organizado por el Ministerio de Cultura, en junio de 2024 se celebró en Tortosa (Tarragona), el VII Foro Cultura y Ruralidades. Escenarios del agua. Cultura, retos medioambientales y diálogo intergeneracional, en el que la novela se incluyó en la bibliografía del encuentro. *Programa-de-mano-VII-Foro-CyR_digital_v02.pdf*, p. 138.

[24] *Cf.* Moisés Selfa Sastre, "La recuperación de la memoria histórica y del paisaje a partir del texto literario: el caso de pueblos anegados por embalses", *Hermus. Heritage & Museography*, 24, 2023, pp. 23-42.

[25] Ideada con propósitos didácticos, la ruta por el embalse del Porma, denominada "El eco de la montaña" (*El eco de la montaña*), está en funcionamiento desde 2021. En ella se ofrecen fragmentos de *Distintas formas de mirar el agua* y grabaciones de los poemas de *Retrato de bañista* leídos por su autor (*cf.* Juan Cruz, "La memoria de Vegamián", *El País. El Viajero*, 26 de junio de 2021, p. 8).

[26] José María Pozuelo Yvancos, "Llamazares, memoria sumergida", en *ABC Cultural*, 21 de febrero de 2015, p. 20.

[27] Antonio Manuel Luque Laguna, "Julio Llamazares, *Distintas formas de mirar el agua*, Madrid, Alfaguara, 2015, 191 pp.", *Estudios Humanísticos. Filología*, 37, 2015, p. 260.

tor se acerca a los temas que desarrolla resulta, asimismo para
Fernando Larraz, "pareja a la de los títulos de los años ochenta",
con los que establece similitudes a la hora de valorar los rasgos
que caracterizan a sus personajes principales.[28] Dotada de "un
tono elegíaco impecable", se trata, en opinión de Carmen María
López López, de "una novela memorable de las letras españolas
del siglo XXI",[29] un juicio que no comparte José Martínez Rubio,
autor de la crítica más negativa de cuantas hemos tenido en cuenta. Ni "la mirada emocional" que guía su composición le resulta
"emocionante", ni le parecen creíbles los "personajes planos" que
configuran el cortejo fúnebre, ni lo es tampoco el fallecido al que
alaban, "un muerto sin conflicto" en torno a cuya memoria ha
realizado Llamazares "un ejercicio de estilo dedicado a honrar la
memoria de una España que ya no existe", como así lo certifica
-al final del recorrido que realiza la familia antes de lanzar las
cenizas de Domingo al pantano- "la extrañeza" que despierta en
el automovilista la contemplación de la escena.[30]

Distintas formas de mirar el agua también fue objeto de tempra-
nos estudios monográficos. Martín López Vega la analizó como
parte del corpus de las denominadas *dam novels*,[31] un subgénero
que abordó desde un enfoque "biopolítico".[32] La existencia de
semejanzas entre los trenos y los plantos del teatro griego y los
rasgos constitutivos de la narración de Llamazares fue el propósito que guio a Álida Ares en "Motivos clásicos en la novela *Distintas
formas de mirar el agua*", artículo de referencia obligada desde su publicación en 2017.[33] Un año después, Luis I. Prádanos la examinó

[28] Fernando Larraz, "La memoria, la muerte y la naturaleza", *Puentes de crítica literaria y cultural*, 4, 2015, p. 84.

[29] Carmen María López López, "*Distintas formas de mirar el agua*, espejo lírico de la memoria", *Monteagudo*, 21, 2016, pp. 339 y 344.

[30] José Martínez Rubio, "Julio Llamazares: *Distintas formas de mirar el agua*. Madrid: Alfaguara, 2015, 200 pp.", *Diablotexto Digital*, 1, 2016, p. 273.

[31] Martín López Vega, "Dam Novels: Drowed Memory And Disposable Communi-ties", *A Polemical Companion to Ethics of Life: Contemporary Iberian Debates*, Katarzyna Beilin y William Viestenz (eds.), *Hispanic Issues On Line Debates*, 7, 2016, pp. 115-125.

[32] *Cf.* Martín López Vega, *Periferias emancipadas. Políticas de la representación espacial en la Iberia reimaginada.* Tesis doctoral, University of Iowa, 2017, pp. 93-102.

[33] Álida Ares Ares, "Motivos clásicos en la novela *Distintas formas de mirar el agua* de Julio Llamazares", *Lectura y Signo*, 12, 2017, pp. 41-58. *Cf.* asimismo su libro *El hilo de oro en la obra de Julio Llamazares*, Ponferrada, Instituto de Estudios Bercianos, 2021.

desde presupuestos teóricos pertenecientes al ecocriticismo y a los estudios culturales.[34]   Muy recientemente la obra ha merecido también la atención de las investigadoras María José Buteler, que ha analizado las emociones de la familia de Domingo a la luz de la ecocrítica afectiva,[35] y de Elide Pitarello, cuyo trabajo, "Julio Llamazares: 'Vegamián es un símbolo, no un lugar'",[36] presenta, como primer valor, el esmerado análisis de los materiales textuales que maneja, un mérito más que loable habida cuenta de la "reverberación de ecos y resonancias de unos textos en otros" existente en la ya dilatada obra del escritor.[37] En su certero recorrido por dicha producción, Pitarello se pregunta "por qué la única novela vinculada al Embalse del Porma es la sexta y penúltima",[38] una interrogación que no responde explícitamente puesto que no es ese el propósito de su estudio, con el que contribuye a contextualizar la creación de *Distintas formas de mirar el agua* en el devenir de su trayectoria literaria y periodística.

Es precisamente el momento en el que el escritor se decidió a abordar narrativamente el tema lo que dificulta e incluso contribuye a sesgar la interpretación de la novela. Cuando se publicó, su mundo literario estaba ya perfectamente definido, y su posicionamiento con respecto a los efectos que produjo el éxodo de población de la España rural a causa de la construcción de embalses -expuesto en actos públicos y divulgado en los medios de comunicación durante años-, meridianamente claro. Ese marco de referencia compartido ha condicionado la lectura de *Distintas formas de mirar el agua*, pero no ha dado como resultado una total unanimidad hermenéutica. Más allá del lirismo que la emparenta con su obra narrativa anterior, la novela ha sido vista como "el

---

[34] Luis I. Prádanos, "Urban Ecocriticism and Spanish Cultural Studies", *Postgrowth Imaginaries. New Ecologies and Counterhegemonic Culture in Post-2008 Spain*, Liverpool, Liverpool University Press, 2018, pp. 91-161.

[35] María José Buteler, "*Distintas formas de mirar el agua*: Distintas formas de sentir", *Cuadernos del CIPECO*, 4-8, julio-diciembre de 2024, pp. 112-125.

[36] Elide Pitarello, "Julio Llamazares: 'Vegamián es un símbolo, no un lugar'", *Memoria y narración. Revista de estudios sobre el pasado conflictivo de sociedades y culturas contemporáneas*, 4, 2024, pp. 91-106.

[37] Carmen Valcárcel, "Introducción", art. cit., p. 14.

[38] Elide Pitarello, "Julio Llamazares: 'Vegamián es un símbolo, no un lugar'", art. cit., p. 94.

regreso de Llamazares a los orígenes, esta vez apostando por una estructura poliédrica y coral".[39] En ella se perciben los "rasgos que singularizaron a su autor al principio de su carrera", entre ellos se cuenta "el agudo sentido ecológico" que la alienta,[40] no en vano "en todos sus libros laten las mismas inquietudes y se proyecta la misma visión del mundo".[41] Como se puede ver, la sombra de sus primeras narraciones sigue siendo muy alargada, pero *Distintas formas de mirar el agua* presenta algunas diferencias sustanciales con respecto a estas. José Antonio Llera apunta alguna de ellas al compararla con *La lluvia amarilla*, "novela política" -"aunque en principio no lo parezca"- "que no oculta las causas del abandono que padecen el protagonista y su entorno".[42] No lo es, en cambio, *Distintas formas de mirar el agua*, como aseguró tempranamente José-Carlos Mainer cuando aludió a los propósitos perseguidos en ella por el autor leonés:

> Su acusado interés de siempre por la larga agonía de la vida rural española no busca un testimonio político, ni siquiera sociológico; de estos destinos de desarraigo le importa más la perduración de los lazos vitales y la fuerza de la resignación laboriosa.[43]

También al parecer de José Martínez Rubio, Llamazares desarrolla en *Distintas formas de mirar el agua* "un tema interesante desprovisto de toda mirada histórica o política"[44] que nada tiene que ver, *strictu sensu*, con el desarraigo, el empeño principal del autor en opinión de la mayoría de quienes lo han enunciado.[45]

---

[39] Carmen Valcárcel, "Introducción", art. cit., p. 37.

[40] Fernando Larraz, "La memoria, la muerte y la naturaleza", art. cit., p. 84.

[41] Irene Andres-Suárez, *La narrativa española en la democracia actual. Crónica del Grand Séminaire de Neuchâtel*, Madrid, Arco/Libros, 2023, p. 28. En el mismo sentido se ha expresado Carmen Valcárcel, para quien "la indudable cohesión de su obra responde igualmente al hecho de que toda ella se vertebra en torno a una serie de motivos, símbolos, tipos y paisajes recurrentes, obsesivos en cierta manera para el escritor" ("Introducción", art. cit., p. 31).

[42] José Antonio Llera, "Memoria, duelo y melancolía en *La lluvia amarilla*, de Julio Llamazares", *Revista de Literatura*, vol. LXXXI, 162, julio-diciembre de 2019, p. 536.

[43] José-Carlos Mainer, "Voces sobre las aguas", *El País. Babelia*, 13 de febrero de 2015, p. 4.

[44] José Martínez Rubio, "Julio Llamazares: *Distintas formas de mirar el agua*", art. cit., p. 273.

[45] Entre ellos que se cuentan Álida Ares Ares, aunque para ella no se trata de un tema único ("Motivos clásicos en la novela *Distintas formas de mirar el agua* de Julio Llamazares",

Dicho sentimiento convirtió a Llamazares en escritor, según ha declarado en más de una ocasión,[46] pero ese no es el tema más relevante de *Distintas formas de mirar el agua*, como ha dejado entrever Fernando Larraz, aunque sin renunciar a concederle una importancia máxima:

> Las evocaciones de los personajes (…) permiten a Llamazares dibujar una mirada comprensiva hacia las menudencias del género humano pero, sobre todo, le facilitan una profunda indagación en la exigua consistencia ontológica de la que estamos hechos. (…) La novela deviene también -o sobre todo- en una honda reflexión sobre el desarraigo.[47]

De ser esta la materia central de la narración sería razonable pensar, como lo hizo Pozuelo Yvancos, que "con los primeros seis personajes está dicho lo más importante de cuanto quería decirse". Se trata de Virginia -la viuda de Domingo, el campesino de Ferreras cuyas cenizas serán arrojadas al pantano, regresando así, por primera vez desde que se vieron obligados a abandonar la tierra que los vio nacer, a su lugar de origen-; su hija Teresa -la mayor, la más parecida a su madre y la más apegada de todos los hermanos a la vida tradicional-; su yerno Miguel, su marido, por el que su suegro sintió gran afecto, aunque no se lo demostrara, y en quien confiaba plenamente-; sus nietas Susana y Raquel -hijas de Teresa y de Miguel, primera nieta del fallecido, que hubiera

---

art. cit., p. 48). Del "lirismo del desarraigo" nos habla Carmen María López López ("*Distintas formas de mirar el agua*, espejo lírico de la memoria", art. cit., p. 343). Nos encontramos, ha asegurado Konstantinos Paleologos, ante "una novela coral de desarraigo que reúne todos los rasgos inconfundiblemente llamazarianos" ("Julio Llamazares o la historia que se borró", *Estudios Humanísticos. Filología*, 39, 2017, p. 49).

[46] Lo ha hecho tras relatar los términos en los que se desarrolló su relación con Juan Benet, quien llegó a decirle que no debía quejarse por haberse visto obligado a abandonar su tierra de origen a causa de la construcción del pantano que él había diseñado pues ese era el motivo por el que se había dedicado a la literatura. "Con el tiempo llegué a la conclusión de que sí, que en cierto modo yo era escritor gracias a él. Quiero decir: que yo no tuve un ambiente culto en el que formarme como escritor, pero sí un sentimiento de pérdida y de desarraigo, que es algo muy narrativo. Y la presa que construyó Benet está en el origen de eso" (Véase Juan Cruz, "Julio Llamazares: 'La literatura es como el carbón, se forma cuando los árboles mueren'", *El Periódico de España* (23 de agosto de 2022), *Julio Llamazares: "La literatura es como el carbón, se forma cuando los árboles mueren" - El Periódico de España)*. En términos muy parecidos se había expresado anteriormente en la conferencia "Benet y yo: distintas formas de mirar el agua" (art. cit.).

[47] Fernando Larraz, "La memoria, la muerte y la naturaleza", art. cit., p. 84.

preferido que fuera un varón para que se encargara de las labores del campo, la una, y amante de las grandes ciudades, como Madrid, donde reside, la otra-, y su hijo José Antonio, quien solo recuerda el pueblo próximo de Vegamián, donde estuvo cuando fue desecado el pantano para realizar labores de limpieza: una representación de las tres generaciones que se dan cita en el acto fúnebre. Pero los diez personajes restantes (Elena, la mujer de José Antonio; sus hijos, Daniel y Álex, y María Rosaria, novia del primero; Virginia, hija también de Domingo; Emilio, su exmarido, y sus descendientes Laura, Jesús y Virginia, además de Agustín, el vástago más próximo al difunto) también tienen su razón de ser en la novela, pues completan la caracterización del fallecido que todos realizan a través de sus recuerdos, y muestran las diferentes posturas adoptadas en relación con lo sucedido a la familia hace cuarenta y cinco años. Por ello, y a pesar de lo afirmado con anterioridad, el crítico no pudo dejar de calificar como "inteligente (…) el juego de perspectivas que ya anuncia el título", puesto que en la novela "hay variedad de miradas que contienen mucho en poco al haber sabido no perderse en lo anecdótico, que era el peligro de un diseño semejante";[48] esto es, la sucesión de dieciséis monólogos en los que se reproduce el pensamiento de otros tantos miembros del clan familiar.

Julio Llamazares llamó la atención sobre ello en una entrevista realizada tras la aparición de *Distintas formas de mirar el agua*:

> Nada es igual para todas las personas. Ni siquiera es igual para la misma persona cuando se enfrenta a ese hecho o a ese lugar dos veces. O a ese libro. De ahí que el título de esta novela apunte a un tema que para mí es tan importante como el desarraigo. Hay un segundo tema que es el del punto de vista y de la relatividad de la mirada humana. Por eso la estructura de la novela conlleva esa especie de polifonía o de caleidoscopio de voces; que hace que el mismo hecho, la misma historia, esté contada por 16 personajes distintos.[49]

Fiel a su convicción de que "todos los personajes son máscaras del autor y cuentan conjuntamente sus sentimientos",[50] el

---

[48] José María Pozuelo Yvancos, "Llamazares, memoria sumergida", art. cit.

[49] Luis Marchal, "Julio Llamazares, escritor. 'Cada vez me siento más extranjero en España'", *El Siglo de Europa*, 1105, 13 de abril de 2015, p. 52.

[50] Julio Llamazares, "La memoria como novela: autobiografía y ficción", art. cit., p. 7.

escritor se valió de todos ellos para exponer definitivamente hasta
qué punto le había influido el hecho de haber nacido en un pueblo sumergido. "No sé muy bien cómo me ha afectado. Quizá la
respuesta es esta novela", respondió cuando le formularon una
vez más la pregunta que llevaba contestando desde sus inicios
literarios.[51] En la obra se evidencia, en efecto, que "hay diferentes
formas de mirar la vida,[52] y, por tanto, también la muerte, pues a
ambas remite tradicionalmente el símbolo del agua. Por lo que se
refiere a la suya, añadió:

> Posiblemente, la verdadera mirada del autor sea la suma de todas las
> miradas de los personajes de la novela. Todo lo que digan en cada
> momento no necesariamente lo comparto yo.[53]

Por esa razón *Distintas formas de mirar el agua* no cuenta con un
protagonista, como sí lo tiene *La lluvia amarilla*. Domingo no lo es,
pese a que hasta el propio Llamazares le haya atribuido en alguna ocasión dicha función.[54] Es lo mismo que sucede con Mario,
el difunto cuya vida da a conocer Menchu, su esposa, desde su
perspectiva personal en el monólogo que mantiene durante cinco
horas ante el féretro en la conocida novela de Miguel Delibes.
Llamazares, por su parte, optó por diversificar la caracterización
del fallecido y por ofrecer una interpretación múltiple de la situación familiar durante las últimas décadas. Esta perspectiva caleidoscópica, a través de la cual Llamazares plantea una reflexión
y no una resolución unívoca del tema -como sucede siempre que
se abordan asuntos de carácter existencial-, tiene mucho que ver
también con la especial predilección que el escritor siente por los
personajes secundarios, como ha manifestado en diversas ocasiones, aunque su definición de los mismos no se ajuste del todo a su
verdadera entidad:

> Estos personajes que salen y no vuelven a aparecer otra vez son los
> mejores -si están bien hechos- porque son personajes de una pieza.

---

[51] Luis Marchal, "Julio Llamazares, escritor. 'Cada vez me siento más extranjero en
España'", art. cit., p. 54.

[52] *Ibidem*, p. 52.

[53] *Ibidem.*

[54] "Entre el protagonista y yo hay muchas diferencias. No solo de edad, sino de biografía. Los dos compartimos el haber nacido en un lugar que ya no existe, que está bajo
millones de metros cúbicos de agua", *Ibidem.*

¿Por qué? Porque el autor siempre tiene esta especie de vanidad divina de hacer del personaje principal una extracción suya literaria o cinematográfica. Y al final donde mejor aparece reflejado es en los personajes secundarios.[55]

Los dieciséis miembros de la familia cuyos monólogos -junto con la intervención final del automovilista- configuran el friso literario que es *Distintas formas de mirar el agua* son -considerados uno a uno- personajes secundarios de la trama; juntos se erigen en el personaje coral tras el que se sitúa "la personalidad del autor",[56] con sus luces y sus sombras, su pasado, su presente y su visión del futuro.

Cuando Llamazares compuso esta "novela no figurativa"[57] no se sentía "desterrado por un lugar", "sino (…) de paso en todos los sitios", un "extranjero (…) de la realidad" -como el protagonista de la novela homónima de Albert Camus-[58] que había visto llegado el momento de darle forma a un relato que llevaba décadas postergando, casi las mismas que hacía que lo esperaban sus lectores. Para ello tal vez necesitó contar con el distanciamiento que proporciona el paso del tiempo, de cuya conciencia dio muestras evidentes en su anterior novela, *Las lágrimas de San Lorenzo*. La proximidad temporal con la que fueron compuestas ambas obras, mucho menor de la habitual en el autor, resulta ciertamente significativa. También hubo de serle útil el ensayo que supuso para él la escritura del cuento "El valor del agua", donde, a través de un narrador omnisciente, el escritor da vida a un abuelo marcado para siempre por la construcción del pantano que anegó su pueblo. Residente en la ciudad, tempranamente viudo, vive ignorado por su familia, con la que cohabita hasta que es ingresado en una residencia por problemas de movilidad y pérdida de memoria. Solo Julio, su nieto menor, se relaciona con él. Escuchaba "sus

---

[55] Salwa Mohamed Mahmoud, "Entrevista a Julio Llamazares a propósito de *El cielo de Madrid*", *Siglo XXI. Literatura y Cultura Españolas*, 3, 2005, p. 258; citado por Carmen Valcárcel, "Introducción", art. cit., pp. 49-50.

[56] *Ibidem*, p. 50.

[57] Verónica Ripoll León, *El arte de pasear en la escritura figurativa del yo*. Tesis doctoral, Madrid, Universidad Carlos III, 2022, p. 155. En cambio, Ripoll considera que sí se produce figuración del yo en el cuento "El valor del agua", *Ibidem*.

[58] Luis Marchal, "Julio Llamazares, escritor. 'Cada vez me siento más extranjero en España'", art. cit., p. 52.

historias, que eran todas referentes a la época en la que aún vivía en el pueblo", "un pueblo de montaña, pequeño pero bonito, que desapareció del mapa tragado por un embalse que sepultó otros tres como él".[59] Por eso lo hace depositario, en secreto, de su última voluntad: que se esparza sobre su tumba la tierra de su lugar de origen conservada en una caja de zapatillas desde que se vio obligado a abandonarla.[60] El cuento, limitado por la brevedad que impone el género y condicionado por el punto de vista elegido, contiene mensajes subjetivos y manifiestamente simplistas.[61] La intención última del autor que se percibe tras su lectura apunta directamente al deseo de contribuir a la preservación de la memoria histórica, con cuya reivindicación Llamazares se ha mostrado comprometido públicamente siempre. "La memoria histórica de un país es su literatura y su arte", afirmó con motivo de la publicación de *Distintas formas de mirar el agua*.[62] "Memoria histórica también son los pantanos", aunque esta se haya "reducido a la Guerra Civil", precisó a continuación.[63] Sin embargo, no es ese el propósito principal de la novela, en la que el escritor trascendió y amplió sus intereses con respecto al cuento en el que plasmó una primera tentativa de desarrollo del conflicto originado durante el franquismo. Al entremezclar sus firmes convicciones sobre el problema del agua en España, sus vivencias

---

[59] Julio Llamazares, *El valor del agua*, Madrid, Nórdica Libros, 2024, pp. 28 y 32.

[60] Al comentar el artículo "Volverás a Región", aparecido en el volumen *En Babia* (1991), Fernando Valls destacó el recuerdo que le vino a la mente a Llamazares cuando pudo ver de nuevo su pueblo con motivo del vaciado del embalse. El escritor reparó en que su padre solía repetir una leyenda montañesa en la que se asegura que solo se alcanza el descanso eterno si el ser humano es enterrado en el mismo lugar en el que nació ("En el horizonte de la literatura. La prosa periodística de Julio Llamazares", art. cit., p. 48).

[61] Hay, incluso, juicios próximos a la moralina, puestos en boca del abuelo, que condicionan su caracterización, como cuando, tras contar que empezó a ayudar a sus padres en las tareas del campo, el narrador añade: "No como ahora -decía por los hermanos de Julio, que ya eran adolescentes-, que los chicos llegan a los dieciocho años sin saber lo que es trabajar" (Julio Llamazares, *El valor del agua*, op. cit., p. 16).

[62] Javier Rodríguez Marcos, "Entrevista a Julio Llamazares", *El País. Babelia*, 14 de febrero de 2015, p. 3.

[63] *Ibidem*. *Cf.* también "Julio Llamazares: 'La memoria histórica para todos, no solo para Cervantes'", *La Vanguardia*, 19 de marzo de 2015, *Julio Llamazares: «La memoria histórica para todos, no sólo para Cervantes»*.

personales y sus creaciones literarias, Llamazares ha contribuido, sin duda sin pretenderlo, a alimentar una suerte de ceremonia de la confusión a la que no es ajeno el deseo de ver una coherencia y una continuidad inalterables en toda su producción novelesca. Por ello, a algunos investigadores, entre los que se cuenta Moisés Selfa, el análisis de *Distintas formas de mirar el agua* le lleva a concluir que "la prosa de Llamazares, como ya hizo en la novela *La lluvia amarilla* publicada en 1988, perpetúa y recupera la memoria geográfica e histórica de gentes y espacios en relatos con una fuerte carga emocional: el pasado ya no es solo olvido, sino presente que hay que invocar, aunque sea bajo un halo de dolor y disimulado disgusto".[64] Para José Martínez Rubio, en cambio, "el paralelismo trazado entre el hundimiento del pueblo, el hundimiento del cuerpo (y sus cenizas) y el hundimiento de la memoria de aquel pasado trazan una perspectiva hacia el futuro donde ni la memoria ni la identidad ni el paisaje parecen importar en la medida en que importaron a las generaciones precedentes".[65]

Como ciudadano, Llamazares está en su derecho de aprovechar cualquier posibilidad que se le ofrezca para defender lo que considere oportuno; en tanto que escritor, puede y debe novelar como desee, sin que interfieran en la interpretación de su obra sus posicionamientos ideológicos o los textos que la precedieron. *Distintas formas de mirar el agua* se aparta de ellos por lo que se refiere al uso de uno de los símbolos habituales en su producción literaria: la nieve. Como los temas, también los símbolos son los que escogen al escritor, y no al revés, una certeza en la que el autor tardó en reparar "quizá porque los símbolos, al contrario que los temas narrativos, vienen de lo irracional, y a la irracionalidad regresan cuando han cumplido su cometido", aseguró tras reconocer la particular debilidad que sentía por este,[66] tan utilizado

---

[64] Moisés Selfa Sastre, "La recuperación de la memoria histórica y del paisaje a partir del texto literario: el caso de pueblos anegados por embalses", art. cit., p. 41. Este propósito es el mismo que guio a Llamazares en el cuento "El valor del agua", según el investigador (*cf.* "Agua, memoria y territorio en la literatura infantil: *El valor del agua* (2011), de Julio Llamazares", *Revista Interuniversitaria de Formación del Profesorado*, vol. 31, núms. 90-93, pp. 129-140), aunque hay diferencias sustanciales entre ambas obras.

[65] José Martínez Rubio, "Julio Llamazares: *Distintas formas de mirar el agua*", art. cit., p. 273.

[66] Así lo ha reconocido el propio autor en el texto de la conferencia difundida en

en su obra[67] que ha sido considerado uno de los elementos que le otorgan cohesión, como ha afirmado Carmen Valcárcel, para quien su presencia representa lo efímero y la muerte.[68] A juicio de Elide Pitarello, como "palimpsesto de vivencias penosas, *nieve* es el lexema identitario por excelencia", pero también recuerda que "fue la poesía el género socorrido en el momento del trauma" que supuso la visión de Vegamián después de haber permanecido sepultado por las aguas casi veinte años, en tanto que *Distintas formas de mirar el agua* fue escrita mucho tiempo después.[69] Resulta significativo en este sentido que en la novela la nieve haya desaparecido físicamente por completo -también ha disminuido en la zona a causa de la construcción de la presa, según se dice (p. 131)-, y que como símbolo solo se aluda a ella cuando Raquel -la nieta de Domingo que vive en Madrid, donde aspira a ser actriz, quien inicia su monólogo confesando que le gustaría identificarse con ese sitio, y sentir lo mismo que su madre y que su abuela- reconoce que tiene "sangre de estas montañas. Sangre de nieve y de bosques viejos".[70]

La acción se sitúa en una "mañana de abril" (p. 154), "un día muy bonito", según María Rosaria (p. 107). Agustín repara en la estación del año en la que se encuentran al recordar el momento en que su padre le enseñó cómo tenían que mirar el agua, "con respeto y emoción". "Debía de ser primavera, porque el cielo estaba limpio y azul como el de esta mañana", pensó (p. 181). La comitiva observa el entorno por el que camina a pie desde donde han quedado los coches hasta el lugar elegido para arrojar

---

2023, aunque había sido dictada por primera vez más de diez años antes; esto es, con anterioridad a la escritura de *Las lágrimas de San Lorenzo* y *Distintas formas de mirar el agua* (*cf.* Julio Llamazares, "Benet y yo: Distintas formas de mirar el agua", art. cit.).

[67] Recuérdese, por ejemplo, la relevancia que tiene en el poemario *Memoria de la nieve* (1982) y en las novelas *Luna de lobos* (1985) y *La lluvia amarilla* (1988). Llamazares puso al frente de *Escenas de cine mudo* (1994) la siguiente dedicatoria: "A mi madre, que ya es nieve" (*op. cit.*, p. 83).

[68] Carmen Valcárcel, "Introducción", art. cit., pp. 31 y 42.

[69] Elide Pitarello, "Julio Llamazares: 'Vegamián es un símbolo, no un lugar'", art. cit., pp. 97 y 100.

[70] Julio Llamazares, *Distintas formas de mirar el agua*, Barcelona, Debolsillo, 2016, p. 61. Todas las citas de la novela que se incluyen en este texto proceden de dicha edición, por lo que a partir de ahora únicamente se indicarán, entre paréntesis, la página o las páginas en las que se localizan.

al pantano las cenizas de Domingo. Teresa, encargada de llevar la urna, es consciente de que se trata de un bello paraje para quienes no saben "lo que debajo del agua se oculta ni la historia que se borró para siempre con la demolición del último de los pueblos que aquí existieron". Por eso para ella es muy "triste" (p. 36). A su hermano José Antonio -que, "aunque desnaturalizado ya, sigue siendo de aquí a pesar de todo", en opinión de su hijo Daniel (p. 100)- el embalse le parece "un lago suizo más que una sepultura de agua", de tan "plácido" como está (pp. 80-81). Han ido todos allí por respeto al fallecido, una realidad que enturbia la apreciación del paraje para algunos miembros de la tercera generación, que podrían valorar la belleza del lugar si lo que les ha congregado no hiciera de él un "escenario que (…) tiene algo de fantasmagórico" (p. 95), un sitio "fantasmal" (p. 120), creen algunos de los nietos. Laura, en cambio, considera que se trata de un "lugar precioso" para descansar definitivamente (p. 154); es "muy bonito" y nada "terrible", según Virginia nieta, a quien el pantano le recuerda "los lagos de los belenes" que hacían "en el colegio con papel de plata" (p. 169).

En la mente de Agustín es el nexo que lo unirá, mientras viva, al padre muerto. Le basta con lanzar una piedra para comunicarse con él y para pedirle ayuda cuando lo necesite. Así lo hace en el momento en que los demás inician el camino de regreso, como si no se hubiera enterado de que todos se dirigen ya hacia los coches. El hijo menor de Domingo les preocupa a sus familiares, a los que les da pena la situación en la que se queda a partir de ahora. Completamente solo en la casa familiar, no lo consideran capaz de valerse por sí mismo. Es el más tierno de todos los hermanos, piensa su cuñada Elena, que culpabiliza a los padres de haberlo convertido en un ser desvalido (p. 86). Sin embargo, en su monólogo, Agustín se declara muy feliz tal como está (p. 179). No quiere otra compañía que el recuerdo de su padre, a quien ha creído ver en el rincón del banco de las herramientas del corral, su sitio preferido, tras su fallecimiento (p. 180). La caracterización de Agustín ideada por Llamazares resulta tan entrañable como elocuente, pues remite a un numantinismo que solo sería ya posible en casos tan excepcionales como el que el personaje representa. Por ello, Caridad Ravenet Kenna asegura que la actitud vital del protagonista de *La lluvia amarilla* -con el que es lógico emparentarlo- es criticada en *Distintas formas de mirar el agua.*[71]

A través de los demás personajes Llamazares ofrece la visión poliédrica de la realidad que se propuso recrear en la novela, una imagen que no lo es tanto en el caso de Domingo puesto que la etopeya que componen entre todos es esencialmente positiva, como es normal que así sea en esas circunstancias.[72] "Admirable por su tesón y su fortaleza" (p. 87), era "bueno y honesto" (p. 143), además de "muy inteligente" (p. 96). Pero lo que más destacan sus allegados es su carácter poco expresivo, un rasgo que se intenta justificar apelando a su timidez, recordando que se trata de una peculiaridad propia de la zona o atribuyéndole su origen y su duración a las pérdidas sufridas: primero, la del primogénito, Valentín, que murió con solo dos años de edad y quedó enterrado en el pueblo sumergido, y, después, la de la localidad que lo vio nacer. Para Álex "fue gente de orden, aunque motivos tuvo para rebelarse contra sus representantes" (p. 115). "Educado a la antigua" (p.143), era "respetuoso, pues así se lo enseñaron sus padres", pero también machista, un rasgo que fue reforzado por su esposa, como su hija Teresa ha hecho después con su marido (p. 56). A pesar de todo, la larga convivencia de Domingo y Virginia es calificada por Daniel como "una hermosa historia de amor" (p. 99), una larga vida que cambió radicalmente al llegar la vejez. Perdió la cabeza y se convirtió en una persona dependiente (p. 87). Así vivió sus últimos días hasta que le llegó la muerte en el hospital de Palencia. A despedirlo acudieron numerosos amigos y conocidos desde León, con los que no tenía contacto desde hacía tiempo, una separación que le hizo mucho daño (p. 127).

Domingo ha sido una víctima de la construcción del pantano, cuyos efectos para la familia no son vistos de manera unánime. Pero fue también una víctima de sí mismo, y un verdugo para los suyos, en opinión de algunos de los miembros del clan. Respetado como patriarca hasta su fallecimiento, su influencia no ha sido

---

[71] Caridad Ravenet Kenna, *El viaje de las memorias en Llamazares*, Madrid, Editorial Verbum, 2017, p. 77.

[72] Llamazares no realiza una prosopografía de Domingo, de cuyos rasgos físicos solo sabemos que fue corpulento hasta el final de sus días, según refiere su nieta Laura (p. 153).

precisamente buena para ellos, aunque prefieran personalizar sus quejas en la figura de su mujer, a la que ven como una "viuda griega" (p. 50). "Corre el riesgo de acabar convertida en una estatua de sal, como la mujer de Lot", piensa María Rosaria, que ve claro que nunca "ha disfrutado de lo que tiene porque nunca pudo olvidar lo que perdió" (p. 111), como su marido. Para Jesús es la culpable "de haber transmitido a sus cuatro hijos la negatividad que siente y que guía todas sus actuaciones", "un resentimiento extraño y una tristeza que no les pertenece" (p. 162). Su hija Teresa es igual que ella, en tanto que José Antonio, calificado por el suyo como "un hombre triste", un "hombre fuera de lugar" (p. 100), fluctúa entre el sentimiento de culpa por haber abandonado a sus progenitores y el convencimiento de que la vida se rige por el azar, que es el que obligó a todos los habitantes de Ferreras a abandonar su pueblo y a comenzar de nuevo en la laguna, y el que le llevó a él a realizar el servicio militar en Barcelona y a continuar su vida y formar su propia familia allí (pp. 78-79). Virginia está más preocupada por sí misma que por otra cosa. Teme a la soledad tras no aceptar la separación de su marido y ver que sus hijos se hacen mayores.

Mientras los descendientes de Domingo acusan, aunque en diferentes grados, el peso de sus vivencias y de la herencia recibida, los nietos presentes en el acto -falta Iván, el hijo de Miguel y de Teresa, que reside en Nueva York, un signo de los tiempos que supone un elocuente contraste con el apego a la tierra que encarnan sus abuelos- reaccionan emocionalmente, además de por sus propios caracteres, en función del contacto mantenido con ellos y de la influencia recibida de sus padres. "Pero ahora debería llorar", piensa Virginia nieta (p. 168), la menor de la comitiva. Lo más relevante es que son estos quienes ofrecen un completo abanico de posibilidades de las distintas maneras que hay de ver el agua; es decir, la vida y la muerte.[73] Si al parecer de Álex, hay que "reivindicar la memoria de las personas" (p. 117), una opinión que no comparte su hermano, su tía Virginia considera que

---

[73] Hay distintas maneras "de mirar al mundo, y de mirarnos a nosotros mismos, como hacen los personajes de la novela. O de mirar a los familiares. *Distintas formas de mirar el agua* muestra que la verdad no existe", declaró Llamazares a Luis Marchal, tras la aparición de la novela (art. cit., p. 52).

ese desinterés por el pasado de una parte de la familia es culpa de todos (p. 133). Para los jóvenes el argumento que les permite posicionarse en relación con lo ocurrido no los lleva a ponerse de acuerdo. "El progreso económico no lo justifica todo", opina Álex (p. 117), contrariamente a lo que cree su prima Raquel, que acepta las expropiaciones decretadas durante el franquismo recordándose a sí misma que "así es el progreso, esa gran rueda que mueve la historia y que siempre gira hacia delante por más que les duela a muchos a los que como a mi familia les cambió la vida" (p. 67). De la misma opinión es, lógicamente, Daniel, ingeniero de profesión, que comprende el dolor de los afectados, pero insiste en defender "la necesidad de esas grandes obras que, como esta que ahora contemplo, salpican la geografía de toda Europa. Y del mundo entero" (p. 97). ¿Qué habría sido de ellos si no se hubiera construido la presa?, se preguntan ciertos integrantes de la tercera generación. "Ni siquiera habría existido...", concluye Raquel (p. 67).

Algunos aportan una perspectiva netamente vitalista. Susana piensa que la vida comienza todos los días (p. 50). "Yo prefiero mirar hacia delante, hacia el tiempo que me queda por vivir, que todavía es mucho, o eso espero", se confiesa Jesús. "Y lo quiero vivir con ilusión. Para ello necesito, como he hecho hasta ahora, dejar atrás los recuerdos tristes, no regodearme en ellos como mi madre, o como mis abuelos, cuya memoria les ha impedido vivir con más alegría. No sé lo que pensaré cuando sea viejo, pero hoy por hoy lo único a lo que aspiro es a no parecerme a ellos", añade (p. 162). Le "parecen autodestructivos" (p. 163).

La distancia desde la que enjuician las consecuencias que tuvo para la familia su salida de Ferreras quienes no poseen lazos de sangre y se hallan presentes en la ceremonia -no ha asistido Óscar, la pareja de Susana, con quien ha tenido a Martín, el primer bisnieto de Domingo, al que debe recoger en la guardería- refuerza esta mayoritaria apuesta por olvidar para seguir viviendo, como reconoce la italiana María Rosaria. "El ser una advenediza, una extraña en la familia, una extranjera, además, que se supone no entenderá ciertas cosas, me permite mirarlo todo como algo ajeno", asegura (p. 112). Aunque comprende el dolor que han sentido y sienten quienes se vieron obligados a salir de sus lugares de origen, y la pena que les produce el fallecimiento de Domingo, "es ley de vida, como se dice. Unos se van y otros vienen" (p. 110). Elena, la única nuera de los abuelos, comprende "su sentimiento de desarraigo y su amor por una tierra que fue la suya y se la quitaron", pero le "parecen excesivos ambos al cabo de tanto tiempo" (p. 85). No entiende "que una persona pueda vivir mirando al pasado en lugar de hacia el futuro como todos los demás" (p. 86). Su yerno Miguel, natural de una localidad que sufrió la emigración, aunque no fuera total, como la de los pueblos anegados por el embalse, no solo entendió muy bien en vida a su suegro, sino que, tras su fallecimiento, está convencido de que la muerte de Domingo es mucho más que la pérdida de un padre, un marido o un abuelo. Con él desaparece "el vínculo con una memoria, la de este valle sumergido del que todos ellos proceden", pese a que sus hijos "nacieran lejos ya" (p. 44). Su excuñado, Emilio, que había llegado a escribir cuentos a partir de las anécdotas que le contaba Domingo cuando iban a visitar a los abuelos a la laguna en vacaciones, reconoce que le gustaría ser como ellos, "como esos hombres y mujeres para los que la felicidad se basa en la fidelidad a otros y en conformarse con muy pocas cosas" (p. 146). Él es todo lo contrario, una persona curiosa y necesitada de vivir experiencias nuevas constantemente que no ha logrado la felicidad que, al parecer, ellos tuvieron. "¿No será que el secreto de la felicidad es conformarte con lo que tienes?", se pregunta finalmente (p. 146-147). La última voz que se expresa en la novela, la del automovilista que observa al grupo desde la carretera, se manifiesta desde el desconocimiento de lo que está sucediendo, un alejamiento total de la acción que le lleva a elucubrar con la posibilidad de que se trate de turistas, aunque le resulte extraño por no estar en verano. Este cierre sorpresivo, como si se tratara del final de un cuento, confirma que para la población el embalse ya no es un lugar de memoria, sino un paraje digno de ser visitado cuando, como en esta ocasión, "el pantano está a rebosar y hace un día precioso" (p. 189).[74]

[74] Llamazares se refirió a dicho contraste al rememorar su visita a su pueblo con motivo de la desecación del pantano en la conferencia a la que ya se ha aludido en estas páginas: "El paisaje de Vegamián estaba más cercano a la visión de una película de terror que a la placidez que sugieren cuando están llenos esos embalses que enmarcan normalmente montañas y paisajes hermosísimos por cuyas carreteras los automovilis-

La ausencia de un punto de vista único -la principal diferencia que separa *Distintas formas de mirar el agua* de "El valor del agua", aunque no sea la única- resulta crucial para entender que Llamazares no dio cabida en su novela a la "cosmovisión trágica y amarga" que se percibe, por ejemplo, en *Escenas de cine mudo*.[75] Tampoco se observa el nihilismo que destilan otras obras.[76] Como afirmó José-Carlos Mainer, la narración muestra, cuando menos, "piedad por el pasado y estoicismo ante el futuro".[77] Llera, que se detiene en el augurio que realiza Jesús -para quien "las cenizas son ahora las semillas que germinarán un día cuando el pantano sea desecado"-, contempla incluso la existencia de esperanza.[78] En *Distintas formas de mirar el agua* el autor ya no es solo esa "persona escindida entre el presente y el pasado", ni ese escritor que cuenta en sus libros esa escisión.[79] "Ya se sabe, a través del estudio de sus otras novelas, que para Llamazares el futuro solo trae dolor y decepción, excepción hecha de *Distintas formas de mirar el agua*", ha asegurado Ravenet Kenna.[80] Tampoco nos encontramos ante "una emotiva elegía a los paraísos perdidos"[81] porque para ello Llamazares tendría que haber prescindido de más de la mitad de los personajes, aquellos que no conocieron el valle del Porma, del que les hablaron reiteradamente sus ascendientes o sus familiares políticos, en los que vieron los efectos que les había producido su

---

tas pasan contemplándolos con admiración" ("Benet y yo: distintas formas de mirar el agua", art. cit.).

[75] Carmen Valcárcel, "Introducción", art. cit., p. 40. Para Gerhard Penzkofer, en cierto sentido, "*Escenas de cine mudo* constituye una respuesta por lo menos parcialmente optimista respecto a las problemáticas que plantean las dos primeras novelas" ("La memoria anti-épica en las novelas de Julio Llamazares", *Espacios y discursos en la novela española del realismo a la actualidad*, Frankfurt Am Main/Madrid, Iberoamerican/Vervuert, 2019, p. 181).

[76] Para Llamazares se trata de "una seña de identidad poética personal", al menos hasta el 2011. *Cf.* Julio Llamazares, "Al lector", *Tanta pasión para nada*, Madrid, Alfaguara, 2024, p. 14.

[77] José-Carlos Mainer, "Voces sobre las aguas", *El País. Babelia*, 14 de febrero de 2015, p. 4.

[78] José Antonio Llera, "Memoria, duelo y melancolía en *La lluvia amarilla*, de Julio Llmazares", art. cit., p. 536.

[79] Carmen Valcárcel, "Introducción", art. cit., p. 55.

[80] Caridad Ravenet Kenna, *El viaje de las memorias en Llamazares*, *op. cit.*, p. 126.

[81] Carmen Valcárcel, "Introducción", art. cit., p. 37.

traumática salida de allí, pero sin llegar a asumir nunca por ello esa memoria como propia, ni heredar el trauma padecido por ellos. El autor leonés no aborda por tanto el tema de la posmemoria, aunque es cierto que, como piensa Raquel, "hay lugares que pesan como la culpa" (p. 61).

La novela contiene una sentida elegía a Domingo -y a lo que representa-, pero es también la elegía que entona Llamazares al hecho biográfico que lo ha marcado literariamente desde sus inicios y que no se había decidido a abordar antes. ¿Una despedida del tema como materia novelable? En ese sentido pueden interpretarse las dos citas con las que se inicia el volumen. El escritor ha permanecido durante décadas, junto a los ríos de Babilonia, llorando mientras se acordaba de Sión, pero finalmente se ha dado cuenta, como puede leerse en el verso de Ángel Fierro, que gastó su vida "en el trabajo de volver" (p. 7). *Distintas formas de mirar el agua* es, por ello, la consecuencia de esa "elegía del tiempo" que constituye, en palabras de Pozuelo Yvancos, *Las lágrimas de San Lorenzo*, novela que vio la luz "en un momento en la vida de los buenos novelistas en el que su obra gira hacia la expresión de algo fundamental que se parece a un legado, algo que quieren dejar más allá de la invención de una historia y les compromete de modo cercano".[82] En esa misma senda se inscribe esta novela, cuya acción transcurre durante los diez minutos que dura el trayecto que realizan sus familiares y la ceremonia funeraria que los ha reunido.[83] Según se infiere de su lectura, se sitúa en el mismo tiempo de la escritura. Con *Las lágrimas de San Lorenzo* comparte rasgos formales como el fragmentarismo o el uso de las concatenaciones, técnica esta última que le permite enlazar los temas de un monólogo a otro. Las repeticiones cohesionan el conjunto, en el que la memoria -definida por Llamazares como "una película sin sonido, en blanco y negro o en color según el tiempo al que pertenezca"-[84] hace que se perciba *Distintas formas de mirar el agua* como una novela policromada.

---

[82] José María Pozuelo Yvancos, "Llamazares, la elegía del tiempo", *ABC Cultural*, 20 de abril de 2013, p. 8.

[83] Luis Marchal, "Julio Llamazares, escritor: 'Cada vez me siento más extranjero en España'", art. cit., p. 53.

[84] Julio Llamazares, "La memoria como novela: autobiografía y ficción", art. cit., p. 9.

EN EL HORIZONTE DE LA LITERATURA. LOS ARTÍCULOS DE JULIO LLAMAZARES

Fernando Valls
Universidad Autónoma de Barcelona

Para Santos Alonso, *In memoriam*

En 1998, cuando se publicó esta primera parte de mi trabajo, me parecía que en los años anteriores algunos críticos se quejaban de que los narradores españoles cultivaban una literatura ensimismada, unas ficciones miméticas, cuyo origen había que encontrarlo en el cine o en otras literaturas -la norteamericana, sobre todo- a las que se accedía casi siempre a través de traducciones, mejor o peor hechas. La queja, aunque cierta, quizá no era del todo justa, pues, al lado de esos autores (muchos de ellos, unos pocos años después, ya habían pasado al olvido), hubo otros que no sólo no le perdieron nunca la cara al país, sino que, incluso en los momentos de más euforia de los años de gobierno socialista, mantuvieron una actitud menos complaciente y mostraron en su obra las inquietudes de esa otra España olvidada. Un buen ejemplo, no el único, era y es la obra de Julio Llamazares (Vegamián, León, 1955). Sus trabajos periodísticos (artículos, reportajes y relatos de viajes), de algunos de los cuales voy a ocuparme aquí, los ha recogido en tres libros: *En Babia* (1991), *Nadie escucha* (1995) y *Entre perro y lobo* (2007). Para Llamazares "la literatura no es más que el horizonte que empieza donde acaba el periodismo". Pero existe, según él, una zona neutra, una tierra de nadie en la que literatura y periodismo confluyen; es el territorio en el que Llamazares se siente más cómodo, donde ha desarrollado toda su obra. Una obra que transita, con absoluta naturalidad, de lo personal a lo particular, para desembocar en lo general; de la política a la cultura. Sus artículos de prensa, por tanto, no son más que una forma, más directa que la estrictamente literaria, de expresar ciertas ideas (Vargas: 1987).

En Babia recoge una selección de trabajos publicados entre 1983 y 1991, gran parte de ellos en el diario *El País*. Pueden entenderse estos textos, señala el autor, como "una visión global de mi particular manera de entender el mundo, y a mí mismo, una nueva y diferente perspectiva de mi propia obra poética y narrativa" (p. 5). El libro aparece dividido en tres partes ("Opinión", "Reportajes" y "Viajes"), encabezadas por un "Epílogo anticipado". En el trabajo final de este volumen, el autor, convertido en *viajero*, declara que a él sólo lo guía el afán de "contar únicamente lo que ve por donde va" (p. 228). Pero, al lector que haya llegado hasta esa página, esa declaración de intenciones objetivas -objetivismo, se le llamaba hace unas décadas- no le parecerá demasiado convincente, pues Llamazares, ya desde los primeros artículos del libro ("En Babia" y "La encrucijada"), nos muestra sus cartas, la ideología desde la que escribe y cómo toma claramente partido. Y no es la suya una postura abstracta sino que nace como una respuesta a la vida política y cultural española de estos años, un mundo que el autor -al sentirse incómodo- lo vive como ajeno. Quizá por todo ello, "Parque jurásico" (*Nadie escucha*, p. 106) acaba sugiriendo una vieja pregunta metafísica: "¿Quién soy yo? ¿Qué hago aquí?".[1]

En unos tiempos de confusión, en los que impera una "cultura autocomplaciente y hueca", en los que la mayor preocupación de la gente estriba en conseguir el éxito, en hacerse rica o famosa, lo más rápido posible y cueste lo que cueste, el autor opta por seguir en solitario su propio camino, por "estar en Babia", que no consiste en vivir en la inopia, sino -como hicieron los antiguos reyes leoneses- en alejarse de los centros de poder, de las intrigas palaciegas.[2] O dicho de otra manera: en alejarse del mundo, del

---

[1] En "La España menguante" (*Nadie escucha*, p. 118) concluye diciendo: "Quizá las cosas son como son, sin vueltas ni medias tintas, y ni Juanita (la cocinera de la fonda de Pontedo), ni yo, ni las catedrales, ni el tren, ni los ancianos o la literatura pintemos ya nada en el mundo".

[2] Para el origen de esta interpretación, *vid.* Víctor de la Serna, *La ruta de los Foramontanos*, Madrid, Prensa Española, 1954[4], p. 129. La recoge Luis Mateo Díez, *Relato de Babia* (1981, aunque debe utilizarse la `versión definitiva´ [Madrid, Espasa Calpe, Austral,

brillo que deslumbra, para desde lejos observar la realidad con distancia, para poder ver con algo más de claridad. Así, una vez abandonado el campo de batalla, la carrera en pos del éxito, una vez que se ha apostado por la soledad y por el trabajo a fuego lento, con la tranquilidad que exige la obra ambiciosa y bien hecha, cuando uno ya no tiene la obligación de ejercer como escritor, puede dedicarse a escribir lo que le dicta la propia voz y no, como va siendo cada vez más frecuente, lo que espera el mercado.

En "El pensamiento débil" se burla de los posmodernos españoles, de los ridículos "signos distintivos de la tribu", que consisten en: "adoptar cierto desdén de inteligencia en la ironía, viajar a Nueva York, aborrecer la ecología, detestar la memoria y la crítica, ejercer activamente de atlantistas, adorar el diseño y la arquitectura y recitar de memoria los nombres sagrados de nueve o diez modistos" (p. 24). No en vano, como otros muchos narradores han denunciado a lo largo de estos últimos años (Valls, 1998), parece ser que nuestros viejos progresistas, una vez que pactaron el arrinconamiento de la memoria, y puesto que se ha decidido que no hay valores y que todo es admisible, no sólo han confundido la inhibición frente al poder con el oportunismo, sino que, una vez que se han instalado en el eclecticismo, su mayor aspiración estriba -quizá debido a la debilidad de su pensamiento (la sugerencia es de Llamazares)- en convertirse en *yuppies*.

Frente a esa doctrina al uso, que se empeña en el olvido, y que no es obra de la derecha sino del PSOE, que defiende que ser moderno y europeo pasa necesariamente por enterrar el pasado, recuerda el autor las berlinesas 'colinas del diablo' (esos lugares donde fueron a parar los escombros que produjo la segunda guerra mundial, hoy convertidos en pistas de esquí),[3] como una metáfora de la -según Llamazares- amnesia pactada durante la transición española, olvidando que siempre hay alguien que recuerda, que más tarde o más temprano acaban saliendo a flote los recuerdos que quisimos enterrar.

1991], con una inteligente introducción de Ángel G. Loureiro), en un texto que tiene varios episodios en común con los que aquí se comentan. Debe consultarse la reseña que Llamazares le dedicó al citado libro de Luis Mateo Díez, "El placer de narrar", *Nueva Estafeta*, núms. 45-46, agosto y septiembre de 1982, p. 119.

[3] Sobre este episodio véase también *Escenas de cine mudo* (pp. 29-35).

"La memoria del bosque" no es sólo un artículo en defensa de la naturaleza maltratada, sino que el bosque aparece como otra metáfora, en este caso de la memoria ancestral, de todo aquello que más puede importarnos: "las religiones, la música, las leyendas, los sueños de libertad y de desesperanza" (p. 103). Llamazares es uno de esos autores que sólo escribe de lo que conoce, de aquello que ha vivido y le afecta personalmente. No debe extrañarnos, por tanto, que muchos de estos trabajos traten de León, la provincia en la que nació. Este especial interés por un determinado territorio no se debe a un afán chovinista o patriotero, sino a que la situación social de los habitantes y pueblos de esta tierra le valen como ejemplo perfecto para denunciar la desigualdad de trato y el abandono por el gobierno de estas desfavorecidas gentes, en la -se diga lo que se diga- poco solidaria España de las autonomías. En otros varios artículos, junto a León, se ocupa también de Portugal y Suecia. Observado ahora, con una cierta distancia, no parece gratuita la elección. León y Portugal representan, respectivamente, lo propio y lo cercano, lo vecinal; pero ambos territorios comparten también unas similares carencias. Suecia, en cambio, es una muestra perfecta de lo ajeno, de lo lejano, una tierra -en suma- con un alto nivel de vida. No se queda ahí el autor, ya que Suecia, en comparación con la altanera y chapucera España actual, aparece como un país en que las cosas funcionan bien naturalmente. Quizá por todo ello Llamazares se sienta más identificado con los vecinos de los semiabandonados pueblos de León o con los modestos habitantes de Trás-os-Montes, o con Bernardo, ese mendigo que habita en la Plaza de la Villa de París, que con la prepotencia madrileña, las constantes reivindicaciones de las ricas comunidades autónomas gobernadas por los denominados nacionalistas periféricos o por aquellos españoles que atraviesan la raya portuguesa para mostrarse con sus vecinos como altaneros colonizadores.

En estos trabajos el autor utiliza un estilo que podría llamarse periodístico: ágil, sencillo y crítico. Maneja datos, pero sin abrumarnos con ellos y adopta siempre una actitud solidaria, el punto de vista de los desfavorecidos, aunque sin caer en el populismo ni en la demagogia. Llamazares parte de una noticia, de un hecho conocido, una visita o un viaje, escribe siempre de lo que conoce, y formula una opinión, la denuncia astutamente razonada, de una situación paradójica o injusta. Casi siempre opta por una interpretación distinta de un acontecimiento que han tratado los medios de comunicación de una manera convencional o, del que no se han ocupado por considerarlo poco periodístico, porque carece de esa *rabiosa actualidad* que impera hoy en los medios. Sus bestias negras son siempre los demagogos, los oportunistas y los cultivadores del esnobismo. Así, estos textos hay que entenderlos como otra veta del conjunto de su obra, aunque -por su estilo y visión del mundo- intrínsecamente ligado a ella.

Por lo que respecta a León hay varios asuntos que le han preocupado a lo largo de toda su trayectoria de escritor y que, por tanto, aparecen una y otra vez en su obra: la práctica desaparición de la minería de la región, de la que vivían numerosas familias, y -como consecuencia de ello- la soledad y la penuria que sufren los habitantes de muchas aldeas del interior, la despoblación masiva y el olvido en el que viven estos pueblos.[4]

Un símbolo de todo ello es el cierre parcial del tren hullero, también llamado el Transcantábrico,[5] y con él la historia de la minería leonesa. "El hullero -afirma- está ya muerto porque aquella tierra está muerta y ya apenas queda nada que se pueda llevar de ella: ni carbón, ni mercancías, ni madera, ni mujeres y hombres que puedan ser aprovechados como mano de obra barata y bien dispuesta" (p. 81). Y todo ello ha ocurrido, denuncia, porque León ha sido abandonada por los políticos y por sus propios habitantes, que han tenido que buscarse el sustento en otras latitudes.[6]

---

[4] Sobre los problemas de la minería leonesa, véase también: Juan Pedro Aparicio, "Los mineros de León", *Diario 16*, 21 de marzo de 1992; y José María Merino, "Mineros de la España profunda", *El País*, 24 de marzo de 1992.

[5] Dicho tren reaparece en un cuento de Llamazares, "Paso a nivel sin barreras", recogido *En mitad de ninguna parte* (pp. 93-111), pero también tiene una importante presencia en la obra de otros autores leoneses, como Antonio Gamoneda, "Ferrocarril de Matallana" (*Sublevación inmóvil*, Madrid, Rialp, Adonais,1960) y Juan Pedro Aparicio, *El transcantábrico. Viaje en el hullero* (Madrid, Penthalon, 1982), quien se inventó el nombre de Transcantábrico, luego adoptado por la Compañía de Ferrocarriles FEVE. No estaría de más echarle un vistazo a la reseña que Llamazares le dedicó a este libro, "El tren de la memoria", *Diario 16*, 9 de mayo de 1982.

[6] En "Sigue grave el minero muerto ayer" (*Nadie escucha*, pp. 33-37) denuncia el hundimiento de la minería de la región y aunque todos se quejan (políticos empresarios, sindicatos...), son todos culpables, y nadie parece hacer nada por remediarlo, por lo que

Una de las tesis repetidas por Llamazares es que las cosas, dirá en "El Hullero: la muerte de un dinosaurio" (*Nadie escucha*, pp. 127-137), no se mueren solas, sino que hay alguien que las deja morir y que por tanto es responsable de lo que ocurre. Traza la historia de este tren, muy ligado a su vida, el más largo de Europa de los de vía estrecha, y recuerda cómo de niño viajaba en él para ir de León a La Vecilla: "en los trenes -confiesa- aprendió lo poco o mucho que ahora sabe de la vida" (p. 137).[7] Pero toda esta queja le da pie a otro de los motivos que se repiten en su obra: el agravio comparativo con otras regiones. Así, acusa, por boca del gerente de un sector ferroviario: "Estamos hartos de tener que pagar por lo que a otros no les cuesta un duro" (p. 129).

Varios de estos trabajos muestran lo que se viene apuntando. El artículo que le dedica a la fonda de Juanita en Pontedo, "La España menguante" (*Nadie escucha*, pp. 113-118), ilustra a la perfección el abandono en el que se hallan muchas aldeas de la zona, que viven en unas condiciones tercermundistas, que no sólo no se ha paliado, desde la implantación de las autonomías, sino que ha crecido. España, señala Llamazares, es "un país que, como la luna, tiene dos caras, una creciente y otra menguante (...), los que más se quejan son normalmente los que menos motivos tienen para hacerlo" (p. 117). Un buen ejemplo de ello sería el artículo "Sevilla", a la que llama "nueva ciudad de los prodigios" (remedando el título de la novela de Eduardo Mendoza, *La ciudad de los prodigios*, 1986, sobre Barcelona), en el que se lamenta del favoritismo y la descarada parcialidad de los dirigentes socialistas andaluces, que tanto han apoyado a su región, olvidándose de otras igual de depauperadas. Aunque en esta ocasión Llamazares no es demasiado ecuánime al atribuirle a toda Andalucía unos privilegios de los que mucho me temo que sólo ha gozado Sevilla.

En dos artículos de *Nadie escucha* ("Factores de corrección" y "El fin del infinito", pp. 45-49 y 51-55) vuelve a criticar una política autonómica que no ha servido para acabar con las desigualdades regionales, para igualar a los pobres con los ricos. En buena

---

pronto Olleros, que vivió en otro tiempo de la falsa prosperidad de sus minas, será un pueblo fantasma.

[7] En este mismo libro le dedica un reportaje, del que luego me ocuparé, al tren de Laponia (pp. 11-118).

lógica, todos estos juicios sólo podían llevar a una censura directa de la idea que hoy se tiene del nacionalismo, y así concluye con que "la única nación, la real, la verdadera, es uno mismo".

En el reportaje que le dedica a la catedral de Roda de Isábena, en la provincia de Huesca,[8] titulado "La catedral perdida" (*Nadie escucha*, pp. 139-152), muestra (además de un conflicto entre diócesis aragonesas y catalanas: "lo de ellos es de ellos y lo demás de todos", señala el párroco, denunciando la habitual e insaciable voracidad de los gobernantes nacionalistas catalanes), que la recuperación actual del pueblo y del recinto religioso se debe al empeño personal del párroco y de los vecinos, más que a la voluntad de los gobernantes. Y, como dice el tópico, no hay mal que por bien no venga, sólo el robo que cometió Erick el Belga en 1979 hizo que los políticos le prestaran atención a la catedral más antigua de Aragón, la más pequeña de España y la única sin obispo.

Viejos lugares abandonados, antiguos recuerdos, formas de vida que se extinguen, espejismos de diverso pelaje, son asuntos de los que a menudo se ocupa Llamazares. En "Bajo el infierno blanco" recorre, para denunciar su abandono, esos pueblos de los Ancares que durante meses se quedan aislados por la nieve, a merced del hambre y de los lobos. También en "Las campanas de Foncebadón" (*Nadie escucha*, pp. 83-88) se queja del abandono de los pueblos de las montañas leonesas que acaba condenándolos a la desaparición. Este relato lo ilustra con la historia de María, que se negó a que se llevaran las campanas de la iglesia del pueblo (Manjarín, en la Maragatería), donde ya sólo viven ella, con casi setenta años, y su hijo. "Maestros de escuela" es un homenaje a su padre, que ejerció como maestro rural en varios pueblos de la región, un oficio que "con las concentraciones escolares, la nueva terminología y los sistemas pedagógicos modernos", ya no es lo

---

[8] El autor ha comentado que su interés por Huesca surgió durante el bachillerato, porque uno de sus profesores comentaba que era una provincia que no existía, ya que nunca aparecía en la televisión, y que alguien se la había inventado para quedarse con su presupuesto. Como si esta broma -que existe, por cierto, en otros lugares y referida a otras provincias españolas- se hubiera cumplido finalmente, en uno de los muchos pueblos abandonados de Huesca, en Ainielle, en el que transcurre la acción de su novela *La lluvia amarilla*. *Vid.* la entrevista de Fajardo (1988).

que era.[9] En "Manzanas verdes" se encuentra la génesis de su libro *Escenas de cine mudo*, el recuerdo de aquel niño que asistía al pequeño cine de la Compañía Minera, donde se halla -confiesa Llamazares- "la fuente original de su memoria y el destino final de todo lo que escriba", pues allí aprendió "la pasión y el misterio de la literatura" (p. 54).

"Buda en el Pirineo" y "La leyenda del oro" son buenos ejemplos de los espejismos que pueden producirse en zonas socialmente depauperadas, con la creación de un monasterio budista en Panillo, en el Altoaragón; o con la reaparición de viejas leyendas sobre el oro de Las Médulas, aunque los más sensatos prefieran ese otro *oro verde* que es el lúpulo.

Pero el acontecimiento biográfico más importante y que más repercusión ha tenido en su obra ha sido la construcción del pantano del Porma, que supuso el anegamiento de ocho pueblos, entre ellos Vegamián, donde nació Llamazares. En "Volverás a Región" (*En Babia*, pp. 123-126), calcando ahora el título de la novela de Juan Benet, ingeniero del pantano de Porma, narra la impresión que le produjo volver a ver su casa natal, cuando evacuaron las aguas del pantano para revisar las instalaciones, convertida en un "paisaje lunar, apocalíptico". Esa visión le hizo recordar una leyenda montañesa que solía repetir su padre, en la que se afirma que "el hombre, para poder descansar eternamente, ha de ser enterrado en el mismo lugar en que nació". Su poema "Retrato de bañista", recogido en *Memoria de la nieve*, y el guion de cine del mismo título, que rodó José María Sarmiento en 1983, como parte de la película *El filandón*, se ocupan también de este episodio.[10]

De León a Suecia, pasando por Portugal, podrían titularse los siguientes párrafos. En "Balada de Portugal" se encuentra ya una queja que volverá a aparecer en *Trás-os-Montes*: la denuncia

---

[9] Un homenaje similar puede verse en dos textos de Luis Mateo Díez, *Días del desván* (León, Edilesa, 1997) y *La mano de tiza* (León, Edilesa, 1997).

[10] Se trata de un motivo repetido tanto en el cine como en la literatura española de las últimas décadas. Así, en *Átame* (1989), película de Almodóvar, Richy, el protagonista, regresa a su pueblo y encuentra la casa familiar destruida. También en *Per el camí ral del nord* (1980), la novela de Robert Saladrigas, el protagonista busca sus señas de identidad, sus raíces, y cuando llega al pueblo de sus ancestros, los restos de la casa paterna se derrumban.

de la prepotencia española con sus vecinos portugueses. Critica también Llamazares el mal trato que reciben los trabajadores portugueses entre nosotros. Y como parece que las viejas teorías iberistas vuelven a resurgir, defendidas por Miguel Torga o José Saramago, se imagina una federación ibérica de la que formarían parte Galicia, las Vascongadas, Cataluña, Portugal y España, en lo que coincide con las aspiraciones de algunos independentistas periféricos.

"El paisaje del fin del mundo" es una reflexión sobre la memoria y el paisaje, y de cómo la tierra sólo posee memoria en la medida en que la habita el hombre: "el paisaje es solamente una pantalla en la que proyectamos con la mirada la memoria fugaz de lo que fuimos". Llamazares narra en estas páginas dos viajes, uno a Laponia y otro al Valle de Riaño. En el primero observa un paisaje sin memoria, porque es un territorio que no ha sido habitado por el hombre. En el segundo, al ser anegado el pueblo por un pantano, "había sido ya desposeído de sus huellas, privado de memoria" (p. 88).

Pero lo que más le interesa de Suecia, en contraste con España, es que se trata de un pueblo que "ha elevado a la categoría de normal lo que, en cualquier otro lugar, sigue siendo extraordinario", el que sea "un país que funciona normalmente" (p. 164). Y lo ejemplifica con una serie de anécdotas e historias, entre curiosas y pintorescas, pero siempre aleccionadoras. Quizá la más hermosa sea la de la tragedia de esa legendaria mujer a la que llamaban Oso Negro (pp. 86, 214 y 215).[11]

La campaña que se hizo entre nosotros para difundir el uso

---

[11] La leyenda de Oso Negro (la llamaban así "por su inusual fortaleza física y por el extraño, allí, color negro de su pelo") aparece también en un cuento, "El padre" (*En mitad de ninguna parte*, pp. 113-123). La vieja historia del Círculo Polar Ártico, ocurrida a comienzos de siglo y transmitida oralmente, siempre con emoción, por un abuelo a su nieta, en la que se narra la tragedia que se desató cuando esta mujer ("encargada de hacerles la comida a los ferroviarios y de alegrarles las noches cantándoles canciones y bebiendo con ellos") se enamoró de uno de los trabajadores, olvidándose del resto, por lo que le hicieron el vacío y la obligaron a marcharse, muriendo en el camino, entre la nieve. Pero aquí, en el cuento, la vieja leyenda de Laponia está al servicio de la historia de una niña sin padre a la que su abuelo le contaba historias, que tras mitificar al padre ausente comprende que la auténtica heroína, la verdadera heredera de Oso Negro fue su madre, que había tenido que mantener a sus cuatro hijos. Así, el cuento se presenta como un buen ejemplo de cómo puede reutilizarse la tradición popular en un relato moderno, de tradición -digamos- culta.

del preservativo entre los jóvenes, con el lema de "Póntelo, pónselo", le sirve en "Feliz Navidad", para comentar con sorna que en Suecia una madre sufre cuando descubre que su hijo fuma, pero le compra preservativos para que tenga relaciones sexuales con su pareja. Mientras que en España ocurre exactamente lo contrario. Quizá porque, a diferencia de las madres suecas, las españolas todavía no se han enterado de que fumar es nocivo para el cuerpo,[12] mientras que las relaciones sexuales son saludables para el cuerpo y para el alma.

La cultura, la literatura, son también asuntos de los que se ha ocupado a menudo Llamazares, para denunciar -por ejemplo- la falta de autenticidad de la narrativa actual. Así, en "Dirty Realism" (traducido como *realismo sucio*), cuestiona el uso que se ha hecho entre nosotros de un estilo de moda en Estados Unidos. Sobre todo porque se oculta la auténtica realidad nacional, pues bajo una aparente riqueza y felicidad hay gentes que no llevan una existencia tan placentera en esos años de "socialismo *sucio*", que quizás están esperando que aparezca en España un escritor que cuente su auténtica vida, sin necesidad de copiar la americana.

La conmemoración de los cincuenta años del II Congreso de Intelectuales Antifascistas, que se celebró en Valencia durante la Segunda República, le sirve para reflexionar sobre el papel que hoy desempeñan los intelectuales en la sociedad. Concluye el texto llamándolos "dinosaurios", pues tienen "miedo a enfrentarse de una vez a la verdad", no se ocupan ya de los problemas que afectan a la mayoría, sino que se limitan a discutir sobre su propia función de intelectuales. Por tanto, han sido sustituidos por los medios de comunicación, donde no es suficiente con pensar, sino que hay que saber transmitir un mensaje y ser conscientes de las limitaciones de un empeño que sólo es individual.[13]

"Nuevas vidas ejemplares" es no sólo uno de los mejores ar-

---

[12] En "Fumando espero" (*En Babia*, pp. 38-41) critica la hipocresía del gobierno, que con una mano vende y con la otra promueve campañas antitabaco. Sugiere, a semejanza de otros países, que se empiece a educar a los niños en los males que causa el tabaco, pero también que se ponga freno a la contaminación industrial.

[13] En "El pensamiento débil" (*En Babia*, p. 23) denuncia cómo ahora "cualquier intelectual que quiera ser tenido en cuenta deberá prestar menos cuidado a lo que escribe que a la imagen que de él proyectan las revistas.

tículos de *En Babia*, sino que también da el tono a otros textos de estos dos libros. Llamazares muestra, frente a tanto figurón, intelectual y no intelectual, quizá como contraste, unos seres que tienen en común su "falta de ambición" y su "individualismo visceral y exacerbado". *Gorete*, Bernardo y Melino, un maquis y dos vagabundos, pueden valer como representación de todos los demás, incluidos los perros Latón y Whisky. El primero es uno de los personajes que le sirvió de inspiración para *Luna de lobos*. Este hombre se pasó once años escondido en una cueva y murió con ochenta y siete sin abandonar sus ideales republicanos, en "esta España *moderna* y desmemoriada". *Gorete* fue una leyenda durante la infancia del autor, en una época en la que "los cuentos servían para decir lo que la radio callaba" (pp. 94 y 97). A Melino, un vagabundo que recorría los pueblos del nordeste de León, también lo conoció durante su infancia. De él aprendió, entre otras muchas cosas, que "la mejor novela está escrita en los caminos". A Bernardo lo encontramos en varios artículos,[14] en los que Llamazares lo entrevista y traza su retrato y su historia. En ellos, Bernardo, además de pronosticar la Guerra del Golfo,[15] relata que ha elegido vivir así porque "el dinero te quita libertad" y "porque creo que es una vida práctica, insólita, independiente. No tengo que dar explicaciones de a qué hora me acuesto ni de a qué hora me levanto. Vivo, diríamos, claramente, en la penumbra, pero también hay lugar para mí". Quizá *toda esa gente solitaria* muestra, en su forma de vivir, como señala el autor, recordando la canción de los Beatles, que el hombre no ha cambiado tanto y que sigue existiendo y muriendo por lo mismo de siempre: por el

---

[14] "La nieve de octubre", "Nuevas vidas ejemplares" (*En Babia*, pp. 109-112 y 143-153) y "Bernardo Gonzalo, mendigo" (*Nadie escucha*, pp. 225-230).

[15] Asunto del que se ocupa Llamazares en varios artículos ("El zigurat", "La guerra televisada" e "Irak, el país de las mil y una guerras", *En Babia*, pp. 82-85, 105-108 y 217-228). En el primero ve la guerra como producto de "la ambición de un loco" y "la sed de petróleo del mundo occidental". En el segundo tiene la sensación de que ya no distinguimos la ficción de la realidad y que la guerra, televisada en directo, acaba pareciendo una película, un programa más de televisión, olvidándonos que en el Golfo la gente se está matando de verdad. Y en el tercero se cuentan algunos de los antecedentes de la guerra entre Irak e Irán. En *Nadie escucha* se ocupa también de esta guerra en "Bajo la arena" (pp. 27-31), en el que se pregunta por las noticias que dan los medios y por qué dan esas y no otras, a la vez que denuncia los 'métodos militares' (los tanques americanos enterraban vivos a los soldados iraquíes) y las curiosas justificaciones de los políticos.

combustible y por la comida. Melino falleció durante una nevada y Bernardo en su banco de la madrileña Plaza de la Villa de París.

En "La nueva novela española" se queja de la excesiva generosidad y la falta de criterio con la que hoy se edita en España y traza un panorama tan pesimista como poco alentador, y no incierto del todo, aunque quizá no del todo justo, por poco ponderado: "llevados por esa euforia los editores publican cualquier texto que les cae entre las manos (siempre, eso sí, que el autor de la novela sea joven y, a ser posible, premiado) (...), los críticos descubren un nuevo genio cada mañana (...) y los novelistas se dejan querer y escriben a toda máquina, conscientes todos de que el momento es bueno y de que hay que aprovecharlo (...), sin ningún criterio crítico" (p. 119). Pero también retrata un modelo de escritor y una manera de entender la escritura que es la suya: "la literatura -señala- es ante todo oficio de solitarios (...), una novela necesita un tiempo de cocción y de reposo (...), para un escritor, lo más importante de ella ha de ser únicamente ayudarle a entender su tiempo, o al menos, a soportarlo (...), nada más contraindicado (por tanto) que convertir la novela en un *boom* o en una moda" (p. 120).

"El arzobispo de Manila" es la respuesta a unas declaraciones de Cela, en las que acusaba a los jóvenes novelistas españoles de falta de dignidad y de hacer una obra sin interés.[16] A Llamazares le parecen sorprendentes estas declaraciones, sobre todo viniendo de alguien que fue censor, escribió una novela, *La catira* (1955), por encargo del dictador venezolano Marcos Pérez Jiménez, y fue aspirante a confidente de la policía franquista. El título del artículo proviene de un confesado deseo de nuestro Premio Nobel (que lo hagan arzobispo de Manila para poder ir por la calle rodeado de un coro de monaguillos capones cantando en tagalo las alabanzas de Nuestro Señor), a lo mismo que aspiraba -y no deja de ser curioso- el sopista chantajista de *Farsa y licencia de la reina castiza*, de su paisano Valle-Inclán.

Nadie escucha, de cuyos textos ya me he ocupado en diversos momentos, recoge trabajos publicados, casi todos en *El País*, entre

---

[16] Sobre la contestación que ha tenido Cela entre las últimas hornadas de narradores españoles (Javier Marías, Antonio Muñoz Molina, Felipe Benítez Reyes, etc.) podría hacerse un suculento artículo.

1991 y 1995. Se compone el volumen de cuatro partes ("Opinión", "Reportajes", "Viajes" y una "Entrevista" final), encabezadas por un prólogo, en el que se explica el título. Así, sabremos
que el libro está dirigido a todos aquellos que todavía son capaces
de oír a los demás, sin por ello dejar de oírse a sí mismos. Confiesa Llamazares, que se define como un escritor "privilegiado por
marginal", que cada vez cultiva más esporádicamente el periodismo porque no ha conseguido hacerse oír entre tanto ruido. Si al
escepticismo se le une la percepción de que vivimos en una época
en la que nadie lee ni escucha, "el silencio es la única postura
inteligente".[17]

En la primera parte del libro, donde se recogen los artículos
de *opinión*, Llamazares se muestra tan heterodoxo como valiente
poniendo en cuestión toda una serie de opiniones de las que habitualmente los articulistas, quizá por aquello tan de moda de lo
políticamente correcto, o porque van a ser recibidas críticamente,
no se ocupan. Un buen ejemplo es "El comisario de Happaranda", en el que utiliza la pintoresca historia de un comisario sueco,
para criticar las pretensiones de Herri Batasuna, que -mientras
asesina- pretende, por lo visto, que la policía se muestre campe-
chana y bondadosa.

En "La cruz y el martillo", la exaltación acrítica que algunos
hacen de los años sesenta, quizá porque ya no recuerdan lo pe-
noso que era el país en esa década, le sirve para recordar que la
enseñanza religiosa que recibió en la escuela, en la mili y en la
Universidad, lo convirtió en ateo. Y se escandaliza al observar
cómo los dirigentes religiosos actuales, que apenas han evolu-
cionado con respecto a los de épocas pasadas, pretenden seguir
conservando los mismos privilegios de que gozaban durante el
franquismo.

De las nuevas malas costumbres de la sociedad española,
como esa intromisión en la vida privada que supone la publicidad
telefónica, se ocupa en "Derecho a dormir". En "Días de perros"

---

[17] Santos Alonso ("Verdades como puños", *Diario 16*, 8 de julio de 1995), uno de los
críticos que mejor conocían la obra de Llamazares, desaparecido prematuramente, ha
señalado -a propósito de *Nadie escucha*- que, "en sus manos, el artículo encerraba una
forma sólida, una estructura de razonamiento sólido y desarrollo consistente, en que a las
premisas (cualquier noticia, anécdota o incidente de actualidad) les seguía una reflexión
ética, una conclusión crítica, o un remate irónico de difícil réplica".

trata un asunto que está teniendo mucho eco en la prensa internacional en los últimos años, el abandono durante el verano y el
maltrato de los animales en numerosas fiestas españolas. Contra
lo que parece ser habitual, en "La nevera", Llamazares apuesta
por un veraneo lento, tranquilo, antiguo, que sirva para descansar, que suponga -en suma- "un reencuentro con el tiempo".

La reflexión sobre la lengua y la literatura tiene, también en
este volumen, una significativa presencia. Cuando en 1988 una
revista, entonces de moda, le preguntaba a una serie de escritores
"qué le falta y qué le sobra a la literatura española actual", Llamazares empezaba su respuesta así: "Lo que sigue faltando es una
mayor preocupación de los novelistas por el lenguaje".[18] En "Modernos y elegantes", como en la XXXV de las *Cartas marruecas*, de
Cadalso, se burla Llamazares de aquellos que utilizan palabras
de otras lenguas, que son innecesarias porque en castellano las
tenemos equivalentes.[19]

"Vista (parcial) de Cangas de Narcea" puede leerse como un
arte poética, en la que se defiende de las acusaciones que le han
hecho de ser un escritor "localista, rural, provinciano, ecologis-
ta, mesetario y hasta lírico". Critica en ese texto la literatura de
moda en España y defiende su propia visión del mundo: una obra
que se ocupe de lo que el autor "tiene más cerca, o lo que mejor
conoce, que, al fin y al cabo, es igual en todo el mundo". Este
artículo puede completarse con lo que dice en *Casablanca* (para
él la película más bella o, al menos, la más carismática de la historia del cine) sobre cómo, cuando las verdades han pasado, sólo
quedan las mentiras, de las que se compone la literatura.[20] Y en
"Verdades como puños" se recogen, entre otras, unas frases lapi-
darias ("Vizcaino Casas es escritor"; "Alfonso Ussía es un humo-
rista" y "Todos los españoles estamos amamantados por Carmen
Romero, excepto Cela y Umbral. Yo, además, formo parte de la
mafia leonesa")[21] que son un buen indicio de la posición del autor

---

[18] *Cf. Sur Exprés* (Madrid), 10 de mayo de 1988.

[19] *Vid.* también, al respecto, su artículo "hacia una lengua más pobre", *Últimas
tendencias de la literatura española (1)*, *República de las Letras*, 18 de julio de 1987, pp. 41-44.

[20] *Cf.* "El placer de mentir", *ABC*, 16 de abril de 1988. Y, sobre sus gustos cinematográficos, la entrevista en *El Mundo*, 26 de marzo de 1994.

[21] *Vid.*, sobre estos mismos asuntos, Miguel García-Posada, "Los 150 novelistas", *El*

ante opiniones que circulan en las secciones de cultura de algunos medios de comunicación.

Pero quizás el más singular de todos estos artículos sea "Elogio del tumbado", en el que, más allá de la anecdótica actitud de Juan Carlos Onetti, que vivió los quince últimos años de su vida tumbado en la cama,[22] llama la atención sobre una gente que se desentiende del resto del mundo porque detesta una vida tan encanallada como la española, una sociedad que educa a la gente para el éxito y no para la felicidad. Todo ello, como no podía ser de otra manera, tiene su reflejo en una sociedad en la que lo que cuenta no es el interés del libro sino sus ventas, lo que explica la declarada aversión del autor por la cultura.

En la tercera parte del volumen relata cuatro viajes. En el primero, "Seis paisajes vascos", con el que obtuvo el Premio de Periodismo *El Correo Español-El Pueblo vasco*, recorre a lo largo de seis capítulos el País Vasco, reflexionando sobre su historia, sus paisajes y su gente. En "León, la bella desconocida" cuenta la historia de la fundación de la ciudad, comenta sus monumentos, la llama "ciudad gótica y triste" y hace unas recomendaciones personales sobre lo que debe ver el viajero. Hasta aquí nada que se salga de lo común en este tipo de colaboraciones. Pero, al acercarse el desenlace, el autor se traslada al Barrio Húmedo, donde los leoneses se reúnen para charlar y beber, y allí describe a sus paisanos como un pueblo que bajo una "apariencia seca y adusta suele engañar. Tras su capa de estameña rigurosa y su tópica y distante seriedad, el leonés ha escondido siempre un espíritu sarcástico y burlón". Lo que quizás explique, para Llamazares, el que allí nacieran tres destacados anarquistas (Durruti, Pestaña y Abad de Santillán), que su equipo de fútbol lleve un nombre tan

---

País, 3 de agosto de 1996; Juan Cruz, "¿Pero hubo alguna vez 150 novelistas de La Moncloa?", *El País*, 13 de agosto de 1997; y Carlos Javier García, *La invención del grupo leonés. Estudios y entrevistas*, Madrid/Gijón, Júcar, 1995.

[22] Este es un clásico motivo literario que podemos rastrear en la literatura rusa del XIX, en *Eugenio Oneguin*, de Puskin, o en el personaje de Ilia Illitch Oblomov, en *Oblomov (La novela de la indolencia rusa)*, de Iván A. Gontcharov, sin olvidar la tía Leoncia de *En busca del tiempo perdido*, de Proust. O, más recientemente, en el Edgardo de *Eloísa está debajo de un almendro*, de Jardiel Poncela, al que alude Llamazares en su artículo. Por diversos testimonios de Alfonso Grosso, José Manuel Caballero Bonal y Eduardo Mendicutti sabemos que en la Baja Andalucía de la posguerra era, si no costumbre, sí al menos una actitud no del todo indiferente.

estrambótico como Cultural Leonesa o que se celebre un "vía crucis báquico, irreverente y sacrílego" como es el Entierro de Genarín, al que Llamazares le ha dedicado un libro y, Luis Mateo Díez recrea en diversos momentos de su obra.

Quizás en el artículo "Madrid, del cero al cielo" esté el antecedente, lejano si se quiere, de su último libro, *Los viajeros de Madrid* (Ollero & Ramos, Madrid, 1998). Pero, sobre todo, en este trabajo lo que Llamazares pretende es llamar la atención sobre lo que considera más atractivo de Madrid, que es lo que de apátrida tiene el madrileño, y sobre cómo la ciudad "ha sido siempre la negación de los localismos y las trincheras". Pero no debe entenderse el artículo sólo como una exaltación de Madrid, a la que describe como "un pastel mal cocido, y peor recalentado con el tiempo", sino también como un singular ejemplo a seguir en una España cada vez más ensimismada en sus particularismos regionales. Si en alguna tradición cultural se mueve aquí Llamazares es en aquella que surge durante la guerra civil, en la que se consideraba a la capital "rompeolas de las Españas"; pero también en aquella otra que ha hecho de Madrid quintaesencia de contradicciones, y cuál mayor que instalarse en la antesala del cielo, ¡esos cielos velazqueños, de Antonio López!, si no es porque se tiene consciencia de que es la única posesión de aquellos vagamundos -que diría Sánchez-Ostiz- que, en el fondo, nada tienen. Esta sección concluye con "Tres postales portuguesas",[23] un texto que ha tenido ecos en libros posteriores del autor y que vale como aperitivo de su reciente libro de viajes sobre Portugal.

Se ha definido Julio Llamazares, quizá por escéptico y melancólico, como un escritor romántico. Sus artículos tratan siempre de asuntos que nos afectan y en la misma medida que en ellos denuncia la doble moral y la hipocresía de los gobernantes, de los que ostentan el poder, exalta la individualidad, a los desposeídos, sean maquis o vagabundos. No es Llamazares uno de esos autores que escriben para pasar el rato, para convertirse en famosos, figurar y ganar dinero, sino que forma parte de aquellos otros que

---

[23] La segunda parte de este texto, aquí titulada "Volviendo a Lisboa", está recogida en *Escenas de cine mudo*, bajo la denominación de "Se vive solamente una vez". Antes había aparecido, con muchas variantes, en la revista *El Europeo* (núm. 33, junio de 1991, pp. 100-102).

se implican en lo que escriben y que conciben la escritura como una manera de soportar el paso del tiempo, de "pasar la vida, o sea, para tratar de entenderla".[24] Por todo ello, estos dos libros, toda su obra, bien pudieran leerse -en suma- como la perfecta ejemplificación, en la práctica literaria y periodística, de esa frase.

ENTRE PERRO Y LOBO: ÚLTIMOS ARTÍCULOS RECOPILADOS DE JULIO LLAMAZARES

Este nuevo volumen se compone de 69 trabajos, publicados entre 1986 y el 2007, de los cuales 21 habían sido recogidos en las dos recopilaciones anteriores. Por tanto, en este nuevo libro se recogen 48 trabajos nunca incluidos en libro, que yo sepa. En otra selección de textos del autor, titulada *Antología y voz* (2007), prologada por Nicolás Miñambres, y me temo que poco vista, se recogían dos artículos de los libros de 1991 y 1995, los titulados "La nieve de octubre" y "La nevera" (pp. 83-96), que también encontramos en el presente volumen. Me centro, en fin, en analizar algunos de esos 48 artículos, los que más me han llamado la atención, que aparecen recogidos en libro por primera vez.

En el prólogo, el periodista y escritor Juan Cruz traza un atinado retrato del autor (pp. 11-13); y en el clarificador texto que sigue, obra de Llamazares, y que comparte título con el libro en sentido figurado (pp. 15-17), o sea, "entre la domesticación y la libertad" (al final de esta presentación, confiesa: "me reafirmo en mi opinión de mi condición ambigua, de persona que no es ni perro ni lobo, de escritor que escribe a caballo [...] entre la imaginación y la realidad"), comenta también que "la literatura empieza donde acaba el periodismo", ya que "mientras uno se hace desde la realidad, la otra nace de la imaginación". Y continúa Llamazares: "para imaginar hay que partir de la realidad y, al revés, para contar la realidad hay que imaginarla a veces". En suma, lo que me parece que viene a decirnos es que el periodismo y la literatura no son excluyentes, pues se complementan; no en

---

[24] *Cf.* la entrevista de María José Obiol, "Una forma de caer al vacío", *El País*, 11 de junio de 1989, y su artículo "La memoria como novela (Autobiografía y ficción)", *Leer*, núm. 77, 1995, p. 51.

vano, ha venido cultivando de manera simultánea la ficción y las
colaboraciones en prensa, que en ocasiones también se ha tratado de prosa de ficción, en forma de cuentos. Confiesa, además,
que en estos textos periodísticos anticipa y nos proporciona pistas
sobre sus obras de ficción, como en el caso de *Luna de lobos* (1985),
La lluvia amarilla (1988) y *El cielo de Madrid* (2005). Existe, por tanto, una interconexión, continúa explicando Llamazares, entre su
obra periodística y literaria; no en balde, escribió los artículos
"con pasión de periodista, que es lo que también me siento", un
"periodista privilegiado", precisa, pues, según nos dice: "he escrito lo que he querido". Dejo para el final la breve reflexión sobre
qué tipo de artículos son: si de opinión, o si podemos catalogarlos
como artículos literarios, aunque ambos registros no sean siempre
excluyentes.

Voy a analizar 21 de estos artículos, aquellos que me han in-
teresado más, tanto por lo que se refiere al contenido como por
la forma y el estilo. Se trata de "La encrucijada", "Dinosaurios",
"Las colinas del diablo", "Los hombres interesantes", "Muerte de
un tren", "Nostalgia del Muro", "La nieve de octubre", "Bajo la
arena", "El cielo de Madrid", "Pueblos abandonados", "El oficio
de escribir", "Madrid me mata", "Muere el héroe de mi infancia", "Arte contemporáneo", "La posmemoria", "Las palabras",
"Las dos Españas", "Pompas fúnebres", "La vida de los otros",
"Descripción de la mentira" y "Por qué no se callan todos".

El libro se inicia con "La encrucijada" (*El País*, 2 de octubre de
1986), artículo que empieza y acaba con una referencia a Álvaro
Cunqueiro, quien en 1976 afirmaba que el nuestro era un país
que sentía terror ante las encrucijadas. Llamazares, en la estela
del gran articulista gallego, comenta que los españoles nunca hemos sabido en qué lugar y en qué momento vivimos, y quizá por
ello pasamos "del autarquismo prehistórico a la posmodernidad,
del compromiso militante a la movida". Así, la cultura del "pro-
vincianismo vertebrado de otro tiempo" se ha convertido en un
"cosmopolitismo de salón que ahora viene a querer sustituirlo".
En suma, continúa con lucidez, tenemos una cultura "que cubre
su indigencia sempiterna con la riqueza repentina de una univer-
salidad de cartón piedra y de un importado mimetismo", "una
cultura autocomplaciente y hueca". Así, concluye: "yo, como

Cunqueiro y los gallegos viejos, me santiguo en la encrucijada sin nombrarla y sigo, solitario, mi camino" (pp. 19-21).

En "Dinosaurios" (*El País*, 20 de junio de 1987), con la excusa del Congreso Internacional de Intelectuales que se celebraba entonces en Valencia, afirma que estos, "como casta, se han ido convirtiendo poco a poco en dinosaurios". A ese respecto, recoge opiniones de la escritora Rossana Rossanda,[25] sobre la evolución de la figura del intelectual, y nos recuerda las dos preguntas que se hacía la italiana: para qué sirven hoy los intelectuales y de qué intelectuales se trata. Para Llamazares, "el intelectual, como santón del pensamiento, a la tradicional usanza, ha dejado de existir", pues parece que tuvieran miedo de enfrentarse a la verdad. Se trata de que sean conscientes, con humildad, de las limitaciones de los mensajes individuales. Y, sin embargo, me parece que, si un intelectual es alguien que piensa de forma independiente, que discute las ideas del poder establecido y llama la atención sobre los vicios y carencias de la sociedad, mientras su mensaje llega a cierto público lector, y puede incidir en su pensamiento, ese podría ser Julio Llamazares. No es el único en nuestro país, pero sí creo que figura entre los destacados, por lo que resulta incomprensible que desde que dejó de escribir en *El País* no resulte fácil leerlo, ahora que más lo necesitamos.

Sobre la ciudad de Berlín, encontramos en este libro dos artículos: "Las colinas del diablo" (*El País*, 1 de febrero de 1989) y "Nostalgia del Muro". En el primero, las numerosas colinas de cascotes (los *Teufelsbergen* o colinas de diablo) que se formaron en las afueras de Berlín tras acabar la guerra, le sirven como símbolo para denunciar las metafóricas *colinas del diablo* que ha ido creando la política española. Cuestiona, sobre todo, el papel del PSOE durante la Transición, en los años en los que Felipe González presidió el gobierno. En nuestro país, las *colinas del diablo* fueron las distintas traiciones cometidas, los sapos que tuvo que tragarse el partido socialista, sus renuncias para modernizar España: al marxismo, con el desmantelamiento de los Altos Hornos de Sagunto,

---

[25] Sobre Rossana Rossanda y sus vinculaciones con nuestro país, debe verse: *Un viaje inútil o de la política como educación sentimental* (Barcelona, Laia, 1984); y el trabajo de Angela Moro, "La memoria è un prodotto dell´oblio. *Un viaggio inutile* (1981) di Rossana Rossanda nella Spagna franchista", *Caitele Echinox*, vol. 44, 2023, pp. 262-280.

o la entrada en la OTAN, así como con la construcción del pantano de Riaño y el intento de convertir en escombros la UGT, el
sindicato socialista. Hoy, 35 años después, podemos constatar que
renunciaron definitivamente al marxismo (a su aplicación práctica
en la sociedad, al menos) hasta los marxistas más recalcitrantes;
que la entrada en la OTAN fue un acierto, y que la UGT a veces
aparece como un sindicato desnortado, como cuando en Cataluña
apoyaba el proceso independentista o miraba hacia otro lado. Y
sobre las renuncias y las entregas del PSOE actual ante los popu-
listas e independentistas, podríamos hablar y no parar.

Llamazares siente una peculiar "Nostalgia del Muro" (*El País*,
21 de noviembre de 1990) durante su segundo viaje a Berlín, en
1990, al constatar que los elementos que habían dividido a la ciudad han desaparecido. Lo que no permanece, en cambio, y así ha
continuado hasta hoy mismo, es la diferencia entre la vida de los
wessis y la de los *ossis*, los habitantes del antiguo oeste y los de este.
Por diversas y opuestas razones, unos y otros, en algunos casos,
añoran el pasado, los privilegios de que disfrutaron durante la
separación (ventajas fiscales, acceso barato a la cultura y la vivien-
da, etc.), aunque resulta evidente que fueron más importantes en
el oeste, pues tras la caída del muro, los ciudadanos de la antigua
RDA no han logrado, 35 años después, al menos, los mayores,
gozar de la vida que llevan sus actuales compatriotas en el antiguo oeste. Sea como fuere, pocos dudan hoy de que la unificación
fuera necesaria, aunque la insatisfacción que existe en el antiguo
este haya propiciado la aparición de una pujante ultraderecha, la
denominada Alternativa para Alemania (AfD).

Se pregunta Llamazares, en "Los hombres interesantes" (*El
País*, 23 de agosto de 1990), quiénes son considerados como tales,
pero sobre todo por qué las mujeres se casan o emparejan con
hombres mucho mayores que ellas. Cita los casos, me centro en
los escritores ("en mi opinión […], las personas más pesadas y
aburridas del mundo"), de Alberti, Cela, Borges y Alberto Mora-
via. Lo cierto es que disponemos de las respuestas -sean sinceras
o no- de esas mujeres (María Asunción Mateos, Marina Castaño, María Kodama y Carmen Llera), a quienes los periodistas
les han formulado esa misma pregunta en diversas ocasiones,
dando por hecho que se trataba de amores interesados. En estas

relaciones, nos dice Llamazares, las mujeres aportan juventud y los hombres prestigio, y yo añadiría que ellas también aportan belleza y ellos dinero y madurez, y se arriesga con una definición de los hombres interesantes: se trata de "un hombre que no es guapo, o que es incluso feo, pero que tiene algo (…) que te lo hace atractivo". En fin, lo que en el XVIII se denominaba *un no sé qué*. El caso es que la posibilidad de ser considerado interesante ha sido un consuelo para muchos hombres y mujeres, a falta de otros atributos más obvios. Acaba el artículo señalando que le cuesta imaginar a un hombre de 30 años casado con Rosa Chacel o Patricia Highsmith, y sin embargo, si nos salimos del terreno de la literatura, hoy no es raro, aunque tampoco sea lo habitual, encontrar parejas en que la mujer es mucho mayor, como en el caso de Brigitte Macron, la esposa del actual presidente francés; de actrices como Susan Sarandon, Jennifer Lopez, Heidi Klum y Demi Moore; cantantes como Madonna o Shakira; o nuestra Juana Ginzo (1922-2021), cuya pareja, el periodista Luis Rodríguez Olivares, era veinte años más joven. Recuérdese, además, la película *El graduado* (1967), de Mike Nicols, con Anne Bancrof, Dustin Hoffman y la inolvidable música de Simon & Garfunkel, que tanto impacto causó en la época, la cual tiene su origen en una novela de Charles Webb, publicada en 1963. Ahora puede añadirse *Babygirl* (2024), película de la directora holandesa Halina Reijn, en la que una mujer madura (interpretada por Nicole Kidman) mantiene una relación sexual con un joven veinteañero que trabaja a sus órdenes, añadiendo a este motivo la visión femenina de la directora, frente a lo que solían ser visiones masculinas en este tipo de historias.

Como un excelente artículo de denuncia podríamos definir el titulado "Muerte de un tren" (*El País*, 28 de septiembre de 1990), en el que se lamenta del cierre del tren hullero que empezó a funcionar en 1894, recorriendo la cordillera Cantábrica para llevar, hasta los Altos Hornos de Bilbao, el carbón de las cuencas leonesa y palentina. Se trataba del mayor tren de vía estrecha de Europa, pues recorría más de 300 kilómetros. El escritor Juan Pedro Aparicio le dedicó un libro titulado *El Transcantábrico* (1982),[26] mientras

---

[26] El Transcantábrico sigue funcionando, pero ahora como un tren de lujo, que transita entre San Sebastián y Santiago de Compostela, a lo largo de ocho días. *Vid.* la

que Llamazares afirma, quizá generalizando en exceso, que "en los trenes aprendimos lo poco o mucho que sabemos de la vida". Pero el artículo empieza señalando los inconvenientes de esas provincias que forman parte de *la España profunda*, lo que hoy suele denominarse *la España vaciada*, concepto de actualidad tras el libro de Sergio del Molino, publicado en el 2016, con el inapropiado título de *La España vacía*, explotado en sucesivas variantes y ediciones,[27] y las llamadas de atención de la campaña, social y política, *Teruel existe*, iniciada en 1999. Para Llamazares, forman parte de esa España, "un mundo marginado y moribundo", las regiones o provincias que no tienen aspiraciones autonómicas -reconocidas- ni ostentan capitalidad alguna. En la suya, la de León, algunos pueblos han sido sepultados por un pantano, y diversas fábricas y minas han cerrado, condenando a sus habitantes a emigrar, sobre todo a la provincia de Bilbao, donde había trabajo. Se muere el tren, denuncia Llamazares, y con él unas formas de vida, las leyendas de sus paisajes; se mueren, en suma, unas provincias a cuyos habitantes se les ha hurtado su medio de vida. Hoy, más de treinta años después de la publicación de este artículo, León no para de perder población, y reivindica, para poder seguir subsistiendo, formar una autonomía propia, junto con Salamanca y Palencia, separándose de la que ahora encabeza Valladolid. En este mismo sentido han escrito, también, José María Merino y Luis Mateo Díez, además del ya citado Aparicio.

En "La nieve de octubre" (*El País*, 19 de marzo de 1991), que empieza con un refrán ("La nieve de octubre siete lunas cubre", p. 109)[28] como motivo conductor del artículo, se cuenta la historia de dos vagabundos, Bernardo y Melino. Se nos dice que la nieve de octubre, la que más temen los campesinos, anuncia inviernos muy duros, en los que suelen morir pastores y mendigos. Uno de esos vagabundos, asentado en la madrileña plaza de Madrid[29] a

crónica de Pedro Reguera, "Fabada y bacalao al pil pil a bordo del tren más lujoso de España", *El País*, 28 de diciembre del 2024, p. 44.

[27] *Vid.* Sergio del Molino, *La España vacía* (Turner, 2016; y Alfaguara, 2022), *Contra la España vacía* (Alfaguara, 2021) y *Atlas sentimental de la España vacía* (Geoplaneta, 2021).

[28] El artículo "El cielo de Madrid" acaba con otro refrán, como veremos.

[29] Andrés Trapiello, en sus diarios, se ha referido en varias ocasiones a esta plaza, situada muy cerca de su casa, para llamar la atención sobre algunos de los mendigos y locos que la ocupaban. Sobre la importancia de la nieve, véase el artículo "Memoria

la que el autor acude a pasear con su perro, es Bernardo, amigo de Llamazares. Al otro, lo conoció de niño. Sobre Melino, circulaba la leyenda de que era de buena familia. Solía estar leyendo y le gustaba hablar con los niños, una costumbre que seguro que ahora hubiera despertado el recelo, la sospecha, de los bienpensantes. No obstante, el artículo acaba derivando hacia el pronóstico de Bernardo sobre la Guerra del Golfo, y constata cómo el refrán se cumple una vez más. Así, concluye Llamazares, el mundo no ha cambiado tanto y los hombres siguen moviéndose, sobre todo, por dos cosas: el combustible para el fuego y la comida. Y continúan matándose por los mismos intereses, aunque "acaban triunfando siempre las ideas de los vencidos" (p. 112), tal y como ocurrió tras la Guerra Civil española.

"Bajo la arena" (*El País*, 28 de septiembre de 1991) del desierto de Kuwait, empieza el artículo, yacen miles de cuerpos de soldados iraníes que quedaron enterrados vivos al paso de los carros de combate norteamericanos, durante la guerra del Golfo. Estas trágicas noticias las contrasta Llamazares con otras frívolas y estúpidas que recogen, esos mismos días, los medios españoles. Pero, en esencia, el artículo es una crítica al militarismo americano, a las falsedades que encubre su doctrina salvadora, sin que tampoco falten rasgos de humor, al cuestionar una vez más el nacionalismo catalán, ya sea obra de religiosos, ya de civiles, y su -digamos- complejo de superioridad. En "La guerra televisada" (pp. 70-73) denuncia cómo la guerra del Golfo se ha convertido en un espectáculo, en una película de indios y vaqueros.

Del "El cielo de Madrid" (*Lápiz*, abril de 1992) destacaría su título, que el autor volverá a utilizar en una novela publicada en el 2005, y su final, que dice así: "el verdadero cielo de Madrid lo tenían todos desde el principio encima de sus cabezas. Porque el refrán, aunque famoso, está mal hecho. No es de Madrid al cielo. En todo caso, y no es poco, de Madrid, el cielo" (p. 143). Pero de lo que se ocupa, en el conjunto del texto, es de su vinculación con la ciudad, de la fascinación que mostraron algunos grandes pintores por ciertos paisajes: C.D. Friedrich/Berlín, aunque sería más preciso hablar de Dresde o de la isla de Rügen, en la costa

---

de la nieve", en el que afirma: "La nieve es nuestra memoria y, también, seguramente, forma parte de nuestra identidad" (p. 27).

norte de Alemania; Van Gogh/Provenza; Miguel Ángel/Roma; Monet/Giverny; Velázquez y Goya/Madrid. Al cielo azul y rosa de los cuadros de Velázquez y Goya, vuelve a aludir Llamazares en "Madrid me mata" (p. 213), artículo al que luego nos referiremos.

Se ocupa de la ahora denominada la *España vacía* en "Pueblos abandonados" (*El País Semanal,* 27 de abril del 2000), asunto que ya hemos tratado.[30] Su preocupación e interés, confiesa, empezó a mediados de los ochenta del pasado siglo, cuando estaba escribiendo *La lluvia amarilla.* Y aunque se refiere a diversos lugares, se centra en San Pedro Manrique, pueblo de la provincia de Soria, en cuya fiesta los hombres caminan descalzos sobre el fuego.[31] Para escribir el reportaje que le encargó una revista sobre ese rito, leyó la guía de Avelino Hernández, *Soria. Donde la vieja Castilla se acaba* (1986), libro que le hizo "conocer y amar Soria" (p. 197) y que, además, le sirvió para escribir su siguiente novela. El caso es que recorriendo varios pueblos de la región, "buscando el alma del abandono y recopilando historias de sus protagonistas", advirtió el "inmenso genocidio cultural que supone la pérdida irremediable de centenares de pueblos, muchos de ellos con siglos de existencia" (p. 199). Se trata de otro artículo en defensa de los pobres y más débiles, que no parecen tener cabida en la España del momento, y una llamada de atención sobre los últimos habitantes de esos pueblos que estaban quedándose solos y desamparados.

La denuncia que hace en "El oficio de escribir" (*Frankfurter Allgemeine Zeitung,* 23 de enero del 2001), sigue vigente, e incluso podría decirse que ha empeorado la degradación moral y la trivialización, pues se ha acentuado la corrupción (en la concesión de los premios literarios), el mercantilismo y la frivolidad que denunciaba entonces; el convertir la literatura en un espectáculo, como vemos en el caso, ocurrido en el 2000, de Ana Rosa Quintana, presentadora de televisión, que había ganado un premio de

---

[30] En su artículo "Jóvenes", *El País,* 4 de agosto del 2018, p. 2, expone lo siguiente: "En la España vacía, tan de moda hoy (a nivel periodístico y literario, que políticamente sigue siendo ignorada por todos), para los que no hay lugar es para los jóvenes, que huyen de ella como de la peste dejando a los viejos solos con sus recuerdos".

[31] Sobre este rito, véase también su artículo "Solsticio", *El País,* 23 de junio del 2018, p. 2.

novela, con un libro titulado *Sabor a hiel*, que le había escrito un negro, plagiando frases de Danielle Steel.

En "Madrid me mata" (*La Vanguardia* y *Der Tagesspiegel*, 14 de marzo del 2004), título también de una revista que surgió durante la movida madrileña, singular por su diseño gráfico,[32] se ocupa de los atentados terroristas en Madrid, el 11 de marzo del 2004. Ante los muertos y heridos, Llamazares nos hace una confesión: "por primera vez quizá en los más de veinte años que llevo viviendo aquí, me he sentido uno más de ellos y he comprendido que esta ciudad (...) es también de alguna forma la mía, por más que siempre me haya sentido en ella de paso. Madrid me mata, me ha matado como a ellos, aunque yo viva para contarlo" (p. 213).

Recuerda con contenida emoción al minero Casimiro Fernández Arias, fallecido en el exilio francés, del que nunca volvió, en "Muere el héroe de mi infancia" (*La Crónica de León*, 6 de junio del 2004). El hombre resistió en la montaña central leonesa y le inspiró a Llamazares, junto a sus compañeros, la novela *Luna de lobos*, pues durante las noches de verano de su infancia, que pasó con sus abuelos en La Mata, oyó numerosas historias mitificadas por la imaginación popular, que acabarían formando parte de la novela. No en vano, este guerrillero, confiesa Llamazares, "protagonizó sin saberlo las historias de mis sueños infantiles" (p. 217). En "Adiós a Gorete" (pp. 99-102), se ocupa de otro guerrillero cuya vida también se convirtió en leyenda, pasó once años escondido en una cueva, en el monte, cuando "los cuentos de los viejos servían para decir lo que la radio callaba".

En "Arte contemporáneo" (*El País*, 5 de octubre del 2006)[33] cuestiona las actividades de ciertos museos, sus edificios, y de cómo viene desarrollándose el arte actual. Se refiere, en concreto, aunque sin citarlo, al MUSAC, Museo de Arte Contemporáneo de Castilla y León, y a las explicaciones con que justifican su existencia (se trata de "una fuente de ingresos económicos, o de rentabilidad política, más que [de ofrecer] una visión del mundo", p. 226). Pero yo diría que lo que, en realidad, plantea Llamazares, más allá de la crítica a aspectos concretos, es una pregunta: "¿es

---

[32] Se trataba de una revista mensual, creada, dirigida y diseñada por Óscar Mariné, que publicó dieciséis números entre 1984 y 1985.

[33] Creo que la fecha que da el libro, 29 de noviembre del 2006, no es la correcta.

posible hacer historia del presente? (p. 225). El caso es que resulta difícil negarlo, cuando existe una corriente historiográfica
que se dedica precisamente a esa temática;[34] además de los cada
vez más frecuentes trabajos de investigación sobre la literatura de
las últimas décadas, de lo que es buena prueba este libro, o los
numerosos estudios, mejor o peor fundamentados, que se le han
dedicado a la obra de nuestro autor. El artículo concluye diciendo, con ironía: "en el arte contemporáneo todo es posible y de lo
que se trata, al fin, es de pasarlo bien" (p. 226).[35]

   "La posmemoria" (*El País*, 29 de noviembre del 2006) llevaba
un antetítulo, "Las víctimas de la Guerra Civil y el franquismo",
del que aquí se ha prescindido. El concepto de *posmemoria* se lo
debemos a Marianne Hirchs, que lo formuló en 1990, referido
a los recuerdos heredados, a las experiencias no vividas,[36] aunque Llamazares lo toma de un trabajo de la hispanista finlandesa
Elina Liikanen.[37] El caso es que Llamazares denuncia el desinterés *oficial* (resulta importante la matización, que no suele hacerse,
porque nunca faltaron películas, libros y artículos a disposición
de los interesados) por rescatar los recuerdos de la Guerra y del
franquismo; y las inútiles discusiones sobre la denominada Ley
de la Memoria Histórica que entonces estaba preparando el gobierno.[38] En suma, lo que Llamazares señala es que, en España,
siempre ha existido un conflicto con la memoria, fomentado, sobre todo, por los políticos conservadores, y alentado por la prensa
y los -digamos- intelectuales que los apoyan; lo que significa que,

---

[34] Existe una Asociación de Historiadores del Presente y, desde el 2001, se publica
una revista semestral dedicada a la denominada *Historia del Presente*. Su último número, el
44, está fechado en el 2024 y lo edita Eneida.

[35] Véase la respuesta, crítica, en forma de carta al director, del escritor y crítico de
arte Javier Montes, "Museos de arte contemporáneo", *El País*, 9 de octubre del 2006.

[36] Hasta donde yo sé, en castellano disponemos de dos libros suyos: *La generación de la
posmemoria: escritura y cultura visual después del Holocausto*, Madrid, Carpe Noctem, 2021; y
Marcos familiares: fotografía, narrativa y posmemoria, Buenos Aires, Prometeo, 2021.

[37] Debe tratarse de su artículo "Novelar para recordar: la posmemoria de la Guerra
Civil y el franquismo en la novela española de la democracia. Cuatro casos", en VV.AA.,
La Guerra Civil española, Madrid, Sociedad Estatal de Conmemoraciones Culturales, 2006.

[38] La denominada Ley de la Memoria Histórica fue aprobada en el 2007, durante el
gobierno del socialista José Luis Rodríguez Zapatero, y fue modificada en el 2022, con
el nombre de Ley de la Memoria Democrática, por el gobierno del también socialista
Pedro Sánchez.

para algunos, la guerra aún no ha terminado. Casi veinte años después, con la ley vigente, podría decirse que los enfrentamientos siguen siendo semejantes, y las resistencias son las mismas.

En "Las palabras" (*El País*, 20 de enero del 2007) se empieza afirmando que nunca, como ahora, había habido tanto miedo al lenguaje, dada la sensación de que las palabras las carga el diablo. Lo políticamente correcto, el fanatismo y la estulticia humana están destrozando el lenguaje, llenándolo de eufemismos, haciéndolo irreconocible, pues estamos reinventando con ello la lengua, vaciándola de sentido. Parece como si pretendieran suavizar ciertos males modificando sus nombres. Así, la corrección política se antepone a la lingüística. Los principales adalides, nos dice Llamazares, son los políticos, con los nacionalistas periféricos a la cabeza, el feminismo más radical y ciertos periodistas, pues todos ellos, con las excepciones que se quieran, adaptan las palabras a las ideas, y no al revés. La complacencia de la Academia, cada vez mayor, también ha contribuido a la propagación de estos males, aunque, en su momento, se resistieran a las desvariadas pretensiones lingüísticas de la entonces vicepresidenta del gobierno, Carmen Calvo. Pero hay que lamentar que, a este respecto, también haya ido todo a peor.[39]

"Las dos Españas" (*El País*, 13 de febrero del 2007), nos dice Llamazares, son la de la costa y la de interior, la pudiente y la pobre y marginada. Lo grave es que nada se ha hecho para equilibrarlas, pues el problema, nos cuenta, proviene de los años del desarrollismo, agravado luego con la España de las autonomías, debido a la insolidaridad entre las distintas regiones. Todo ello

---

[39] Les pongo solo unos pocos ejemplos: en la Facultad en la que trabajo, la secretaría del Departamento se llama Unidad integrada de soporte administrativo departamental (UISAD); el personal que trabaja en la secretaría, antes llamado PAS (Personal de administración y servicios), es ahora el Personal técnico de gestión, administración y de servicios (PTGAS), y la conserjería de la Facultad es ahora el Soporte logístico y punto de información (SLIPI), denominaciones propias de una mente retorcida y sin sensibilidad alguna con la lengua, lo que en una Universidad resulta especialmente grave. Todo escrito, además, con mayúsculas, como si fuera inglés, que he suprimido. En otro sentido, en el diario digital en el que escribo tuve que pedirles que escribieran Valencia, sin acento, en el título de uno de mis artículos, a lo que, por fortuna, accedieron, pero es costumbre que se ha impuesto en *El País* o *La Vanguardia*, aunque en los medios en catalán escriben, por ejemplo, Saragossa. En el mismo sentido, véase la recopilación de artículos de Javier Marías, *Lección pasada de moda. Letras de lengua*, Barcelona, Galaxia Gutenberg, 2012.

ha impedido que se produzca el deseable "equilibro económico y demográfico" del país, reproduciendo el modelo italiano en vez del alemán o el francés. Si cuanto afirma a lo largo del artículo resulta sensato y cierto, en cambio, el exagerado y grandilocuente final desmerece del resto, ya que no era necesario remachar tanto el clavo, al afirmar que España no existe, que se trata de una ficción, de "una campana gigante (...), con un badajo en el medio que resuena en el vacío inmenso que lo rodea" (p. 238), por decirlo con las palabras de Manuel Vicent.

En "Pompas fúnebres" (*El País*, 24 de marzo del 2007), cuestiona los premios, los reconocimientos, la vanidad de los artistas y escritores, pues "todo, hasta la vanidad, lo destruye el tiempo"; de lo que podría ser buena prueba el cementerio moscovita de Novedevichy, lleno de estatuas de hombres ilustres. Según Llamazares, los escritores no necesitan el reconocimiento público, pero cuando les llega la ocasión, ninguno lo rechaza. El único caso que recuerdo en España es el de Javier Marías, quien nunca aceptó reconocimientos institucionales en España, aunque sí en el extranjero, o, como veremos, el del propio Llamazares. Es cierto que, en España se conceden tantos premios que "su propia abundancia niega su razón de ser" (p. 246). Siempre me ha llamado la atención que, en las biografías sintéticas que aparecen en las solapas, o en las colaboraciones en diarios o revistas, los escritores jóvenes, y los no tan jóvenes, no sólo citen todos los premios obtenidos, incluso los de escaso valor, sino también aquellos en los que han sido finalistas. Concluye Llamazares el artículo afirmando que aquellos que muestran los premios como si fueran trofeos, no exhiben sino vanidad e inseguridad, pero además recuerda la opinión de Julio Camba, el gran articulista, según la cual "todas las pompas son fúnebres" (p. 246).[40]

---

[40] Llamazares ha obtenido algunos premios -digamos- menores, pero ninguno de los que suelen considerarse mayores, como son el Cervantes, el Príncipe/Princesa de Asturias, el Premio de las Letras Españolas, el Nacional o el de la Crítica. En estos dos últimos, podría haberlo ganado en las modalidades de poesía y narrativa. Tampoco se le ha concedido el Premio Castilla y León de las Letras que se falla desde 1984, ni el Premio de la Crítica de Castilla y León, del que fue finalista en su edición del 2015, por su novela *Distintas formas de mirar el agua*. En un comunicado enviado entonces a *La Nueva Tribuna*, de León, diario en el que colaboraba, afirmaba lo siguiente: "ni aspiro a tal premio ni lo aceptaría en el supuesto de que se me concediera". Ese año el premio lo obtuvo la novela de Juan Manuel de Prada, *El castillo de diamante* (Espasa), el único autor que lo ha ganado

"*La vida de los otros*" (*El País*, 29 de abril del 2007) es el título de una excelente película del director alemán Florian Henckel, que en su momento -se estrenó en el 2006- causó sensación, pues mostraba cómo, en la antigua Alemania del este, había gente que trabajaba para la Stasi, la policía secreta, espiando y denunciando a quienes cuestionaban el sistema, incluyendo a sus familiares más cercanos. Su recuerdo le sirve a Llamazares para preguntarse por qué otras sociedades tienen un mayor interés por su pasado. Esta premisa lo lleva a una afirmación demasiado contundente: "vivimos en un país sin pasado, pero también sin presente y sin futuro" (p. 247). Denuncia la superficialidad del ambiente, el que los espectadores y lectores, junto con los cineastas y escritores, apuesten por lo divertido, por lo entretenido. En suma, Llamazares cuestiona el periodismo rosa y la "insana voracidad social que han convertido las revistas y las televisiones en auténticas peluquerías y que han hecho de la persecución del otro un ejercicio de impunidad y ensañamiento" (p. 250).[41]

"Descripción de la mentira" (*El País*, 25 de mayo del 2007) es el título de un libro de poemas que Antonio Gamoneda publicó en 1977 en la colección Provincia, de León. Llamazares cuenta que para los jóvenes de entonces fue un descubrimiento, a pesar de que lo leyeron de una manera sesgada, demasiado vinculada a los males del franquismo, cuando es probable que el autor quisiera darle una dimensión más atemporal, como hemos podido constatar con el paso del tiempo, y reconoce el mismo Llamazares, que trufa el artículo con versos del libro. El caso es que, para él, confiesa, fue un libro fundamental. Recuérdese que sus dos primeros libros de poemas aparecieron en 1979, *La lentitud de los bueyes*, en la misma colección Provincia, y en 1982, *Memoria de la nieve*. La mentira, palabra siempre en boca de políticos y periodistas, aunque atribuyéndosela a los demás, parece haber arraigado

---

en dos ocasiones. El galardón estaba convocado por la Junta de Castilla y León y el Instituto Castellano Leonés de la Lengua, que presidía entonces Gonzalo Santonja, nombrado por Vox para ocupar cargos políticos. *Vid.* el artículo de Fulgencio Fernández, "Julio Llamazares, ¿Premio?, no gracias", *La Nueva Tribuna* (León), 14 de febrero del 2016.

[41] De la importancia del cine, sobre todo en su infancia, se ocupa en "Manzanas verdes" (pp. 50-53); en "*Casablanca*" (pp. 159-164) desmitifica la célebre película; y en "Arquitectura y paisaje" (pp. 206-208) se centra en *Silencio roto* (2001), la película de Montxo Armendáriz.

entre nosotros comenta Llamazares. El ejemplo de los atentados del 11-M, a los que también se había referido en "Teoría de la conspiración" (pp. 220, 252 y 253), o las opiniones de Aznar sobre la invasión de Irak, contrastan con los versos de Gamoneda o con las propias convicciones de Llamazares. Lo explica porque los efectos de una dictadura tardan en disiparse y porque parece que la mentira "forma parte de nuestra idiosincrasia" (p. 253); con lo que, una vez más, me parece que fuerza la maquinaria de la explicación.

El título de este artículo, "Por qué no se callan todos" (se publicó con el título de "¿Y si se callaran todos?", *El País*, 3 de diciembre del 2007), tiene su origen en la reconvención que el rey Juan Carlos I le dirigió a Hugo Chávez, presidente de Venezuela, en una cumbre iberoamericana. Confiesa Llamazares que hay cantidad de gente a la que le gustaría decirle lo mismo. Pero el artículo es una crítica al guirigay político y periodístico (a los tertulianos *tutólogos*), hoy añadiríamos las llamadas redes sociales, a la crispación que no remite. A este respecto, recuerda el libro de Fernando Díaz-Plaja, *El español y los siete pecados capitales* (Alianza, 1966, con ilustraciones de Mingote y numerosas reediciones), que tuvo tanto éxito en su momento, en el que se comenta que la soberbia es un rasgo omnipresente en nuestro lenguaje. Un país, cita Llamazares de nuevo a Rafael Sánchez Ferlosio, en el que nadie convence a nadie sobre nada.

Los artículos de Llamazares parten de una idea, de la denuncia de un problema cuyo desarrollo, siendo el tono periodístico, a veces utiliza procedimientos propios de la ficción (del titulado "Memoria de la nieve", pp. 27 y 28, podría decirse que se vale de la prosa poética), según vemos en algunos principios ("Modernos y elegantes", pp. 169-172) y finales ("Adiós a Matiora", pp. 22-24). El estilo, cuando se vale de su mejor registro, es entre divertido, pues no falta el humor, y casi trágico, irónico, como podemos observar en "Derecho a dormir" (pp. 134-137). El párrafo final de "La España menguante" (p. 189), vale como ejemplo del uso que suele hacer de la ironía. En suma, creo que prevalece la opinión sobre los componentes literarios, aunque no siempre resulte fácil separar ambos elementos. No creo que pretenda ser objetivo, cuenta lo que ha visto y sabe, habla de lo que cree, de los asuntos que le preocupan, ya sea la memoria, el desequilibrio y el consiguiente abandono oficial de las provincias depauperadas, lo que llama "La España menguante" (pp. 186-189), ya se trate de los lugares que conoce en sus viajes, de la guerra, del peligro de los nacionalismos ("la única nación, la real, la verdadera, es uno mismo", concluye en "El fin del infinito", p. 147), y en algunos casos exagera en sus conclusiones, o toma la parte por el todo, como en "Sevillana" (pp. 113-116), en que los privilegios de que pudo gozar la capital andaluza, durante los años de gobierno del PSOE, los extiende al resto de la región. No escatima las referencias a autores (cita, en un par de ocasiones a Rafael Sánchez Ferlosio), aunque a veces solo nos proporciona los datos que considera imprescindibles, o reproduce las preguntas y respuestas de los viejos catecismos, en "La cruz y el martillo" (pp. 122-125). Por ello, cuando me ha parecido útil he tratado de contextualizar las ideas y referencias. Otras veces, como hemos indicado, el artículo representa el origen remoto, el punto de partida de algunas de sus novelas, e incluso en el caso de "El comisario de Happaranda" (p. 121) puede leerse como un microrrelato; o en "La nevera" en que las seis últimas líneas del primer párrafo (p. 175) podrían recortarse -si yo fuera partidario de esos procedimientos, que no lo soy- y leerse también como un micro. En suma, estos artículos muestran los intereses y obsesiones del autor, su visión crítica del mundo.

Han pasado entre dos y cuatro décadas desde la aparición de estos artículos en la prensa. ¿Habrá cambiado Llamazares de opinión? En una entrevista reciente, afirmaba: "Mi manera de ver el mundo ha cambiado muy poco, la verdad" (S.f., 2024). Y, por otro lado, buena parte de *los males de la patria* que denuncia, así los llamó Lucas Mallada en 1890, siguen siendo casi los mismos, e incluso en varios aspectos esos males se han agravado. Por ello, hoy, un periodismo como el de Julio Llamazares, sus acerados artículos, resulta más necesario que nunca.[42]

---

42 Quiero darle las gracias por su paciencia a Irene Andres-Suárez, y por su ayuda a Montserrat Amores, Francisca Montiel, Sara Santamaría, María José Loba, Cecilio Garriga y Gemma Pellicer.

BIBLIOGRAFÍA[43]

Andres-Suárez, Irene, y Ana Casas (eds.), *El universo literario de Julio Lla-mazares*, Neuchâtel (Suiza), Universidad de Neuchâtel, 1998.
Casasús, J. M., *Artículos que dejaron huella*, Barcelona, Ariel, 1994.
Fajardo, José Manuel, *Cambio 16*, 7 de marzo de 1988. Entrevista.
García-Posada, Miguel, "El columnismo como género literario", en Montesa (2003: 61-76).
Garrido Gallardo, Miguel Ángel, "Las columnas del periodismo espa-ñol", en Miguel Ángel Muro (ed.), *Actas del Seminario de Filología His-pánica 1993*, Logroño, Gobierno de la Rioja, 1994, pp. 9-32.
Grohmann, Alexis, y Maarten Steenmeijer (eds.), *El columnismo de escrito-res españoles (1975-2005)*, Madrid, Verbum, 2006.
Gutiérrez Carbajo, Francisco (ed.), *Artículos periodísticos (1900-1998)*, Madrid, Castalia didáctica, 1999.
___, "Autores literarios en prensa (1975-2005)", en Fidel López Criado (ed.), *Literatura y prensa*, La Coruña, Diputación Provincial, 2006, pp. 27-59.
___, y José Luis Martín Nogales (eds.), *Artículos literarios en la prensa (1975-2005)*, Madrid, Cátedra, 2007.
Hernández, Darío, "La magia del propio andar. Entrevista a Julio Lla-mazares", *Catharum*, núm. 13, 2013, pp. 63-65.
León Gros, Teodoro, *El artículo de opinión*, Barcelona, Ariel, 1996.
Llamazares, Julio, *El entierro de Genarín. Evangelio apócrifo del último hetero-doxo español*, Ayuso, Madrid, 1984.
___, *Luna de lobos*, Barcelona, Seix Barral, 1985; Madrid, Cátedra, 2009. Ed. de Miguel Tomás-Valiente.
___, *La lluvia amarilla*, Barcelona, Seix Barral, 1988, la ed. de 2013 in-cluye un prólogo del autor y un DVD con el documental *Ainielle*; Madrid, Cátedra, 2016. Ed. de Miguel Tomás-Valiente.
___, *En Babia*, Barcelona Seix Barral, 1991.
___, *Escenas de cine mudo*, Barcelona, Seix Barral, 1994.
___, *Nadie escucha*, Madrid, Alfaguara, 1995.
___, *En mitad de ninguna parte*, Madrid, Ollero & Ramos, 1995.
___, *Los viajeros de Madrid*, Madrid, Ollero & Ramos, 1998.
___, *El cielo de Madrid*, Madrid, Alfaguara, 2005.

---

[43] Los siguientes trabajos sobre el género no se ocupan de los artículos de Llamazares: García-Posada (2003), Grohmann y Steenmeijer (2006), Gutiérrez Carbajo y Martín Nogales (2022), Montesa (2003) y VV.AA. (2005). No he podido consultar los de Gutié-rrez Carbajo (1999) y Sinova (2002). En mi librito del 2006 no pude incluir el estudio sobre los artículos de Llamazares (Valls, 1998), debido a su extensión.

___, *Antología y voz*, León, El Búho Viajero, 2007. Presentación de Nicolás Miñambres. Con un CD en el que el autor lee sus textos.

___, *Entre perro y lobo*, Madrid, Alfaguara, 2007.

López Hidalgo, Antonio, *Las columnas del periódico*, Madrid, Ediciones Libertarias, 1996.

López Pan, Fernando (ed.), *70 columnistas de la prensa española*, Pamplona, EUNSA, 1995.

López Pan, Fernando, *La columna periodística. Teoría y práctica*, Pamplona, EUNSA, 1996.

___, "La columna como género periodístico", en Miguel (2004: 9-28).

Miguel, Pedro de (ed.), *Articulismo español contemporáneo. Una antología*, Madrid, Mare Nostrum, 2004.

Montesa, Salvador (ed.), *Literatura y periodismo. La prensa como espacio creativo*, Málaga, AEDILE, 2003.

Palomo, María del Pilar (ed.), *Movimientos literarios y periodismo en España*, Madrid, Síntesis, 1997.

Porzecanski, Teresa, "Breves reflexiones en torno a la divergencia: periodismo y literatura a fines del siglo xx", en Van Noortwijk y Haastrecht (1997: 57-63).

Rendueles, César, "Para sentir más, pensar más, saber más. Entrevista con Julio Llamazares", *Minerva*, núm. 14, 2010, pp. 23-27.

Seoane, María Cruz, "La literatura en el periódico y el periódico en la literatura", en Van Noortwijk y Haastrecht (1997: 17-25).

___, "El periodismo como género literario y como tema novelesco", en Montesa (2003: 9-32).

___, "Para una historia de la columna literaria", en VV.AA. (2005: 8-11).

S.f., *El Cultural*, 31 de junio del 2024, p. 50. Entrevista.

Sinova, Justino (ed.), *Un siglo en cien artículos*, Madrid, La Esfera de los Libros, 2002.

Valls, Fernando, "En el horizonte de la literatura. La prosa periodística de Julio Llamazares", en Andres-Suárez y Casas (1998: 41-56).

___, "El bulevar de los sueños rotos", *Cuadernos Hispanoamericanos*, núm. 579, septiembre de 1998, pp. 23-37.

___, *El artículo literario. De Francisco Ayala a Javier Cercas*, Cuenca, Centro de Profesores de Cuenca (*Cuadernos de la Mangana*, 39), 2006.

Van Noortwijk, Annelies, y Anke Van Haastrecht (eds.), *Periodismo y literatura*, Amsterdam/Atlanta, Foro Hispánico/Rodopi, 1997.

Vargas, Concha, *El Independiente* (Madrid), 31 de octubre de 1987. Entrevista.

VV.AA., *El género del columnismo de escritores contemporáneos (1975-2005)*, Ínsula, núms. 703-704, julio y agosto del 2005. Coordinado por Alexis Grohmann.

Winter, Ulrich, "Literatura, periodismo y `campo intelectual´. Algunas observaciones acerca del columnismo de escritores a principios de los años 90", en José Manuel López de Abiada, Hans-Jörg Neuschäfer y Augusta López Bernasocchi (eds.), *Entre el ocio y el negocio: industria editorial y literatura en la España de los 90*, Madrid, Verbum, 2001, pp. 293-304.

FERNANDO VALLS
IRENE ANDRES-SUÁREZ

OBRAS DE JULIO LLAMAZARES

Poesía

La lentitud de los bueyes, León, Colección Provincia, 1979 (Premio Antonio González de Lama, 1978). Reeditado en Madrid, Hiperión, 1985, y en Madrid, Nórdica, 2025 (con ilustraciones de Leticia Ruifernández).

Memoria de la nieve, Burgos, Consejo General de Castilla y León, Colección Cántico, 1982 (Premio de Poesía Jorge Gillén). Reeditado en Madrid, Nórdica, 2019 (con ilustraciones de Adolfo Serra).

La lentitud de los bueyes. Memoria de la nieve, Madrid, Cátedra, 2024 (Edición y estudio de Raúl Molina Gil).

Retrato de bañista, Badajoz, Del Oeste Ediciones, 1995.

Versos y ortigas (Poesía 1973- 2008), Madrid, Hiperión, 2009.

La lentitud de los bueyes. Memoria de la nieve, Madrid, Cátedra, 2024 (Edición y estudio de Raúl Molina Gil).

Crónicas

El entierro de Genarín. Evangelio apócrifo del último heterodoxo español, León Ediciones del Teleno, 1981; Madrid, Ayuso, 1984; Madrid, Endymion, 1988 y1992; Barcelona, Ediciones B, 1996; León, Ediciones Leonesas, 2007; Madrid, Alfaguara, 2015 (con ilustraciones de Antonio Santos).

Libros de viaje

El río del olvido, Barcelona, Seix Barral, 1990.

---

[1] Esta bibliografía parte de la que compusieron en su momento (1998) Fernando Valls, Marco Kunz e Irene Andres-Suárez, que ahora damos corregida, ampliada (en parte, con la de Isabell OBERLE, 2015) y puesta al día, hasta dónde nos ha sido posible.

Trás-os-Montes (Un viaje portugués), Madrid, Alfaguara, 1998.

Cuaderno del Duero, León, Edilesa, 1999.

Las rosas de piedra, Madrid, Alfaguara, 2008.

Atlas de la España imaginaria, Madrid, Nórdica Libros, 2015.

El viaje de Don Quijote, Barcelona, Penguin Random House, 2016 (prólogo de Jean Canavaggio e ilustraciones de Jesús Cisneros).

El Curueño literario, León, Eolas, 2017. Selección de textos de Ángel Fierro y Julio Llamazares.

Las rosas del sur, Madrid, Alfaguara, 2018.

Primavera extremeña. Apuntes del natural, Madrid, Alfaguara, 2020.

Novelas

Luna de lobos, Barcelona, Seix Barral, 1985; Círculo de Lectores, Barcelona, 1985. Introducción de Fernando Sánchez Dragó; Madrid, Cátedra, 2009 (edición de Miguel Tomás-Valiente); Barcelona, Seix Barral, 2024.

La lluvia amarilla, Barcelona, Seix Barral, 1988; Madrid, Cátedra, 2016 (edición de Miguel Tomás-Valiente).

Escenas de cine mudo, Barcelona, Seix Barral, 1994; Madrid, Alfaguara 2006; Madrid, Punto de Lectura 2016; Madrid, Cátedra, 2022 (edición de Carmen Valcárcel).

El cielo de Madrid, Madrid, Alfaguara, 2005; Barcelona, Círculo de Lectores, 2005; Madrid, Punto de Lectura, 2006; Madrid, Alfaguara, 2011.

Las lágrimas de San Lorenzo, Madrid, Alfaguara, 2013; Punto de lectura, 2014.

Distintas formas de mirar el agua, Madrid, Alfaguara, 2015; Madrid, Punto de Lectura, 2016.

Vagalume, Madrid, Alfaguara, 2023.

Libros de cuentos

En mitad de ninguna parte, Madrid, Ollero & Ramos, 1995.

Tanta pasión para nada, Madrid, Alfaguara, 2011.

El valor del agua, Madrid, Ediciones los cuatro azules, 2011; Madrid, Nórdica, 2024.

Cuentos cortos, Debolsillo, Barcelona, 2016.

Libros de artículos

En Babia, Barcelona, Seix Barral, 1991.

Nadie escucha, Madrid, Alfaguara, 1995.

Antología y voz, León, El Buho Viajero, 2007 (con una presentación de

Nicolás Miñambres y un CD en el que el autor lee sus textos).
Entre perro y lobo, Madrid, Alfaguara, 2008.

Guiones para películas
Luna de lobos, 1986 (en colaboración con Julio Sánchez Valdés).
La fuente de la edad, 1992 (en colaboración con Julio Sánchez Valdés).
Retrato de bañista, incluido en la película *El Filandón*, de José María Martín Sarmiento, publicado en Badajoz, Oeste Ediciones, 1995.
El techo del mundo (en colaboración con Felipe Vega). Publicado en Zaragoza, Prames, 1998.
Flores de otro mundo (en colaboración con Iciar Bollaín). En *Cine y Literatura. Reflexiones a partir de "Flores de otro mundo"*, Madrid, Páginas de Espuma, 2000.
Berlineses (en colaboración con Felipe Vega), 2001.
Eloxio de distancia (en colaboración con Felipe Vega), 2008.

Ensayos
Viajeros de Madrid, Madrid, Ollero & Ramos, 1998.
Navia, Madrid, La Fábrica, 2018.

Traducciones

LLAMAZARES, Julio, *Luna de lobos*, São Paulo, Brasiliense, 1987 (traducción al portugués de Nathan Giraldi).
LLAMAZARES, Julio (1991): *Wolfsmond*. Frankfurt am Main, Suhrkamp, 1991 (traducción al alemán de Wilfried Böhringer).
LLAMAZARES, Julio (1998): *Stummfilmszene*, Frankfurt am Main, Suhrkamp, 1998 (traducción al alemán de Willi Zurbrüggen).
LLAMAZARES, Julio, *El oficio de mentir*, Atenas, Instituto Cervantes, 2002 (traducción e introducción de Konstantinos Paleologos. Edición bilingüe griego-español).
LLAMAZARES, Julio, *The yellow rain*, London, Harvill Press, 2003. (traducción al inglés de Margaret Jull Cost).
LLAMAZARES, Julio, *The yellow rain*, London, Harvill Press, 2003. (traducción al inglés de Margaret Jull Cost).
LLAMAZARES, Julio, *Minnets film*, Estocolmo, Natur & Kultur, 1995 (traducción al sueco de Ulla Roseen).
LLAMAZARES, Julio, *Stumfilmscener*, Copenhage, Gyldendal, 1996 (traducción al danés de Iben Hasselbalch).
LLAMAZARES, Julio, *Scènes de cinéma muet*, Lagrasse, Verdier, 1997 (traducción al francés de Michèle Planel).

LLAMAZARES, Julio, *Stummfilmszenen*, Frankfurt, Suhrkamp, 1998 (traducción al alemán de Willi Zurbrüggen).

LLAMAZARES, Julio, *Qtaim mi-seret ilem*, Jerusalén, Carmel Publishing House, 2001 (traducción al hebreo y epílogo de Rami Saari).

LLAMAZARES, Julio, *Sceny z niemego Kina*, Warszawa, Muza S.A., 2005 (traducción al polaco de Magdalena Platcha).

LLAMAZARES, Julio, *Rosen aus Stein: spanische Kathedralen von Santiago bis Segovia*, München, 2011 (traducción al alemán de Astrid Böhringer)

LLAMAZARES, Julio, *Musei eiga no siin*, Tokio, Village Books, 2012 (traducción al japonés de Eüchi Kimura).

Documentales sobre Julio Llamazares
León, memoria de la nieve. En la serie *Esta es mi tierra*, TVE, 1999.

SOBRE JULIO LLAMAZARES

CRÍTICA

Libros
AA.VV., *Julio Llamazares. Memoria, poesía, símbolo*, Zaragoza, Ibercaja/Ministerio de Educación y Ciencia: Dirección Provincial de Zaragoza, 1992.

Andres-SUÁREZ, Irene y Ana CASAS (eds.), *El universo de Julio Llamazares*, Neuchâtel, Universidad de Neuchâtel (Suiza), 1998.

ARES, Álida, *El hilo de oro de la obra de Julio Llamazares*, Ponferrada, Instituto de Estudios Bercianos, 2021.

CARLÓN, José (ed.), *Sobre la nieve. La poesía y la prosa de Julio Llamazares*, Madrid, Espasa-Calpe, 1996.

GARCÍA, Carlos Javier, *La invención del grupo leonés. Estudios y entrevistas: Juan Pedro Aparicio, Luis Mateo Díez, Julio Llamazares, José María Merino, Antonio Pereira*, Madrid, Júcar, 1995.

RAVENET Kenna, Caridad, *Memoria y tiempo en la narrativa de Julio Llamazares*, Stanford, Stanford University, 1996.

_____, *El viaje de las memorias en Llamazares*, Madrid, Verbum. 2017.

SUÁREZ RODRÍGUEZ, María Antonia, *La mirada y la memoria de Julio Llamazares: paisajes percibidos, paisajes vividos, paisajes borrados (memoria de una destrucción y destrucción de una memoria)*, León, Universidad de León, 2004.

Artículos[2]

ACÍN, Ramón, "Sobre el paisaje y su función en la obra de Luis Mateo Díez, Julio Llamazares y Jesús Moncada. Notas breves", *Tropelías. Revista de teoría de la literatura y literatura comparada*, núm. 7 extraordinario, 2020, pp. 776-784.

ALFARO, Rafael, "Hacia una tierra deshabitada", *Nueva Estafeta*, núm. 30, mayo de 1981, pp. 103-105.

ALONSO NOGUEIRA, Alejandro, "Notas para la lectura del paisaje en *El río del olvido*, de Julio Llamazares", en María del Pilar Celma Valero y otros (eds.), *Geografías fabuladas: trece miradas al espacio en la última narrativa de Castilla y León*, Madrid, Ed. Iberoamericana, 2010, pp. 227-244.

—, "Espacio, paisaje y subjetividad en Julio Llamazares", en Pilar Celma Valero (ed.), *Desde Castilla. Visiones, revisiones y disidencias de un mito en la narrativa del siglo XX*, Madrid, Biblioteca Nueva, 2014, pp. 207-228.

ALONSO, Santos, "La poesía de Julio Llamazares. El canto épico de la memoria", en Irene Andres-Suárez y Ana Casas (eds.), *El universo literario de Julio Llamazares*, Neuchâtel, Université de Neuchâtel, 1998, pp. 31-40.

ANDRES-SUÁREZ, Irene, "Trás-os-Montes. Un viaje al corazón de Portugal", en Andres-Suárez y Casas (1998: 151-169).

—, "Introducción" a Andres-Suárez y Casas (1998: 7-12).

—, "La prosa poética de Julio Llamazares", en Florencio Sevilla y Carlos Alvar (eds.), Madrid, Castalia, vol. II, 2000, pp. 476-485.

—, "Memoria y tiempo en *Escenas de cine mudo* de Julio Llamazares", *España Contemporánea. Revista de Literatura y Cultura*, núm. 1, t. XIII, primavera del 2000, pp. 87-98.

—, "Emigración en la obra de Julio Llamazares: *El techo del mundo* y *Escenas de cine mudo*", en Irene Andres-Suárez, Marco Kunz e Inés d'Ors (eds.), *La inmigración en la literatura española contemporánea*, Madrid, Verbum, 2002, pp. 279-300.

—, "La poética viajera de Julio Llamazares", en Geniève Champeau (ed.), *Relatos de viajes contemporáneos por España y Portugal*, Madrid, Verbum, 2004, pp. 301-318.

ARES ARES, Álida, "Motivos clásicos en la novela *Distintas formas de mirar el agua*, de Julio Llamazares, *Lectura y Signo*, núm. 12, 2017, pp. 41-58.

---

[2] Cabe añadir el "Dosier Julio Llamazares", realizado por la editorial Seix Barral, con motivo de la reedición de las novelas *Luna de lobos* y *La Lluvia amarilla*, 8 de mayo de 2024.

—, "En la estela de Cervantes: similitudes y diferencias entre *La ruta de Don Quijote*, de Azorín, y *El viaje de Don Quijote*, de Julio Llamazares", *Canelobre*, núm. 67, 2017, pp. 130-145.

—, "La imagen de España en *Las rosas de piedra* y *Las rosas del sur*, de Julio Llamazares", *Lectura y signo*, núm. 14, 2019, pp. 101-135.

ARIAS RÁBANOS, Eduardo, "Julio Llamazares, la memoria y la nieve", *Cálamo*, núm. 1, 1987, pp. 37-41.

BAAH, ROBERT Nana, "Constructing a Stylistics of Compassion: Julio Llamazares and the Poetry of Abandonment, Loneliness, and Death in *La lluvia amarilla*", *Hispanófila: Literatura-Ensayos*, 42, 1-124, 1998, pp. 35-49.

BEISEL, Inge, "La relevancia de la memoria y del recuerdo en las obras narrativas de Julio Llamazares y Juan José Millás", en Hans Felten y Ulrich Prill, (eds.), *Juegos de la interdiscursividad: narrativa española contemporánea en el contexto europeo*, Bonn, Romanistischer Verlag Jakob Hillen, 1995, pp. 23-36.

—, "La memoria colectiva en las obras de Julio Llamazares", en Alfonso de Toro y Dieter Ingenschay (eds.), *La novela española actual. Autores y tendencias*, Kassel, Reichenberger, 1995, pp. 193-230.

BELMONTE SERRANO, José, "Memoria triste de la España menguante: *La lluvia amarilla*, de Julio Llamazares", *Babel. Littératures plurielles*, núm. 13, 2006, pp. 211-228.

BERTRAND DE MUÑOZ, Maryse, "Presencia y transformación del tema de la guerra en la novela española de los años ochenta", *Ínsula*, núms. 589-590, enero-febrero de 1996, pp. 11-14.

BUTELER, José, "*Distintas formas de mirar el agua*: Distintas formas de sentir", *Cuadernos del CIPECO*, núms. 4-8, julio-diciembre de 2024, pp. 112-125.

CALVO REVILLA, Ana, "Geopoética del paisaje en *Atlas de la España imaginaria* y *El viaje de don Quijote*: de Julio Llamazares", en Natalia Álvarez Méndez (ed.), *Relatos de viajes y novelas*, Burgos, Fundación Instituto Castellano y Leonés de la Lengua, 2020, pp. 87-102.

CÁRCAMO, Silvia, "Del aforismo a la ficción: la memoria en Julio Llamazares", *Espéculo. Revista de Estudios Literarios*, 23, 2006. <www.ucm.es/info/especulo/numero33/afollama.html>.

—, "Memoria y resistencia en la obra de Julio Llamazares", *Olivar*, núm. 37, noviembre del 2023-abril del 2024.

CARLÓN, José, "Los ángulos de la mirada", "Introducción" a *Sobre la nieve. La poesía y la prosa de Julio Llamazares*, Madrid, Espasa-Calpe, 1996, pp. 9-30.

CASADO, Miguel, "La poesía de Julio Llamazares. Los bueyes y los bardos", en Miguel Casado, *Esto era y no era. Lectura de poetas de Castilla y León*, Valladolid, Ámbito, 1985, pp. 233-262.

—, "Julio Llamazares: de la tierra y el pueblo leonés", *Letras Peninsulares*, 16, 3, 2004, pp. 445-455.

COSSALTER, Fabrizio, "La silenciosa dignidad de los vencidos: la poética de la mirada de Julio Llamazares", *Cuadernos de Historia Contemporánea*, núm. 29, 2007, pp. 299-306.

CUBERO, Carmen, "Julio Llamazares: *La lluvia amarilla*", en Julio Peñate Rivero (ed.), *Narradores y espacios narrativos en la España de los ochenta*, Neuchâtel, Universidad de Neuchâtel, 1993, pp. 51-68.

CUVARDIC GARCÍA, Dorde, "Punctum fotográfico y construcción de la memoria personal y colectiva de *Escenas de cine mudo* de Julio Llamazares", *Études Romanes de Brno*, 33, 2, 2012, pp. 59-71.

CHEN, Chaoui, "De una memoria colectiva olvidada a una identidad compuesta: un análisis de las novelas de Julio Llamazares", *Cuadernos de Aleph*, núm. 12, 2020, pp. 163-178.

DE MIGUEL REBOLES, María Teresa, "El oficio de andar y escribir: Julio Llamazares y Camilo José Cela", en Pablo García González y María Jesús Vallejo Fernández (eds.), *Rutas, viajeros y peregrinos en el Reino de León*, León, Universidad de León, 2023, pp. 239-262.

DIACONU, Diana, "La poesía de Julio Llamazares en 'La espiral del tiempo'", *Cuadernos del Matemático*, núm. 36, 2005, pp. 81-85.

—, "*Luna de lobos* de Julio Llamazares: el narrador-protagonista a partir del pacto narrativo", *Anuario de Estudios Filológicos*, núm. 29, 2006, pp. 19-25.

DÍEZ COBO, Rosa María, "Páramos humanos: retóricas del espacio en *La lluvia amarilla* de Julio Llamazares y en la novela neorrural española", *Siglo XXI*, núm. 15, 2017, pp. 13-25.

DOMINGO BENITO, María Teresa, "La trascendencia de lo cotidiano: aproximación a la obra de Julio Llamazares", *Antagonía. Cuadernos de la Fundación Luis Goytisolo*, núm. 3, 1998, pp. 53-59.

ENCINAR, Ángeles, "El arte de contar historias y los personajes marginales en la narrativa breve de Julio Llamazares", en Andres-Suárez y Casas (1998: 57-71).

—, "La oralidad: clave narrativa y estructural de *En mitad de ninguna parte*, de Julio Llamazares", en Florencio Sevilla Arroyo y Carlos Alvar (eds.), Madrid, Castalia, 2000, vol. II, pp. 550-559.

ESCARTÍN NÚÑEZ, José Luis, "Julio Llamazares o el Valle de la soledad", *Mar Océana. Revista del Humanismo Español e Ibreroamericano*", núm. 1, 1994, pp. 39-55.

ESCOBEDO, María, "Julio Llamazares: 'No importan las historias, sólo la manera en que se escriben'", *Cuadernos Hispanoamericanos*, núm. 729, 2011, pp. 85-92.

ESTEVE, Luis Antonio, "Algunas reflexiones en torno al lenguaje, los temas y el sentido de *La lluvia amarilla* de Julio Llamazares", en José María Balcells (eds.), *Literatura actual en Castilla y León*, Burgos, Fundación Instituto Castellano y Leonés de la Lengua, 2005, pp. 165-173.

FERNÁNDEZ, Luis Miguel, "La transgresión del canon en la narrativa española contemporánea. El simulacro fílmico en Marsé y Llamazares", *Moenia. Revista Lucense de Lingüística y Literatura*, núm. 2, 1996, pp. 293-307.

GAMARRA, Pierre, "La machine à écrire: le nocturne de Julio Llamazares", *Magazine Littéraire*, núm. 278, 1989, pp. 178-180.

GENOVESE, Gabriela, "Volver del olvido. Sombras legendarias en *Luna de lobos*, de Julio Llamazares", en Marta B. Ferrari (ed.), *De la letra a la imagen: narrativas posfranquistas en sus versiones fílmicas*, Mar de Plata, EUDEM, 2007, pp. 43-61.

GIL-ALBARELLOS, Susana, "Literatura y cine: el caso de Julio Llamazares", en José María Balcells (ed.), *Literatura actual en Castilla y León*, Burgos, Fundación Instituto Castellano y Leonés de la Lengua, 2005, pp. 157-164.

GIL CASADO, Pablo, "Julio Llamazares: de la tierra y el pueblo leonés", *Letras Peninsulares*, vol. 16, núms. 2-3, 2003-2004, pp. 445-455.

GONZÁLEZ ARIAS, Francisca, "Paisaje y memoria en la obra de Julio Llamazares: reflexiones sobre la crítica autobiográfica", en Santiago Tejerina Canal (ed.), *Del rascacielos a la catedral: un regreso a las raíces*, León, Universidad de León, 2001, pp. 257-264.

GOÑI, Javier, "En fin literatura. Luis Mateo Díez, Julio Llamazares, Justo Navarro, Miguel Sánchez-Ostiz", *El Urogallo*, núm. 46, marzo de 1990, pp. 76-80.

GRECO, Barbara, "Per una lettura di *La lluvia amarilla* (1988) di Julio Llamazares come 'teatre delle rovine'", *Rassegna Iberistica*, núm. 117, 2022, pp. 57-69.

—, "Narrativa, fotografía y cine en *Escenas de cine mudo* (1994), de Julio Llamazares", en Luis Gracia Gaspar y otros (eds.), *Del teatro y la amistad. Estudios en homenaje a Francisco Gutiérrez Carbajo*, Madrid, Fundación Universitaria Española, 2024, pp. 469-480.

HAMMERSCHMIDT, Claudia, "Espectrología o la escritura intermedial de Julio Llamazares", en Raquel Macciuci y otros (eds.), *Siglos XX y XXI*, La Plata, Universidad Nacional de la Plata, 2008, pp. 1-18.

HERPOEL, Sonja, "Entre la memoria y la historia: la narrativa de Julio

Llamazares", en Patrick Collard (ed.), *La memoria histórica en las letras hispánicas contemporáneas*, Ginebra, Droz, 1997, pp. 99-110.

Hirche, Katrin, "Julio Llamazares: *La Lluvia amarilla*", en Hans Felten y Ulrich Prill (eds.), *La dulce mentira de la ficción. Ensayos sobre narrativa española actual*, Bonn, Romanistischer Verlag, 1995, pp. 49-55.

IGLESIAS FORNEIRO, María Lina, "Julio Llamazares: une *écriture* en quête de la parole originalle", *Langues néo-latines*, núm. 342, 2007, pp. 73-84.

IZQUIERDO, José María, "Aspectos plurifónicos de un monólogo en *La lluvia amarilla* de Julio Llamazares", *Explicación de Textos Literarios*, 23, 2, 1994-1995, pp. 1-12.

—, "Julio Llamazares: Un discurso neorromántico en la narrativa española de los ochenta", *Iberorromania*, núm. 41, 1995, pp. 55-67.

—, "Julio Llamazares: un escritor español para lectores escandinavos", *Moderna Sprak*, vol. XCII, núm. 1, 1998, pp. 92-99.

KIM, Yeon-Soo, "The Family Album and Gender: Transgenerational Succession of Historical Consciousness in Carlos Saura's *Cría cuervos* and Julio Llamazares's *Escenas de cine mudo*", en *The Family Album. Histories, Subjectivities, and Immigration in Contemporary Spanish Culture*, Lewisburg, Buchnell University Press, 2005, pp. 69-95.

LABANYI, Jo, "Espacio y horror en *Luna de lobos* de Julio Llamazares", en Geneviève Champeau (ed.), *Référence et autoréférence dans le roman espagnol contemporain*, Burdeos, Maison des Pays Ibériques, 1994, 147-155.

LARRAZ, Fernando, "La representación de la naturaleza en *La lluvia amarilla*, de Julio Llamazares", *Crítica Hispánica*, núm. 33, 1-2, 2011, pp. 403-422.

LASTERO, Lucila Rosario, "Representaciones del cuerpo oculto en *Luna de lobos*, de Julio Llamazares y *Los girasoles ciegos* de Alberto Méndez", *Diablotexto digital*, núm. 13, 2023, pp. 53-69.

LIIKANEN, Elina, "El cruce de medios narrativos en *Escenas de cine mudo* de Julio Llamazares: literatura, fotografía, cine, memoria", *Moenia*, núm. 12, 2006, pp. 505-518.

LÓPEZ-BREA ESPIAU, María Paz, "*La lluvia amarilla* de Julio Llamazares o el arte del diálogo oculto", *Tierras de León; León: Revista de la Diputación Provincial* 29, 76, 1989, pp. 139-151.

LÓPEZ DE ABIADA, José Manuel, "Julio Llamazares: Der Roman und die Poesie des sterbenden Landes", en Dieter Ingenschay y Hans-Jörg Neuschäfer (eds.): *Aufbrüche. Die Literatur Spaniens seit 1975*, Berlín, Tranvía, 1993[2] (actualizada), pp. 143-152.

—, "Se canta lo que se pierde. Acercamiento al mundo novelesco de Julio Llamazares", en D. Ingenschay y H.-J. Neuschäfer (eds.), *Abriendo caminos. La literatura española desde 1975*, Barcelona, Lumen, 1994, pp. 203-218.

LÓPEZ VEGA, Martín, "Dam Novels: Drowed Memory And Disposable Communities", en Katarzyna Beilin y William Viestenz (eds.), *A Polemical Companion to Ethics of Life: Contemporary Iberian Debate*, en *Hispanic Issues On Line Debates*, núm. 7, 2016, pp. 115-125.

LLAMAZARES, Julio, "La memoria como novela (autobiografía y ficción)", *República de las Letras*, núm. 46, 1995, pp. 95-99.

—, "El espejo del alma. (Una meditación sobre el paisaje a partir de un cuadro de Juan Manuel Díaz-Caneja)", *Cuadernos Hispanoamericanos*, núm. 741, 2012, pp. 15-21.

LLERA, José Antonio, "Memoria, duelo y melancolía en *La lluvia amarilla*, de Julio Llamazares", *Revista de Literatura*, vol. LXXXI, núm. 162, 2019, pp. 533-548.

MACKLIN, John, "Memory and oblivion: personal and rural identities in the narrative writings of Julio Llamazares", en Ruth Christie, Judith Drinkwater y John Macklin (eds.), *The Scripted Self: Textual Identities in Contemporary Spanish Narrative*, Warminster, Aris & Philipps, 1995, pp. 31-47.

MAHMOUD, Salwa M., "*El cielo de Madrid*: memoria del desencanto", *Siglo XXI. Literatura y Cultura Españolas*, núm. 7, diciembre de 2009, pp. 213-230.

MAQUEDA CUENCA, Eugenio, "El campo semántico del miedo en los sustantivos de *La lluvia amarilla* de Julio Llamazares", en VV.AA., *Estudios de lexicografía y creatividad léxica*, Editores Método, 1997, pp. 271-276.

MARCO, José María, "Julio Llamazares, sin trampas", *Quimera*, núm. 80, agosto de 1988, pp. 22-29.

MARGENOT, John B., "Imaginería demoníaca en *Luna de lobos* y *La lluvia amarilla*", *Hispanic Journal*, 22, 2, 2001, pp. 495-509.

MARTÍN-MÁRQUEZ, Susan, "Vision, Power and Narrative in *Luna de lobos*. Julio Llamazares. Spanisch Panopticon", *Revista Canadiense de Estudios Hispánicos*, XIX, 2, invierno de 1995, pp. 379-387.

MARTÍNEZ FERNÁNDEZ, José Enrique, "Últimas y penúltimas promociones poéticas leonesas", *Tierras de León*, núms. 97-98, 1994-1995, pp. 139-150.

MATSUMOTO, Yukiko, "Cuando el muerto se queja: el alma inmortal en las obras de Julio Llamazares", en Patrizia Botta y otros (eds.), *Rumbos del hispanismo en el umbral del centenario de la AIH*, vol. 5, 2012, pp. 430-437.

—, "La idea de la pérdida del pueblo natal en las obras de Julio Lla-mazares: de la ficción a la realidad", en Christoph Strosetzki (ed.), *Perspectivas actuales del hispanismo mundial: Literatura, Cultura, Lengua*, Münster, Ed. Westfälische Wilhelms-Universität, 2019, vol. II, pp. 329-336.

MAYOCK, Ellen C., "Determinismo y libre albedrío en *La lluvia amarilla* de Julio Llamazares", *Hispania*, vol. 93, 4, 2010. pp. 587-593.

MEUDIC, Carole, "Apparitions et ombres de la mémoire chez Julio Lla-mazares", en Marielle Dubois-Lacoste (ed.), *L'autre dans ses oeuvres: de l'en-deçà à l'eau-delà*, París, Editions Indigo et Côté-Femmes, 2008, pp. 158-167.

MIÑAMBRES, Nicolás, "La narrativa de Julio Llamazares", *Ínsula*, núms. 572-573, 1994, pp. 26-28.

—, "Simbología recurrente en la obra de Julio Llamazares", en Santia-go Tejerina Canal (ed.), *Del rascacielos a la catedral: un regreso a las raíces*, León, Universidad de León, 2001, pp. 249-255.

MOLINA GIL, Raúl, "Julio Llamazares: la aventura lírica de un narrador poético", en "Introducción" a *La lentitud de los bueyes. Memoria de la nieve*, Madrid, Cátedra, 2024, pp. 13-78.

—, "La otredad de lo rural en Adelaida García Morales y Julio Llama-zares: ¿un regreso a los orígenes góticos de la literatura fantástica?", *Brumal*, vol. 12, núm. 2, 2024, pp. 89-111.

MONREAL, Beatriz, "Presencia machadiana en *La lluvia amarilla* de Lla-mazares", en *Antonio Machado hoy*, T. III: *Relaciones e influencias: Teoría poética machadiana*, Sevilla, Alfar, 1990, pp. 149-160.

MURILLO AMO, José Luis, "Memoria y legado de la movida madrileña". *Ojáncano. Revista de Literatura Española*, núm. 41, 2012, pp. 23-37.

NANA BAAH, Robert, "Constructing a stylictics of compassion: Julio Lla-mazares and the poetry of abandonment, loneliness, and death in *La lluvia amarilla*", *Hispanófila*, núm. 124, 1998, pp. 35-50.

NAVAJAS, Gonzalo, "La opción ética en la novela: el caso emblemático de Julio Llamazares", en Andres-Suárez y Casas (1998: 13-30).

NAVAS SÁNCHEZ-ÉLEZ, María Victoria, "*Trás-os-Montes. Un viaje portugués* revisitado: diario de viaje de Julio Llamazares por el espacio lite-rario de Miguel Torga", en Joan Borja i Sanz y otros (eds.), *Diaris i dietaris*, Alicante, Universidad de Alicante, 2007, pp. 253-265.

OBERLE, Isabell, "Bibliografía selecta: Julio Llamazares", *Ibero-Bibliogra-phien*, Berlín, Ibero-Amerikanisches Institut, núm. 9, 2015, pp. 1-22.

OLEZA, Joan, "Un realismo posmoderno", *Ínsula*, núm. 589-590, 1996, pp. 39-42.

OLIVARES MERINO, Julio Ángel, "La sobreimpresión febril: modalidades de la espectralidad en *La lluvia amarilla*, de Julio Llamazares", en Natalia Álvarez y Ana Abello (eds.), *Realidades fracturadas: estéticas de lo insólito en la narrativa en lengua española (1980-2018)*, Madrid, Visor, 2019, pp. 207-238.

—, "Metrajes en la oscuridad: fantasmas, memoria e hipodiégesis en *Los frutos de la niebla*, de Luis Mateo Díez, y *Distintas formas de mirar el agua*, de Julio Llamazares", en Natalia Álvarez (ed.), *Relatos de viajes y novelas (literatura actual en Castilla y León)*, León, *Fundación Instituto Castellano y Leonés*, 2020, pp. 195-215.

ORSINI-SAILLET, Catherine, "En torno a una poética de la frontera: *Luna de lobos*, de Julio Llamazares", en Andres-Suárez y Casas (1998: 87-103).

—, "La mise en scène d'une mémoire: *Escenas de cine mudo* de Julio Llamazares", *Hispanística*, XX, núm. 17, 1999, pp. 97-112.

ORTEGA GARRIDO, Andrés, "Angustia frente a deleite en *Primavera extremeña* de Julio Llamazares: estrategias atenuantes del escritor gozoso durante los horrores de la pandemia", *Altre Modernità*, núm. 28, 2022, pp. 217-231.

OTERO, AGUSTÍN, "Un viaje por *El río del olvido*", *Monographic Review/ Revista Monográfica*, 12, 1996, pp. 237-246.

PALEOLOGOS, Konstantinos, "Julio llamazares o la historia que se borró", *Estudios Humanísticos. Filología*, núm. 39, 2017, pp. 39-53.

PARDO PASTOR, Jordi, "Significación metafórica en *La lluvia amarilla* de Julio Llamazares", *Espéculo, Revista de Estudios Literarios*, núm 21, 2002. <http://www.ucm.es/info/especulo/numero21/amarilla.html>.

PENZKOFER, Gerhard, "La memoria anti-épica en las novelas de Julio Llamazares", en Wolfgang Matzat (ed.), *Espacios y discursos en la novela española del realismo a la actualidad*, Madrid/Frankfurt, Iberoamericana/ Vervuert, 2007, pp. 163-184.

PHILLIPS, Pamela, "La memoria del paisaje en los viajes de Julio Llamazares", en José Manuel Marrero Henríquez (ed.), *Pasajes y paisajes: espacios de vida, espacios de cultura*, Las Palmas de Gran Canaria, Universidad de Gran Canaria, 2006, pp. 105-124.

PITTARELLO, Elide, "Julio Llamazares: decir lo que no termina de perderse", en José María Pozuelo Yvancos (ed.), *Literatura y memoria: Narrativa de la guerra civil*, Murcia, Universidad de Murcia, Servicio de Publicaciones, 2022, pp. 155-188.

—, "Vegamián es un símbolo, no un lugar", *Memoria y narración. Revista de estudios sobre el pasado conflictivo de sociedades y culturas contemporáneas*, núm. 4, 2024, pp. 91-106.

PÖRTL, Klaus, "Die Einsamkeit des Helden in den Romanen von Julio Llamazares", en Nikolai Salnikow (ed.), *Sprachtransfer-Kultur-transfer. Text, Kontext und Translation*, Frankfurt, Peter Lang, 1995, pp. 267-277.

RAVENET KENNA, Caridad, «Con la cámara en la novela, o el enfoque de Julio Llamazares», *Revista Hispánica Moderna*, 50, 1, junio de 1997, p. 190-204.

—, *"El entierro de Genarín*: carnaval y espíritu ensayístico", en Andres-Suárez y Casas (1998: 73-86).

—, "Cómo filmar recuerdos por escrito: Julio Llamazares", en Santiago Tejerina Canal (ed.), *Del rascacielos a la catedral: un regreso a las raíces*, León, Universidad de León, 2001, pp. 257-280.

—, "Julio Llamazares", en Marta Altisent y Cristina Martínez-Carazo (eds.), *Twentieth Century Spanish Fiction Writers*. Detroit, Gale, 2006, pp. 137-141.

REUS BOYD-SWAN, F., "El cronotopo idílico en *La lluvia amarilla*", en José Romera Castillo (ed.), *Bajtín y la literatura*, Madrid, UNED, 4-6 de julio de 1994, Madrid, Visor, 1995, pp. 373-381.

REVIRIEGO, Carlos, "El espejo en el Camino: Felipe Vega, Julio Llamazares y 'Elogio de la distancia'", en Isabel Cantón y Luis Miguel Alonso (eds.), *El Camino de Santiago y el cine en las aulas*, León, Universidad de León, 2010, pp. 19-31.

RIEN, Horst, "Reales und Imaginäres: Eine Lektüre von Julio Llamazares' Roman *Escenas de cine mudo*", *Iberoromania*, 55, 1, 2002, pp. 100-113.

SAVAL, José Vicente, "La función de la naturaleza en *Luna de lobos*, de Julio Llamazares, *Galceran, l'heroi de la guerra negra* de Jaume Cabré y *Una questione privata*, de Beppe Fenoglio", en Alison Ribeiro Menezes y otros (eds.), *Guerra y memoria en la España contemporánea*, Madrid, Verbum, 2009, pp. 165-180.

SCHARM, Heike, "Octavio Paz y Julio Llamazares: encuentros bajo *El cielo de Madrid*", *INTI, Revista de literatura hispánica*, núms. 73-74, 2011, pp. 121-140.

SCHMIDT-WELLE, Friedhelm, "Memoria tumbada-memoria congelada. Juan Rulfo y Julio Llamazares", en Friedhelm Schmidt-Welle (ed.), *Culturas de la memoria. Teoría, historia y praxis simbólica*, México, Siglo XXI, 2012, pp. 246-256.

—, *"La lluvia amarilla* o las hojas del olvido", *Olivar: Revista de literatura y cultura españolas*, 15, 21, 2014, pp. 33-42.

—, "Oralidad y escritura, murmullos y miradas: nexos y diferencias entre Juan Rulfo y Julio Llamazares", en Vittoria Borsò y F. Schmidt-Welle (eds.), *La contemporaneidad de Juan Rulfo*, Iberoamercicana Editorial Vervuert, 2021, pp. 117-129.

SCOTTO DI CARLO, Assunta Claudia, "Mnemosyne: la macchina della memoria di Julio Llamazares tra foto e ricordi", *Rivista di Filologia e Ltterature ispaniche*, núm. 16, 2013, pp. 93-124.

SELFA SASTRE, Moisés, "Agua, memoria y territorio en la literatura infantil: *El valor del agua* (2011), de Julio Llamazares", *RIFOP*, vol. 31, núm. 90, 3, 2017, pp. 129-140.

—, "La recuperación de la memoria histórica y del paisaje a partir del texto literario: el caso de los pueblos anegados por embalses", *Hermus. Heritage & Museography*, núm. 24, 2023, pp. 23-42.

SIERRA ÁLVAREZ, Jorge Arturo, "Como un viajero gris perdido entre la niebla: mirada y reconstrucción del mundo en la obra de Julio Llamazares", en Fidel López Criado (ed.), *Literatura, cine y prensa: el canon y su circunstancia*, Santiago de Compostela, Andavira Editora, 2014, pp. 423-430.

SOLARES, Ana, "Julio Llamazares, 'Los escritores somos como náufragos'", *Cuadernos Hispanoamericanos*, núm. 700, 2008, pp. 75-95.

SOUBEYROUX, Jacques, "Du récit de voyage à la fiction: L'oeil, le regard, la mémoire dans *El río del olvido* et *Luna de lobos*, de Julio Llamazares", en Philippe Merlo (ed.), *L'oeil, la vue, le regard: la création littéraire et artistique contemporaine*, Université Lumière-Lyon, Editores GRIMH, 2006, pp. 229-240.

SUÁREZ RODRÍGUEZ, María Antonia, "Los 'Paisajes del alma' de Julio Llamazares", *Tierras de León*, 44, núms. 122-123, 2006, pp. 23-38.

TOMÁS-VALIENTE, Miguel, "Introducción" a *Luna de lobos*, Madrid, Cátedra, 2009, pp. 11-52.

—, "Introducción" a *La lluvia amarilla*, Madrid, Cátedra, 2016, pp. 9-53.

TSENG, Li-Jung, "El espacio imaginario y la memoria en tres novelas de Julio Llamazares: *Luna de lobos*, *La lluvia amarilla* y *El cielo de Madrid*", *Siglo XXI. Literatura y Cultura Españolas*, núm. 11, diciembre de 2013, pp. 133-168.

VALCÁRCEL, Carmen, "*Escenas de cine mudo* de Julio Llamazares: la reconstrucción imaginaria de la memoria", en Guillermo Laín Corona y otros (eds.), *Cartografía literaria. En homenaje al profesor José Romera Castillo*, Madrid, Visor, 2018, II, pp. 485-498.

—, "Introducción" a *Escenas de cine mudo*, Madrid, Cátedra, 2022, pp. 9-75.

VALLS, Fernando, "El eco de la Guerra Civil", *República de las Letras*, extra, 1, 1986, pp. 129-134 (recogido en *La realidad inventada. Análisis crítico de la novela española actual*, Crítica, Barcelona, 2003, pp. 56-62).

—, "En el horizonte de la literatura. La prosa periodística de Julio Llamazares", en Andres-Suárez y Casas (1998: 41-56).

VALLS, Fernando, Marco Kunz e Irene Andres-Suárez, "Bibliografía de Julio Llamazares", en Andres-Suárez y Casas (1998: 171-180).

VÁSQUEZ, Mary S., "Entre memoria y olvido. Los pueblos agonizantes en *El río del olvido*, de Julio Llamazares, y 'Ademuz', de Antonio Muñoz Molina", en Enrique Ruiz-Fornells (ed.), *El español y su literatura en los Estados Unidos*, Burgos, Ed. Fundación del Instituto Castellano y Leonés de la Lengua, 2011, pp. 429-440.

VERES, Luis, "Periodismo y narración en los cuentos de Julio Llamazares", *Antagonía. Cuadernos de la Fundación Luis Goytisolo*, núm. 6, 2001, pp. 113-121.

—, "Intertextualidad narrativa en los cuentos de Julio Llamazares", *Espéculo. Revista de Estudios Literarios*, núm. 19, 2001-2002. <http://www.ucm.es/info/especulo/numero19/llamazar.html>.

VV.AA., "Julio Llamazares y sus traductores", *Vasos comunicantes*, Revista de ACE Traductores, núm. 18, 2000-2001, pp. 100-105.

WOOD, Guy H., "Autobiografía y cinematografía en *Luna de lobos* de Julio Llamazares", en George Cabello Castellet y otros (eds.), *Cine-Lit: Essays on Peninsular Film and Fiction*. Portland: Portland State University/ Oregon State University/ Reed College, 1992, pp. 80-91.

_____, "El legado del hombre salvaje en la novelística de Julio Llamazares", en Santiago Tejerina Canal (2001:265-273).

RESEÑAS

La lentitud de los bueyes (1979).

ALFARO, R., "*La lentitud de los bueyes*, de Julio Llamazares", *Nueva Estafeta*, núm. 30, 1981, pp. 103-105.

DELGADO, Bernardo, "Julio Llamazares: *La lentitud de los bueyes*", *Jugar con fuego*, Avilés, 8 de septiembre de 1979, pp. 117-119; reeditado en Francisco Rico (ed.), *Historia y crítica de la literatura española*, vol. IX: *Los nuevos nombres: 1975-1990*, Barcelona, Crítica, 1992, pp. 219-221.

FERNÁNDEZ, Fulgencio, "El regreso del poeta que nunca se fue", *La Nueva Crónica. Culturas*, 24 de marzo de 2025.

GAMONEDA, Antonio, "*La lentitud de los bueyes* de Julio Llamazares", *Ceranda*, León, núm. 16 (primer año), 4-10 de mayo de 1979, p. 18.

GARCÍA, Alfonso, "Julio Llamazares, clásico moderno", *Diario de León. El Filandón*, 16 de junio de 2024.

—, "Los odres de un tiempo antiguo: *La lentitud de los bueyes* Nórdica, 2025", *Diario de León*, 27 de abril de 2025.

GARCÍA ORTEGA, Adolfo, "Retrato de la desolación", *El País*, 28 de noviembre de 1985.

Memoria de la nieve (1982)

ANDREU, Blanca, "La última voz del bosque", *Diario 16*, 23 de enero de 1983.

AYUSO, Santos, "Poesía de la tierra y del tiempo: Julio Llamazares y José Carlón", *Los Cuadernos del Norte*, núm. 22, noviembre-diciembre de 1983, pp. 90-91.

COLINAS, Antonio, "Memoria de los sueños primeros", *El País*, 14 de agosto de 1983, p. 1.

GARCÍA, Alfonso, "*Memoria de la nieve*, de Julio Llamazares", *Cuadernos del Norte*, núm. 22, 1983, pp. 91-93.

GARCÍA ORTEGA, Adolfo, "Retrato de la desolación", *El País*, 28 de noviembre de 1985.

GOÑI, Javier, "Memoria de la nieve", *Cambio 16*, núm. 699, 22 de abril de 1985.

MARQUÉS, Juan, "Julio Llamazares. Poesía es una manera de estar", *El Mundo. La Esfera de Papel*, 28 de abril del 2019, p. 7.

MARTÍNEZ RUIZ, Florencio, "Julio Llamazares, clásico moderno. Premio Jorge Guillén 1982", *Sábado Cultural*, 12 de marzo de 1993.

El entierro de Genarín (1984)

A. E., "Un santo laico y divertido" *El País*, 13 de enero de 1985.

GARCÍA ORTEGA, Adolfo, "Mitificación paródica de un desheredado", *La Gaceta del Libro*, núm. 15, 15-31 de enero de 1985.

GOÑI, Javier, "Vida y milagros de un humilde pellejero", *El País. Babelia*, 15 de junio de 1996, p. 10.

G. P., "Julio A. Llamazares: *El entierro de Genarín*", *Cuadernos Hispanoamericanos*, núm. 375, septiembre de 1985, pp. 708-709.

GUERRA GARRIDO, Raúl, "Un entierro de cuatro estrellas" *Diario 16*, 27 de enero de 1985.

Luna de lobos (1985)

ARNAIZ, Joaquín, "La nueva narrativa tiene corazón", *Diario 16*, 31 de marzo de 1985.

BOLLINGER, Rosemarie, "Angst und Hass essen Knochen und Seele auf", *Deutsches Allgemeines Sonntagsblatt*, núm. 30, 26 de julio de 1991, p. 27.

COHEN, Bernard, "Mémoires d'eaux", *Libération*, 3 de noviembre de 1988.

DEAN, Martin R., "Julio Llamazares: «Wolfsmond»: Rebellenschnulze", *Basler Zeitung*, 19 de julio de 1991, p. 36.

DREWS, Jörg, "Drei Schatten, schweigend gegen den Wind. Wolfsmond -ein Roman des Spaniers Julio Llamazares", *Süddeutsche Zeitung*, 25 de mayo de 1991, p. 149.

LENHARDT, Kristiana, "Mehr Tier als Mensch. "Wolfsmond" -ein Roman", *Die Presse*, Viena, núm. 12982, 15-16 junio de 1991, "Spectrum", p. 9.

LÓPEZ DE ABIADA, José Manuel (1991): "Julio Llamazares: *Luna de lobos*", *Hispanoromana. Mitteilungen des Deutschen Spanischlehrerverbands*, núm. 57, pp. 87-91.

MANRIQUE, Miguel, "Julio Llamazares: *Luna de lobos*", *Cuadernos Hispanoamericanos*, núm. 438, diciembre de 1986, pp. 164-165.

MARCOS, Bruno, "Cuarenta años de *Luna de lobos*", León, *La Nueva Crónica*, 27 de junio de 2025.

MARGGRAF, Nikolaus, "Wie ein Hispano-Western -«Wolfsmond»: der Erstlingsroman von Julio Llamazares», *Frankfurter Rundschau*, 30 de marzo de 1991, núm. 75, p. 2.

OEHRLEIN, Josef, «Die Flucht ist das Ziel. Julio Llamazares erfindet den spanischen Bürgerkrieg», *Frankfurter Allgemeine Zeitung*, núm. 85, 12 de abril de 1991, p. 34.

SOLANO, Francisco, "Oficio de sobrevivir", *La Gaceta del Libro*, núm. 21, 2ª quincena de abril de 1985, p. 25.

La lluvia amarilla (1988). Y sobre su montaje teatral

BASANTA, Ángel, "*La lluvia amarilla*, Julio Llamazares", *ABC Literario*, 10 de julio de 1988.

BAEZA, José, "*La lluvia amarilla*", *Quimera*, núms. 78- 79, 1988, p. 106.

BÉRTOLO, Constantino, «Novela de poeta. *La lluvia amarilla*, Julio Llamazares», *El Urogallo*, núm. 24, abril de 1988, pp. 84-85.

CIPLIJAUSKAITÉ, Biruté, «La muerte, un tema con variaciones», *El Ciervo*, núms. 449-450, julio de 1988.

FREIXAS, Ramón, "La supervivencia desolada", *La Vanguardia*, 7 de abril de 1988.

GOÑI, Javier, "Los carámbanos del recuerdo", *Cambio 16*, 11 de abril de 1988.

KÉCHICHIAN, Patrick, "Le village du deuil et de la mémoire", *Le Monde*, 18 de mayo de 1990.

LÓPEZ DE ABIADA, José Manuel, "Julio Llamazares, *La lluvia amarilla*", *Hispanorama*, núm. 59, noviembre de 1991, pp. 82-84.

LÓPEZ, Ignacio-Javier, "Julio Llamazares. *La lluvia amarilla*", *World Literature Today*, 1990, p. 77.

MACHOVER, Jacobo, "La mémoire des villages engloutis", *Magazine Littéraire*, núm. 278, junio de 1990, p. 64.

MARCO, Joaquín, *El Periódico*, 16 de abril de 1988.

MIÑAMBRES, Nicolás, "*La lluvia amarilla* de Julio Llamazares: el dramatismo lírico y simbólico del mundo rural", *Ínsula*, núm. 502, octubre de 1988, p. 20.

OJEDA, A., "*Lluvia amarilla* sobre las tablas", *El Cultural*, 20 de octubre del 2021, p. 45.

PARREÑO, José María, *Sur Expres*, 10 de mayo de 1988.

RHEINLÄNDER, Jörg, "Topographie der Erinnerung. Julio Llamazares zweiter Roman «Der gelbe Regen»", *Frankfurter Rundschau*, núm. 267, 16 de noviembre de 1991, p. 4.

RUBIO, Rodrigo, "Lluvia de soledad", *Ya*, 17 de octubre de 1988.

SANZ VILLANUEVA, Santos, "Poetas infiltrados", *Diario 16*, 23 de abril de 1988.

SATUE OLIVAN, Enrique, "Ainielle: *historia de un pueblo serrablés abandonado*", *Serrablo*, vol. 16, núm. 59, marzo de 1986.

UGALDE, JOSÉ ANTONIO, "La memoria produce venenos. Soliloquio del último habitante de una aldea abandonada", *El País*, 17 de abril de 1988, p. 16.

El río del olvido (1990)

ALONSO, Santos, "*El río del olvido* de Julio Llamazares", *Insula*, núm. 525, 1990, p. 20.

—, "Empeño de la memoria", *Reseña*, núm. 204, marzo de 1990.

Anónimo, "Las imágenes del viaje de Llamazares al río del olvido", *Cambio 16*, núm. 950, 5 de febrero de 1990, pp. 84-87.

BÉRTOLO, Constantino, "Reconocer lo pasado. Un viaje por la cuenca del Curueño", *El País*, 28 de enero de 1990, p. 5.

CASTILLA, Alberto, "El río del olvido de Julio Llamazares: un viaje a los orígenes", *España Contemporánea*, 97, núm. 1, primavera de 1992, pp. 97-100.

ECHEVARRÍA, Ignacio, "Ejercicio de estilo", *Quimera*, núm. 97, 1990, p. 69.

GOÑI, Javier, "El clásico libro de viajes", *El Mundo*, 28 de enero de 1990.

MARCO, Joaquín, "El río del olvido", *ABC*, 27 de enero de 1990.

OBIOL, María José, "En memoria del olvido. Julio Llamazares vuelve a la región donde transcurre su último libro", *El País*, 28 de enero de 1990, p. 4.

OTERO, Agustín, "Un viaje por el río del olvido", *Monographic Review/ Revista Monográfica*, vol. XII, 1996, pp. 237-246.

ROSALES, Emilio, "Aventura y nostalgia (a propósito de *El río del olvido* de Julio Llamazares)", *Cuadernos Abolays*, núm. 3, 1991.

SANZ VILLANUEVA, Santos, "Un mundo extraño y sugestivo", *Diario 16*, 8 de febrero de 1990.

VALLS, Fernando, "Memoria de la infancia, el paisaje y los caminos", *La Vanguardia*, 4 de mayo de 1990.

En Babia (1991)

LÓPEZ ANDRADA, Alejandro, "Una huella en la nieve", *Córdoba*, 5 de diciembre de 1991.

RODRÍGUEZ-FISCHER, Ana, "Llamazares. *En Babia*", *Anthropos*, núms. 130-131, p. 146.

Escenas de cine mudo (1994)

ALONSO, Santos, "Julio Llamazares. *La memoria recuerda en blanco y negro*", *Leer*, núm. 71, primavera de 1994, pp. 30-32.

—, "Creciendo con el cine", *Diario 16*, 4 de junio de 1994.

ARNÁIZ, Joaquín, *Album*, 39, 1994.

FERNÁNDEZ ZAURÍN, Luis, "La memoria revelada", *El Ciervo*, núm. 524, noviembre de 1994.

GRACIA, Jordi, "Agridulce infancia entre mineros", *El Periódico*, 23 de marzo de 1994.

HERRÁEZ, Miguel, *Diablotexto*, núm. 2, 1995, pp. 308-309.

JURISTO, Juan Ángel, "El soporte de la memoria", *El Mundo*, 19 de marzo de 1994.

LÁZARO CARRETER, Fernando, "Escenas de cine mudo", *ABC Cultural*, núm. 125, 25 de marzo de 1994, p. 7.

MASOLIVER RÓDENAS, Juan Antonio, "Imágenes en el vaho de la memoria", *La Vanguardia*, 18 de marzo de 1994.

Obiol, María José, "La sombra del fotógrafo. *Imágenes del pasado de un poblado minero leonés*", *El País. Babelia*, núm. 125, 12 de marzo de 1994, p. 15.

ROSS GERLING, David, "*Escenas de cine mudo* by Julio Llamazares", *World literature Today*, 69, 2, Spring, 1995, pp. 328-329.

En mitad de ninguna parte (1995)

Anónimo, "En mitad de ninguna parte. *Julio Llamazares*", *ABC Cultural*, núm. 208, 27 de octubre de 1995.

GOÑI, Javier, "El especial paisaje de Llamazares", *El País*, 4 de noviembre de 1995.

SANZ VILLANUEVA, Santos, "Gentes sin destino", *El Mundo*, 5 de noviembre de 1995.

SENABRE, Ricardo, *ABC*, 27 de octubre de 1995.

VERES, Luis, "Intertextualidad narrativa en los cuentos de julio Llamazares", *Espéculo. Revista de Estudios Literarios*, 19, 2001 <*https://*produccientifica.uv.es/documentos/5eb09def29995276411336c0?lang=gl>.

Retrato de bañista (1995)

SENABRE, Ricardo, *ABC*, 19 de mayo de 1995.

Nadie escucha (1995)

ALONSO, Santos, "Verdades como puños", *Diario 16*, 8 de julio de 1995.

CASTRO, Pilar, *ABC*, 23 de junio de 1995.

GOÑI, Javier, "Los claros del bosque de papel. *Los artículos de Benedetti, J. Goytisolo, Llamazares y Onetti*", *El País. Babelia*, núm. 193, 1 de agosto de 1995, p. 10.

MANILLA, Antonio, "Entre amigos", *El Correo de Andalucía*, 24 de mayo de 1996.

Trás-os-Montes (1998)

CASTILLA, Amelia, "Julio Llamazares recupera en *Trás-os-montes* la imagen del viajero", *El País*, 14 de marzo de 1998, p. 30.

DONCEL, Diego, *ABC*, 17 de abril de 1998.

LÓPEZ VEGA, Martín, "Las aventuras de una palangana", *Clarín. Revista de nueva literatura*, 3, 15, 1998, pp. 73-74.

MARÍN, Paco, "La ruta de los mil rostros", *Qué leer*, 22 de mayo de 1998, p. 12.

OBIOL, María José, "Un viajero camina y un escritor recuerda", *El País*, 28 de febrero de 1998, p. 13.

—, "Julio Llamazares, La vida es una ficción y la mejor novela es la memoria de uno mismo", *El País*, 28 de febrero de 1998, p. 13.

RECAJO, Carlos, "La soledad y la memoria, ejes de La lluvia amarilla", *Diario de León*, 3 de marzo de 1988.

VALLS, Fernando, "Los olvidados de Portugal", *Quimera*, núm. 170, junio de 1998, pp. 69-71.

Los viajeros de Madrid (1998)

BASANTA, Ángel, "Los viajeros de Madrid", *ABC cultural*, núm. 351, 24 de julio de 1998.

Goñi, Javier, "El macuto de papel a lo Llamazares", *El País. Babelia*, 20 de junio de 1998, p. 10.

Cuaderno del Duero (1999)

RICO, Manuel, "El Duero de Julio Llamazares", *Eco-viajes*, 20 de julio del 2020 (El Duero de Julio Llamazares I / Por Manuel Rico).

El cielo de Madrid (2005)

BELMONTE SERRANO, José, "El cielo de Madrid", *Zenda*, 29 de mayo del 2020.

Entre perro y lobo (2008)

DOMÍNGUEZ, Santos, *"Entre perro y lobo"*, *Encuentros de lecturas*, 3 de junio de 2008.

GARCÍA, Luis, *"Entre perro y lobo*, Julio Llamazares", *La tormenta en un vaso*, 5 de mayo de 2008.

Tanta pasión para nada (2011)

CABO, Ángel, "La memoria y la pérdida", *Qué leer*, núm. 162, febrero del 2011, p. 26.

RODRÍGUEZ FISCHER, Ana, "La vida, una pasión inútil", *El País. Babelia*, 19 de febrero del 2011, p. 10.

SANZ, Ignacio, *"Tanta pasión para nada"*, *Estandarte*, 15 de marzo de 2011.

Las lágrimas de San Lorenzo (2013)

BASANTA, Ángel, "Las lágrimas de San Lorenzo", *El Cultural*, 3 de mayo de 2013, p. 14.

ESTEVE, Jovi, "Lágrimas de San Lorenzo", *El País*, 2 de agosto de 2013.

LOUREIRO, Aurelio, "Una noche de novela", *Leer*, núm. 242, mayo de 2013, pp. 12 y 13.

POZUELO YVANCOS, José M.ª, "La elegía del tiempo", en *ABC Cultural*, 20 de abril de 2013, p. 8.

—, "Vuelve el mejor Llamazares con *Las lágrimas de San Lorenzo*", *ABC Cultural*, 7 de mayo del 2013, pp. 1-4.

—, *"Las lágrimas de San Lorenzo"*, *ABC Cultural*, 3 de mayo de 2015, pp. 14-15.

TURPIN, Enrique, "Canto a lo verdadero", *La Vanguardia. Cultura/s*, 29 de mayo de 2013, p. 13.

Distintas formas de mirar el agua (2015)

CRUZ, Juan, "La memoria de Vegamián", *El País*, 26 de junio de 2021, p. 8.

LARRAZ, Fernando, "La memoria, la muerte y la naturaleza", *Puentes de crítica literaria y cultural*, núm. 4, 2015, p. 84.

LÓPEZ LÓPEZ, Carmen María, *"Distintas formas de mirar el agua*, espejo lírico de la memoria", *Monteagudo*, núm. 21, 2016, pp. 339 y 344.

LOUREIRO, Aurelio, "Cómo brillan los mundos que se extinguen", *Leer*, núm. 261, abril del 2015, p. 10.

LUQUE LAGUNA, Antonio Manuel, "Julio Llamazares, *Distintas formas de mirar el agua"*, *Estudios Humanísticos. Filología*, núm. 37, 2015, p. 260.

MAINER, José-Carlos, "Voces sobre las aguas", *El País. Babelia*, 14 de febrero de 2015, p. 4.

MARTÍNEZ, José, "Julio Llamazares: *Distintas formas de mirar el agua"*, *Diablotexto Digital*, núm. 1, 2016, p. 273.

MÉNDEZ, Antonio, "En peligro de extinción", *Buensalvaje*, núm. 3, mayo y junio de 2015.

PALEOLOGOS, Konstantinos, "Julio Llamazares o la historia que se borró", *Estudios Humanísticos. Filología*, 39, 2017, p. 49.

PINTOR, Javier, "En la ciudad de la lluvia", *Qué leer*, núm. 208, abril de 2015, pp. 44 y 45.

Pozuelo Yvancos, José María, "Llamazares, memoria sumergida", *ABC Cultural*, 21 de febrero de 2015, p. 20.

Rodríguez Vivero, Manuel, "¿Quieres ser mi Valentina?", *El País. Babelia*, 14 de febrero de 2015.

Val, Tomás, "La fuerza de lo auténtico", *Mercurio*, núm. 172, junio-julio del 2015.

Las rosas del sur (2018)

García, Alfonso, "Un libro de viajes ejemplar", *Diario de León*, 18 de noviembre de 2018.

Rodríguez Fischer, Ana, "El bramido del tiempo", *El País. Babelia*, 22 de septiembre de 2018.

Atlas de la España imaginaria (2015)

Cruz, Juan, "Llamazares caminando", *El País*, 4 de diciembre de 2015.

Vagalume (2023)

García, Alfonso, "Sobre la vida y la escritura", *Diario de León. El Filandón*. 7 de mayo de 2023, p. 7.

Pozuelo Yvancos, José María, "Julio Llamazares: una oportunidad perdida", *ABC Cultural*, 18 de mayo de 2023.

Ródenas de Moya, Domingo, "*Vagalume*: Lo nuevo de Julio Llamazares promete pero defrauda", *El País. Babelia*, 15 de abril de 2023.

ENTREVISTAS, CRÓNICAS Y ENCUESTAS

Alonso, Santos, "Julio Llamazares: `Escribir es un oficio de misántropos'", *Leer*, núm. 28, febrero de 1990, pp. 36-38.

—, "Creciendo con el cine" *Diario 16*, 4 de junio de 1994, p. 8.

Amestoy, Ignacio, "Julio Llamazares, lejos de banderas", *El Mundo*, 29 de mayo de 2015.

Anónimo, *La Gaceta del libro*, 21 de abril de 1985, pp. 8 y 25 (sobre *Luna de lobos*).

Azancot, Nuria, "Julio Llamazares. `España no acaba de ser un país normal, el nacionalismo es un problema del XIX'", *El Cultural*, 13 de noviembre de 2015, pp. 8-10.

BEDIA, Sandra, "Escribir novelas es una forma de mentir sin tener que avergonzarse", *Alerta*, 3 de septiembre de 1997, p. 47.

BONEVA, Preslava, "Julio Llamazares: 'Me preocupa la falta de memoria en España'", *The Objetive*, 29 de enero de 2023.

CACHERO, Gonzalo, "Creo que el mundo rural como tal ya no existe", *Ethic*, 28 de noviembre de 2024.

CASTILLO, Javier del, *Tribuna*, VI, núm. 309, 21 de marzo de 1994, pp. 72-74.

CASTRO, Antón, *Heraldo de Aragón*, 26 de abril de 2013, pp. 1-2.

COMBARROS, César, "Julio Llamazares: Se escribe y se lee para entender la vida y para soportarla", *La Nueva Crónica. Culturas*, 17 de abril de 2023.

COROMINAS I JULIÁN, Jordi, "Diálogo con Julio Llamazares", *La Vanguardia*, 27 de mayo de 2013, pp. 1-6.

CRUZ, Juan, "Julio Llamazares: "La literatura es como el carbón, se forma cuando los árboles mueren", *El Periódico de España. Cultura*, 23 de agosto de 2022.

DE LA FUENTE, Manuel, "'Debo ser un antiguo: busco la emoción, no el entretenimiento'", *ABC libros*, 11 de noviembre de 2011, pp. 1-2.

DELGADO BATISTA, Yolanda, "Mi visión de la realidad es poética", *Espéculo. Revista de Estudios Literarios*, 12, 1999.

DÍAZ DE QUIJANO, Fernando, "Julio Llamazares: "Nadie se acuerda ya de los destierros provocados por los pantanos", *El Español Cultural*, 17 de febrero de 2015.

ESCOBEDO, María, "Julio Llamazares: 'No importan las historias, solo la manera en que se escriben'", *Cuadernos Hispanoamericanos*, núm. 729, 2011, pp. 85-92.

ESTÉVEZ, Isidre, "El riu de l'oblit i de la memoria", *Diari de Barcelona*, 3 de febrero de 1990.

FAJARDO, José Manuel, "La llama de la memoria", *Cambio 16*, núm. 849, 7 de marzo de 1988.

FANJUL, Cristina, "Un escritor es una luz en la noche", *Diario de León*, 9 de diciembre de 2022.

—, "Julio Llamazares: 'La literatura es el consuelo de la vida'", *Diario de León*, 23 de abril de 2023.

FERNÁNDEZ, Fulgencio, *La Crónica de León*, 5 de junio de 1994.

—, "Juan Benet y yo estábamos en distintos lados de la presa", *La Nueva Crónica. Culturas*, 27 de mayo de 2018.

FRAGA, Xesús, "Llamazares aúna relato y humor en *En mitad de ninguna parte*", *La Voz de Galicia*, 30 de abril del 2014.

GONZÁLEZ, Juan Manuel, "Entrevista a Julio Llamazares", *Delibros*, núm. 188, 2005, p. 44.

HERNÁNDEZ, Darío, "La magia del propio andar. Entrevista a Julio Llamazares", *Catharum*, núm. 13, 2023, pp. 63-65.

LAVIANA, Juan Carlos, "¿Un escritor es el que escribe libros?", *El Cultural*, 5 de mayo del 2023, p. 56.

LINARES, Félix, "*El cielo de Madrid*. El éxito y el fracaso en el arte", *El Correo Digital*, 11 de abril de 2005.

LÓPEZ ANDRADA, Alejandro, "La memoria rural de Julio Llamazares", *Córdoba*, 21 de enero de 1993.

LÓPEZ, Ignacio Javier: *La lluvia amarilla*, *World Literature Today*, 64, 1, 1990. p. 77.

LÓPEZ-VEGA, Martín, "Las aventuras de una palangana", *Clarín. Revista de nueva literatura*, 3, 15, 1998, pp. 73-74 (sobre *Trás-os-Montes)*.

LOUREIRO, Aurelio, "Julio Llamazares: memoria de un novelista que viaja", *Leer*, núm. 102, mayo de 1999, pp. 36-39.

— "Julio Llamazares", *Qué leer*, núm. 221, abril de 2011, p. 63.

MARCO, José María, "Julio Llamazares, sin trampas", *Quimera*, núm. 80, 1988, pp. 22-29.

MARÍN, Karmentxu, "Julio Llamazares: Hay dos Españas, una creciente y otra menguante", *Tinta libre*, núm. 113, mayo de 2023, pp. 8-10.

MOHAMED Mahmoud, Salwa, "Entrevista a Julio Llamazares: A propósito de *El cielo de Madrid*", *Siglo XXI. Literatura y Cultura Españolas*, núm. 3, diciembre de 2005, pp. 249-266.

MORET, Xavier, *La Vanguardia*, 2 de febrero de 1990.

MUÑOZ, Ismael, "El paisaje es la memoria de un lugar", *Savia Rural. La Revista de la Red PAC*, marzo de 2025, pp. 4-7.

PÉREZ CRUZ, Carlos, "Julio Llamazares: 'Si el tiempo no se detuviera, no sentiríamos lo que sentimos'", *El Asombrario & Co*, 2 de junio de 2013.

PIÑA, Begoña, "Julio Llamazares: 'Nunca he tenido que perder la dignidad, en literatura no he escrito ni una línea que no quisiera escribir', *Librujula*. 28 de agosto de 2023.

—, "Julio Llamazares. 'Lo más importante en la vida es perder el tiempo'", *Qué Leer*, núm. 187, mayo de 2013, pp. 55-57.

PLAZA, J. M., "Llamazares vuelve a casa. *Distintas formas de mirar el agua*, la última novela del autor leonés aborda el desarraigo", *El Mundo*, 13 de febrero de 2015.

RAYA PONS, Jorge, "Julio Llamazares: 'El Valle de los Caídos es el panteón más siniestro que hay en España'", *The Objective*, 17 de septiembre de 2018.

RENDUELES, César, "Para sentir más, pensar más, saber más", *Minerva*, núm. 14, 2010, pp. 23-27.

RIZZI, Andrea, "Julio Llamazares retrata en *El cielo de Madrid* el viaje hacia la madurez", *El País*, 18 de febrero de 2005.

RODRÍGUEZ, Emma, "Libro de viajes de Julio Llamazares: 'Un viaje es una metáfora de la vida'", *El Mundo*, 28 de enero de 1990.

RODRÍGUEZ MARCOS, Javier, "Julio Llamazares: 'Te pueden obligar a todo menos a no recordar'", *El País. Babelia*, 14 de febrero de 2015, pp. 2-3.

SOLARES, Ana, "Julio Llamazares, 'Los escritores somos como náufragos'", *Cuadernos Hispanoamericanos*, núm. 700, 2008, pp. 75-95.

TANARRO, Angélica, "Vivimos en un mundo que trivializa la pasión creadora", *Turia. Revista Cultural*, núms. 149-150, 2024, pp. 309-324.

VILLENA, Miguel Ángel, "Entrevista a Julio Llamazares", *El País*, 12 de febrero de 2005.